Cuéntame tus males
y te diré cómo sanarlos

Grupo ROBIN BOOK

Barcelona - México
Buenos Aires

Deb Shapiro

Cuéntame tus males
y te diré cómo sanarlos

Traducción de Caterina Berthelot

alternativas

ROBIN
BOOK

Título original: *Your Body Speaks Your Mind*

© 1996, 2006, Debie Shapiro
  First Published in Great Britain by Piatkus Books

© 2011, Ediciones Robinbook, s. l., Barcelona

Diseño de cubierta: Regina Richling

Fotografía de cubierta: iStockphoto

Diseño interior: Josep Febrer

ISBN: 978-84-9917-123-4

Depósito legal: B-34.455-2011

Impreso por Limpergraf, Mogoda, 29-31 (Can Salvatella), 08210 Barberà del Vallès

Impreso en España - *Printed in Spain*

A mi esposo y compañero, Ed.;
a todos mis maestros,
tanto a los de ayer como a los de hoy.
Ojalá pudieran todos los seres librarse del sufrimiento.

Sumario

Agradecimientos

Quisiera expresar toda mi gratitud al equipo de Sounds True, muy especialmente a Tami Simon y a Alice Feinstein por su inspiración y su apoyo, así como a Nancy Smith por su capacidad de escucha y su asesoramiento técnico.

Quisiera dar las gracias igualmente a las muchas personas que han contribuido a esta obra con sus historias personales: Christine Evans, Padma O'Gara, Jenny Britton, Leela, Steve Hennessy, Karuna King, John Taylor, Cheryl y Sheila, sin olvidar a muchos otros cuyas historias no pude incluir por cuestiones de espacio. Os agradezco a todos encarecidamente vuestra sinceridad y honestidad. Quisiera dedicar una mención especial a la ayuda de mi viejo amigo y abnegado acupuntor James MacRitchie.

También quisiera expresar mi gratitud a mi esposo, Ed Shapiro, por su increíble paciencia, generosidad y cariño incondicional. Su contribución a este libro es incalculable.

Introducción

Jenny tenía sesenta y cinco años cuando la conocí. Se había roto la cadera tres veces a lo largo de su vida, siempre por el mismo sitio y siempre por accidente. La primera vez, se cayó de un caballo, la segunda fue a resultas de un accidente de coche y la tercera bajando por una escalera. Los accidentes se habían producido con muchos años de intervalo. La primera vez que Jenny se rompió la cadera fue dos semanas después del fallecimiento de su novio, cuando ella tenía veintiún años. Nunca contrajo matrimonio tras aquella tragedia y se fue a vivir con sus padres. Tenía cuarenta y cinco años cuando falleció su madre; a las pocas semanas Jenny tuvo un accidente de coche y su cadera se rompió por segunda vez. Había cumplido cincuenta y siete años cuando murió su padre; al cabo de unas semanas se cayó por unas escaleras y su cadera se rompió nuevamente. Cada vez que se rompía la cadera, la persona de la que más dependía emocionalmente acababa de morir.

Y tras cada fallecimiento transfería su dependencia a la siguiente persona del escalafón: del novio a la madre, de la madre al padre. Dependiente ahora de unas muletas para moverse de un lado a otro, Jenny tomó conciencia de su modelo de conducta y de la vinculación emocional asociada a sus accidentes y se prometió que emprendería un viaje de introspección interior para: «Descubrir quién soy y caminar por mí misma de una vez por todas».

Personas como Jenny son quienes hacen que mi labor me resulte muy gratificante, porque me dan una lección de valor, de fuerza, así como de capacidad de introspección para resolver sus dilemas. Pero para ser capaz de salir airosa de esta labor, yo misma he tenido que recorrer mi propio periplo de trabajo personal, dado que siempre he estado convencida de que no podemos ayudar a nadie más allá de lo que nosotros mismos nos podamos ayudar.

Me familiaricé con la meditación cuando apenas contaba quince años. Vivíamos en Londres y fue durante mis vacaciones escolares. Mi madre quería asistir a un retiro de meditación de tres días. Yo no le inspiraba suficiente confianza como para dejarme sola, porque me tenía por una alocada quinceañera y mis hermanos mayores andaban dedicados a sus asuntos. Y dado que ya conocía a algunas de las personas que asistirían al retiro, acepté acompañarla, aunque no sin cierta reticencia. Me dije a mí misma que podría sobrevivir allí tres días. El resultado final fue que mi madre se marchó a los tres días y yo me quedé diez. No recuerdo nada de las enseñanzas de entonces, pero recuerdo la meditación, la fusión con el silencio, la quietud. Y que me encantó.

Cumplidos los veintiún años, ya estaba enseñando meditación. Aquello se había convertido en *mi modus vivendi*, en mi centro de gravedad y en mi tabla de salvación. Había pasado por una infancia difícil, con un padre emocionalmente agresivo. Mis padres se divorciaron cuando yo tenía seis años y me internaron en un colegio a partir de los ocho. A consecuencia de aquello, llevaba acumulada mucha rabia, reprimida durante largos años. Por medio de la meditación pude enfrentarme a esos sentimientos olvidados. También logré conectar con una percepción de mi fuero interno más profunda que la rabia. A veces, incluso he sido capaz de observar mis sentimientos sin identificarme con ellos. Todo esto me ayudó a superar sentimientos de dolor y de confusión.

La meditación también me ha guiado por direcciones diferentes. Durante tres años, me sumergí en la psicología de Jung, incorporándome a un grupo junguiano de terapia del sueño, estudiando y encontrando los arquetipos y el inconsciente. Esto despertó en mí una conciencia profunda de la experiencia humana. Empecé a estudiar *rebirthing*, masaje, reflexología y bioenergética. Discurrían los finales de la década de los setenta, en Londres, una época ideal para la exploración y el desarrollo personal y no desperdicié la oportunidad.

Al cabo de un tiempo, llegué a la Técnica Metamórfica, un tratamiento que había evolucionado desde la reflexología pero que trataba los puntos de reflexología desde una perspectiva muy diferente. La Metamorfosis sugiere que los reflejos espinales localizados en el pie no son sólo los reflejos de la espina dorsal sino que reflejan además el periodo de nueve meses de gestación, desde la concepción hasta el parto. El estudio de dichos reflejos permitió descubrir que pueden modificar de forma significativa nuestros esquemas inherentes de salud y de comportamiento. El autor de esta ingente labor, el malogrado doctor Robert St. John, exploró asimismo otras conexiones entre lo físico y lo no-físico, lo que me permitió descubrir una manera de observar el cuerpo que abrió mi mente y despertó mi intuición.

En 1982 escribí *La técnica metamórfica*, junto con Gaston Saint Pierre, fundador de la Metamorphic Association. Cuando el libro estuvo terminado, comprendí que uno de sus capítulos me iba a llevar aún más lejos. Era el capítulo dedicado al «Principio de correspondencia», la relación existente entre la mente, las emociones y el espíritu con las células que forman el cuerpo físico, un capítulo basado en la obra del filósofo del siglo XVIII Emanuel Swedenborg.

La meditación era entonces, y sigue siéndolo, mi caja de resonancia, y por eso dediqué mis momentos de quietud para contemplar la extraordinaria relación cuerpo-mente que se estaba desvelando ante mí cuanto más profundamente me sumergía en ella. Descubrí que cuando estaba totalmente en silencio podía sentir intuitivamente lo que el cuerpo sentía, que podía entrar dentro del cuerpo y oír lo que los síntomas o enfermedades me decían. Dado que incorporaba las antiguas técnicas chinas de acupuntura y chacras orientales a mis experiencias personales y a las de mis clientes, mi comprensión se fue haciendo cristalina. Empecé a ver que la mente se refleja en cada parte del cuerpo humano, que mediante el cuerpo podemos ponernos en contacto con aspectos que hemos estado reprimiendo, negando o ignorando en nuestra mente.

Hacia 1990 me sentí preparada para ensamblar todas aquellas ideas y esbozos que había estado reuniendo y que dieron como resultado mi primer libro dedicado a este tema, *La conexión cuerpo-mente*. Al cabo de unos años quise aventurarme más allá para preparar una guía de iniciación a la compresión de los lectores hacia su propio cuerpo-mente, al despertar de sus propias intuiciones, al aprendizaje de la escucha de sus propios cuerpos. En 1996 publiqué la primera edición de *Cuéntame tus males y te diré cómo sanarlos* en Reino Unido, donde sigue siendo un *bestseller*. Diez años después, esta versión actualizada reúne una concienciación todavía mayor de este extraordinario cuerpo-mente que habitamos, pese a que la mayor parte del Mundo Occidental no esté precisamente de acuerdo con esta afirmación.

15

Los seres humanos somos muy hábiles a la hora de inventar tecnologías increíblemente complejas, de realizar diseños asombrosos por su belleza, de esbozar complejas teorías científicas o de crear composiciones musicales sublimes. Como especie, hemos desarrollado, y seguimos desarrollando, nuestras capacidades mentales y creativas más allá de cualquier límite. Pero existe un ámbito en el que nuestra capacidad de comprensión flaquea. Este ámbito tiene que ver con nosotros mismos y con nuestros propios cuerpos. Por mucho que viajemos al espacio exterior y sepamos como se originó el Universo, somos incapaces de ponernos de acuerdo sobre cómo funciona el cuerpo humano. Hemos elaborado buen número de métodos de estudio distintos para comprender cómo se ha desarrollado el cuerpo humano a lo largo de los últimos miles de años, todos ellos válidos *per* se pero también muy divergentes entre sí.

Occidente considera mayoritariamente que el cuerpo es una cosa: una máquina que requiere carburante (alimentos, agua) y al que se le aplican terapias creyendo que así se evitarán disfunciones. Disfrutamos mucho de los placeres que el cuerpo proporciona y nos afanamos en mantener nuestro buen aspecto. Si alguna pieza o algo de esta maquinaria fallara, podríamos incluso proceder a su sustitución mecánica. Las patologías se tratarán mediante cirugía, radioterapia o fármacos; la parte estropeada se corta o se elimina mediante la química y la vida continúa igual que antes. En este contexto, la medicina moderna de Occidente ha obrado milagros. Resulta extraordinaria si consideramos los adelantos que se han producido en el desarrollo de antibióticos y vacunas, en la cirugía con láser, en los trasplantes de órganos, etc. La ciencia médica ha salvado millones de vidas y reducido considerablemente el sufrimiento humano. Desde la óptica moderna, la comprensión de la máquina-cuerpo y sus maneras de reparar los fallos de funcionamiento resulta impresionante, no cabe duda alguna.

Y sin embargo, este enfoque no siempre funciona. Algunas veces, los efectos secundarios de los fármacos causan complicaciones aún peores. Otras dificultades pueden presentarse por mucho que las causas originales se curen. Puede suceder también que el problema rebase los límites de la medicina y que, sencillamente, pueda no tener tratamiento efectivo. Por ejemplo, son muchas las enfermedades relacionadas con el estrés y su incidencia en la población va en aumento. Entre las enfermedades provocadas directamente por el estrés, destacan las migrañas y los dolores de cabeza, el síndrome del colon irritable, las contracturas musculares y la fatiga crónica, por citar sólo algunas. La medicina moderna no ofrece curación eficaz para el estrés y, dado que no se reconoce la influencia del estado mental o emocional del paciente respecto a su bienestar físico, no existen tratamientos médicos de esta enfermedad. Y todo ello pese a que el 70 % de los pacientes visiten al médico por enfermedades directamente relacionadas con el estrés.

En tiempos de Hipócrates, un médico tendría en cuenta no sólo los síntomas físicos, sino también aspectos como el clima, la raza, el sexo, las condiciones de vida, así como el entorno social y político del paciente. Pero sucedió que, a mediados del siglo XVII, René Descartes declaró que mente y cuerpo operaban por separado, sin interconexión, otorgándole entonces al cuerpo el estatuto de máquina, que podía ser reparado mediante procedimientos mecánicos. La ciencia médica occidental se desarrolló en base a esta idea. Pero esta óptica mecanicista generó un enorme vacío en la relación con nuestro cuerpo. Por mucho que seamos capaces de desarrollar medidas destinadas a corregir y reparar gran cantidad de disfunciones, no tiene mucho sentido vivir dentro de esa máquina de forma desconectada de la energía que la hace funcionar.

En Oriente, y de forma especial en China y en Japón, las cosas se ven desde una óptica muy distinta. Lejos de considerar al cuerpo como a una máquina, los orientales lo contemplan como un sistema de energía. Esta sabiduría es mucho más antigua que la del modelo occidental. Se remonta al menos 5.000 años atrás y ha demostrado ser extremadamente eficaz para la curación de enfermedades y dolencias. La medicina oriental se basa en mapas de energía muy detallados, con líneas y coordenadas fluyendo por todo el cuerpo. Estos mapas ilustran distintos tipos de flujos energéticos, pero asimismo por dónde y cómo acceder a ellos. Cada paciente recibe diagnóstico según los siguientes elementos: tierra, agua, madera, metal y aire. Cada elemento se contempla según las funciones específicas que produce en el cuerpo, funciones que en caso de desajuste se manifiestan como síntomas. La enfermedad se contempla como desequilibrios o bloqueos de los flujos de energía provocados por malos hábitos, estrés o emociones negativas. Se buscará por tanto devolver el equilibrio al sujeto mediante el reajuste de sus flujos energéticos.

Mientras la medicina occidental observa al paciente como si fuera una máquina, la acupuntura (y otros métodos curativos similares) contemplan al paciente como un sistema energético que vive y está en cambio permanente. Antes que señalar con el dedo causas externas cuando algo falla, se observan influencias externas y las circunstancias en las que se desenvuelve la vida del paciente, su mente, sus sentimientos y cómo interactúan todas estas variables. En *The Web That Has No Weaver*, Ted Kaptchuk incide en esta diferencia cuando relata que un médico occidental se preguntará: «¿Qué X ha causado esta Y?». Mientras que el médico acupuntor se cuestionará: «¿Cuál es la relación existente entre esta X y esta Y?».

Existen asimismo factores culturales y religiosos que ayudan a explicar el desarrollo del enfoque occidental de la ciencia médica. En las primeras etapas del Cristianismo, el cuerpo era considerado como una amenaza para las virtudes morales del ser humano. La lujuria y el deseo eran inaceptables y debían ser reprimidos. Tenemos maravillosas descripciones de misionarios pioneros que llegaron a Hawai decididos a convencer a la "asilvestrada y pecadora" población local de su necesidad urgente de salvación. Bajo el calor sofocante de los trópicos, los misionarios preferían llevar varias capas de ropa de lana negra antes que exponer sus cuerpos al sol y al riesgo de despertar su propia lujuria. Rodeados de nativos morenos y sonrientes, felizmente desnudos o apenas vestidos, muchos de aquellos misionarios fallecieron por golpes de calor o a causa de enfermedades bacterianas propiciadas por sus hábitos.

Durante siglos, pensaron que la Iglesia era la dueña del alma humana, mientras que la medicina sólo se ocupaba de sanar el cuerpo. Esta concepción es meridianamente opuesta a la de la cultura de los indios nativos americanos, que no contempla la separación de la mente y la forma, y en la que un médico es aquel que a la vez cura el alma y el cuerpo. Aunque no hayan recibido una preparación médica al uso, chamanes o médicos brujos (y brujas) aprenden a interpretar los hechos cotidianos, pero también las cosas relacionadas con el "otro mundo" para comprender las causas específicas de las enfermedades.

En otras culturas, el cuerpo es reverenciado como el vehículo mediante el cual somos capaces de desarrollarnos más allá de nuestras limitaciones personales. Tanto en el Budismo como en el Hinduismo se concede gran importancia a la vida humana, de mismo modo en que se venera algo preciado, en la creencia de que sólo en nuestra forma humana se puede alcanzar la verdadera plenitud espiritual. La enfermedad se considera una manifestación de un mal tanto del cuerpo como de la mente, ya que a fin de cuentas, ambos son limitados, efímeros y temporales. Por consiguiente, la medicina que ofrece el Buda es aquella que conduce a la completa liberación, la que trasciende los límites de lo físico.

A estas distintas concepciones del cuerpo, considerado como simple máquina o bien como vehículo hacia la Iluminación, se suma un nuevo enfoque. En las últimas décadas hemos asistido a un reconocimiento creciente de la relación directa entre la mente y el cuerpo gracias a la emergencia de un campo de estudio nuevo conocido como psico-neuro-inmunología. Esta disciplina no niega las causas orgánicas de las enfermedades, como gérmenes, bacterias o micro-organismos, ni tampoco que algunas enfermedades sean genéticamente hereditarias. Pero también recalca hechos como que es obvio que no todos nuestros colegas de la oficina caen enfermos "cuando hay alguna pasa de algún virus" o que una misma enfermedad no tiene los mismos efectos en todas y cada una de las personas afectadas por la misma.

Resulta evidente que nuestros estados emocionales y psicológicos influyen poderosamente en la génesis y en la superación de la enfermedad, al igual que nuestras aptitudes curativas. «La medicina está empezando a considerar que el origen de la enfermedad no puede ser debatido sin tener en cuenta el modo de vida, la dieta, el entorno social, el medio ambiente, pero también –y quizás incluso en mayor medida– la conciencia y las emociones del paciente» escribía Marc Ian Barasch en *The Healing Path*.

En los años 1970 y 1980 tuve la sensación de estar descubriendo todas las piezas de un rompecabezas gigante y que, al juntarlas, descubrí que conformaban un mapa extraordinario del cuerpo físico, dibujando el mapa subyacente de la psique y las emociones. Desde entonces, se han ido sucediendo grandes revelaciones sobre la relación cuerpo-mente. Ahora ya no se mira con extrañeza a quienes, como una servidora, establecieron esta relación; incluso la medicina convencional está empezando a reconocer que la mente desempeña un papel protagonista en la salud, considerada como un todo. Quizás la mayor contribución haya sido llevada a cabo por la comunidad científica y médica, con algunas figuras clave, como la Dra. Candace Pert y el Dr. Andrew Weil. La doctora Pert descubrió y demostró científicamente el papel clave de los neuropéptidos, que ha modificado sustancialmente la idea que teníamos respecto de cómo la mente afecta al cuerpo. El doctor Andrew Weil ha sentado las bases y popularizado el concepto de medicina integral, que considera a la persona en su conjunto y no sólo los síntomas aislados, por medio de su obra y de su praxis médica.

Consecuencia lógica de este nuevo planteamiento, consideré apropiado y oportuno actualizar este libro. Mi intención era permitirles leer los mapas de vuestros cuerpos-mentes por vosotros mismos.

Mi más sincero anhelo es que experimentéis la misma excitación que viví yo al explorar la relación cuerpo-mente. Al comprender la interconectividad entre los distintos aspectos de vuestra propia persona, descubriréis la interconectividad existente entre todos los seres vivos, entre las distintas formas de vida.

Nuestro mundo se basa en la interconexión, en la relación y en la comunicación. ¡Y ojalá esta nueva comprensión se traduzca en mayor plenitud y felicidad!

DEB SHAPIRO
Boulder, Colorado
2005

1.ª parte

Descubrir el sentido en medio del caos

1. Mente y materia unidas

Quisiera dejar algo muy claro. La enfermedad es real. Los accidentes ocurren. La medicina puede ayudar. No escribo este libro para convencer a nadie de que la única razón por la que está enfermo radica en su mente y que alguna equivocación habrá cometido o que ésta sea la única causa de su enfermedad. Ni tampoco afirmo que sólo al comprender cómo funcionan de manera combinada cuerpo y mente seremos capaces de curarnos milagrosamente de cualquier mal que nos aflija.

Lo que sí afirmo es que la influencia que ejercen la mente y las emociones en el estado de salud es primordial. Esto es sólo una parte de la visión de conjunto, pero es la parte sin lugar a dudas más llamativa. Comprendiendo esta relación podremos comprendernos a nosotros mismos más profundamente y recuperar un papel protagonista en nuestro propio bienestar. Recuerdo cómo cuando tenía un nudo en el estómago de niña, mi abuela me preguntaba si tenía problemas en la escuela. Algo que sabíamos instintivamente apenas si empezamos ahora a demostrarlo científicamente: existe una relación directa y dinámica entre lo que nos sucede en la vida, entre nuestros pensamientos y sentimientos y lo que le sucede a nuestro cuerpo. La revista *Time Magazine* publicó un monográfico donde se afirmaba que la felicidad, la ilusión, el optimismo y la satisfacción «aparentemente reducen o mitigan la gravedad de enfermedades cardiovasculares, enfermedades pulmonares, diabetes, hipertensión, resfriados e infecciones del aparato respiratorio superior». Asimismo, según relataba este artículo: «La depresión –que está al extremo opuesto de la felicidad– podía empeorar las afecciones cardíacas, la diabetes y un sinfín de enfermedades».

Si separamos de un organismo las partes que lo componen no podrá funcionar correctamente. Cada pieza desempeña una función, por pequeña que sea, por lo tanto, cuando una pequeña parte deja de funcionar, el conjunto quedará afectado. Hace poco se nos estropeó el coche. Cuando pasamos a recogerlo una vez reparado, nos explicaron que la culpa de la avería la tenía un pequeño cable, pero que el motor no podía funcionar sin él. Análogamente, si ignoramos el papel que nuestros sentimientos y pensamientos desempeñan, estaremos ignorando componentes importantes que hacen funcionar al conjunto. Y tal vez sea esa pieza la que necesitamos reparar.

SERÁS LO QUE CREES SER

Por regla general, está muy arraigada la tendencia a contemplar nuestros cuerpos y nuestras mentes como sistemas diferenciados y a creer que funcionan, casi siempre, independientemente. Nutrimos e hidratamos el cuerpo, le hacemos caminar, practicar ejercicio y disfrutamos sus capacidades sensoriales. De manera similar, alimentamos la mente con ideas y retos intelectuales y la divertimos con diferentes tipos de entretenimiento, experimentando además toda clase de emociones que, por lo general, atribuimos al trato que nosotros mismos nos reservamos o a cómo nos tratan los demás: haciéndonos sentir a veces bien, a veces mal. Cuando algo falla en alguno de estos sistemas, acudimos a alguien que nos ayude a superar el trance, un doctor para tratar nuestro cuerpo o un psicoterapeuta para tratar nuestra mente.

Pero instintivamente, sabemos que ésta es sólo una parte de la historia. Por ejemplo, ¿seríamos capaces de recordar la última vez que nos presentamos a una entrevista de trabajo? ¿O cuando acudimos a aquella primera cita con una persona a la que realmente queríamos impresionar? Seguro que quisimos dar la impresión de estas tranquilos y serenos pero al mismo tiempo sentíamos una gran timidez, teníamos los nervios a flor de piel. ¿Recuerdas cómo se sentía tu cuerpo? La timidez nos hace apretar los glúteos (y por tanto, acabaremos sentados en nuestra propia tensión), sudar más de lo habitual, sentir unas ligeras náuseas y, eventualmente, un leve tartamudeo, precisamente cuando queríamos parecer muy seguros y preparados. Dicho en otras palabras, nuestro estado psico-emocional nos afecta físicamente. Esta idea es muy fácil de comprender, pero cuando se plantea en el contexto de emociones o enfermedades complejas, muy pocos consideraremos relevante esta relación. Dado que existen causas físicas obvias para las enfermedades, como los virus o los accidente, ¿qué papel pueden desempeñar los estados mentales? Las emociones pueden obviamente influir en los nervios, ¿pero qué trascendencia pueden tener cuando nos enfrentamos a la enfermedad? Tal y como apuntaba Geoffrey

Cowley en la revista *Newsweek*: «Quizás a la gente no le sorprenda ruborizarse cuando está en una situación embarazosa o que un pensamiento angustioso pueda desencadenarle palpitaciones o que el súbito anuncio de una mala noticia pueda dejarle anonadada. Pero al mismo tiempo, nos cuesta creer que abstracciones mentales como la soledad o la tristeza puedan, de algún modo, ejercer un impacto físico en nuestros cuerpos».

Quisiera demostrar en este libro que mente y cuerpo no son en modo alguno dos cosas distintas sino un único cuerpo-mente y que cada parte del cuerpo es, a su vez, la mente expresándose por medio de esta parte. Cuando algo falla suele haber una combinación de causas físicas y psico-emocionales. Pero esto no significa sin embargo que la comprensión de la relación cuerpo-mente hará que seamos capaces de curar todas las enfermedades. Lo que afirmo es que esa comprensión incorpora un componente esencial y continuamente infravalorado para el proceso curativo.

Al aprender el lenguaje cuerpo-mente de los síntomas y las enfermedades, aprenderás qué cosas están siendo reprimidas o ignoradas en tu psique y en tus emociones y con qué efectos se traducen en tu cuerpo físico. Desde esta posición ventajosa, muy pronto descubrirás que existe un flujo de comunicación de ida y vuelta extraordinariamente íntimo que afecta tanto a nuestro estado físico como a nuestra salud emocional.

Descubre el efecto de los pensamientos

Se trata de es un sencillo ejercicio que demuestra el efecto que tiene la mente sobre el cuerpo. Necesitaremos otra persona para realizarlo.

Ponte de pie con una persona a tu lado.
Mantén estirado tu brazo derecho a la altura del hombro (o el izquierdo si eres zurdo/a). El compañero rodeará con su mano tu muñeca en tensión. Tú deberás mantener tu brazo quieto mientras el otro empieza a arrastrarlo hacia abajo (con suavidad pero firmemente: ¡nada de tirones!). El objeto de este ejercicio es descubrir tu nivel natural de resistencia. Relájate.

Cierra ahora tus ojos.
Durante unos instantes, piensa en algo que te ha contrariado, entristecido

o deprimido. Cuando hayas fijado ese pensamiento, tensa tu brazo y resiste a la fuerza del otro intentando hacerte bajar el brazo. Luego relájate.

Piensa ahora en algo positivo.
Proyecta en tu mente algo que te haga sentir feliz y alegre, algo que dibuje una sonrisa en tu rostro. Cuando hayas alcanzado este sentimiento de felicidad, estira tu brazo otra vez e intenta resistir a la fuerza del otro intentando hacerte bajar el brazo. Luego relájate.

Intercambio de roles.
Si queréis, podéis ahora intercambiar de rol y repetir el ejercicio con tu compañera o compañero.

Muchos notaréis inmediatamente una diferencia entre las dos modalidades del test. Descubriréis que cuando estamos contrariados sentimos o pensamos cosas tristes; nuestra capacidad de resistencia es casi nula, dado que la energía ha desaparecido del brazo. Por el contrario, cuando nos concentramos en pensamientos y sensaciones gozosas, el brazo se vuelve más fuerte y resiste con más facilidad. Concretamente, notaremos inmediatamente cómo esos pensamientos y sensaciones se traducen en una respuesta física.

SOPA QUÍMICA

Lo cierto es que somos poco más que elementos químicos. Nuestros pensamientos y sensaciones se traducen en reacciones químicas que encienden nuestro cuerpo de arriba abajo, alterando la composición química y el comportamiento de nuestras células. Por consiguiente, un sentimiento de tristeza afectará a las células de nuestros lagrimales y hará que éstas produzcan lágrimas; o la sensación de terror nos producirá carne de gallina o pondrá los pelos de punta.

Durante los últimos diez años, se han multiplicado los estudios que han demostrado hasta qué punto mente y cuerpo se obedecen mutuamente, evidenciado asimismo claramente cómo los estados emocionales y psicológicos se traducen en respuestas que alteran el equilibrio químico de nuestro cuerpo. Esto afectará sucesivamente a los sistemas inmunitario, neuronal, endocrino, digestivo y circulatorio.

¿Pero cómo sucede todo esto? ¿Cómo nos afectan en el plano físico nuestros sentimientos y pensamientos? En una palabra, la respuesta es neuropéptidos. Segregados por el cerebro, el sistema inmunitario y las células nerviosas, los neuropéptidos son mensajeros químicos que transmiten la información, de ida y vuelta, de la mente al cuerpo a través de los fluidos corporales. Todas y cada una de las células de nuestro cuerpo están recubiertas por cientos de células receptoras. Cada célula receptora tiene un modelo específico que conecta con neuropéptidos concretos. Una vez en posición, los neuropéptidos transmiten información por medio de las células receptoras localizadas en el propio cerebro e influencian el comportamiento de dicha célula. Por poner un ejemplo, uno de estos neuropéptidos es la beta endorfina, la hormona responsable de esa sensación de éxtasis que tan familiar para los corredores. Dado que las células receptoras de endorfinas están en todas partes, este estado de éxtasis se dejará sentir tanto en el cerebro como por todo nuestro cuerpo.

Los neurólogos saben desde hace ya bastante tiempo que el sistema límbico es el centro emocional del cerebro. El sistema límbico incluye el hipotálamo, una pequeña glándula que transforma las emociones en respuestas físicas. También controla el apetito, los niveles de azúcar en sangre, la temperatura corporal y el funcionamiento mecánico del corazón, los pulmones y los aparatos digestivo y circulatorio. En cierto modo, recuerda a una farmacia, suministrando los neuropéptidos necesarios para mantener el sistema equilibrado.

En el sistema límbico se ubica la amígdala, una estructura cerebral que está conectada con el miedo y el placer, así como la glándula pineal, que monitoriza el sistema hormonal y libera poderosas endorfinas que no sólo actúan como analgésicos sino también como antidepresivos. Esto evidencia la íntima relación existente entre la mente, el sistema endocrino y el sistema nervioso. La conexión entre cómo nos sentimos y cómo nos comportamos, entre nuestras emociones y nuestro estado físico.

Grupos de neuropéptidos se encuentran diseminados por todo el sistema límbico, el corazón, los órganos sexuales, en el área digestiva e intestinal, lo que explica que a veces tengamos esas corazonadas. Los neuropéptidos establecen un vínculo entre la percepción, los sentimientos y el pensamiento, por un lado; por otro lado enlazan el cerebro, las secreciones hormonales y todas las células del cuerpo, incluidas las del sistema inmunitario, creándose así un único sistema de comunicaciones que abarca a todo nuestro cuerpo. Dicho en otras palabras, cada parte o sistema de nuestro cuerpo está escuchando y contestando, en esta conversación silenciosa, a cada idea y a cada sentimiento.

«Ya no podemos considerar que las emociones tienen menos valor científico que las sustancias físicas o materiales», escribía Candace Pert en *Molecules of Emotion*. «Por el contrario, debemos considerarlas señales celulares implicadas en el proceso de trasladar información a la realidad física, transformando literalmente nuestra mente en materia».

No existe ninguna parte sustancial del sistema físico que no esté bajo la influencia de nuestros pensamientos y sensaciones, que se convierten a su vez en neuropéptidos o agentes de información. «Una emoción primaria, como el miedo, puede ser descrita como un sentimiento o como una molécula tangible de la hormona adrenalina», escribió Deepak Chopra en *Mente sin tiempo, cuerpo sin edad*. «Sin el sentimiento no hay hormona; sin la hormona, nos quedamos sin sentimiento. Esta revolucionaria medicina que denominamos cuerpo-mente se basa en este sencillo descubrimiento: dondequiera que haya pensamiento, ha de haber química».

¿Podemos por tanto afirmar que existe una diferencia real entre ambas partes de nuestro ser? ¿Radicará únicamente esta diferencia en los medios de expresión? La molécula H_2O existe como agua, vapor, lluvia, mar, nube, hielo, etc. Pero sigue siendo H_2O. Análogamente, nuestros sentimientos pueden ser expresados mediante nuestras acciones y nuestro comportamiento, nuestra voz, o mediante diferentes sistemas físicos y químicos de nuestro cuerpo. Tal y como Dianne Connelly expusiera en *Traditional Acupuncture: The Law of the Five Elements*: «la piel no está separada de las emociones, del mismo modo que no están las emociones separadas de la espalda, ni la espalda desconectada de los riñones, ni los riñones aislados de la voluntad y la ambición, ni la voluntad y la ambición ajenas al bazo, ni el bazo desvinculado de la seguridad sexual».

Esta compleja unidad de cuerpo y mente se refleja en nuestro estado de salud o en la enfermedad. Cada estado constituye un medio a través del cual el cuerpo-mente nos indica lo que está sucediendo bajo la superficie. Si los daños causados a alguna parte de nuestro ser se reprimen o se ignoran, se manifestarán en forma de patología en otras partes. Cuando la persona que amas te da calabazas, puede ocurrir que descargues tu rabia golpeando una puerta con el puño cerrado, destrozándote la mano. ¿Acaso no expresa este dolor en la mano tus sentimientos de ira o desazón por haber sido despechado? Decir «me he hecho daño en la mano» es tanto como decir que «ese dolor que llevo dentro se manifiesta en mi mano». Lo que la mano está expresando no es sino una forma reprimida de la expresión verbal de ira o dolor. En su película *Manhattan*, Woody Allen ilustra brillantemente esta relación cuerpo-mente. Cuando su novia, papel interpretado por Diane Keaton, le anuncia que se marcha a vivir con otro hombre, Allen no contesta. Keaton quiere saber por qué no expresa su ira. «No siento ira –contesta Allen– estoy desarrollando un tumor»

En palabras del gran yogui hindú Paramahansa Yogananda: «Hay una conexión innata entre el cuerpo y la mente... Todas las enfermedades se originan en la mente. Los males que afectan al cuerpo físico son enfermedades secundarias». Por tanto, aislar el efecto (la enfermedad) como algo desconectado de todo lo demás es tanto como negar la causa. En qué situación la causa, esto es, las actitudes y sentimientos subyacentes, generará un efecto que se manifestará en otro momento: otra área de disfunción o malestar aparecerá en un nuevo intento de hacerte saber que estás en situación de desequilibrio.

Los pensamientos tienen energía, las emociones tienen energía. Te hacen hacer y decir cosas y comportarte de determinadas maneras. Te hacen dar saltos de alegría o quedarte tirado en la cama. Determinan lo que puedes comer y lo que te gusta. La energía que subyace debajo de lo que sientes y piensas no desaparece como si tal cosa si es inhibida o reprimida. Cuando no puedes o no quieres expresar lo que te está sucediendo en el ámbito emocional o psicológico, este sentimiento queda encerrado (queda oculto en lo más recóndito de nuestro ser) hasta que se manifiesta a través del cuerpo físico. La emoción más habitualmente reprimida es la ira, pues en la mayoría de los casos resulta de lo más inapropiada o difícil de expresar. Esta rabia pudo ser originada durante la infancia, por relaciones del presente o por alguno de los cambios, a menudo excesivos, que se producen a lo largo de la vida. Invariablemente, esta ira está vinculada a pérdidas de control, que es además el problema más recurrente en circunstancias generadoras de estrés.

EL FACTOR ESTRÉS

Imagina que estás intentando apretar al máximo un tubo de pasta de dientes para apurarlo pero te olvidaste de desenroscar el tapón. ¿Qué sucedería? La pasta de dientes saldrá por dónde pueda. Esto por lo general significa que se desparramará por el otro extremo o por donde reviente el tubo, pero lo cierto es que siempre se romperá por su punto más débil.

Imagínate ahora que ese tubo de dentífrico eres tú, que estás soportando una elevadísima presión y empiezas a sentir mucho estrés psicológico o emocional. Por no quitar el tapón, llegado el caso, asumiendo aquello que está pasando, tomándote un momento de relax o solventando tus conflictos interiores. ¿Qué sucederá entonces con la presión mental o emocional que se acumula en tu interior? Pues que buscará salir por donde sea, y si no puede salir por el extremo superior (mediante su expresión y su resolución) saldrá por cualquier otro lado. Encontrará el punto más débil, ya sea en tu sistema digestivo, tus nervios, tu sistema inmunitario o tus hábitos de sueño. Reprimida, esta presión se convierte en enfermedad, depresión, adicción o ansiedad; proyectada hacia el exterior se convierte en hostilidad, agresión, prejuicios o miedo.

La forma más evidente de comprobar cómo la mente afecta directamente al cuerpo es mediante el estrés. El córtex cerebral dará la voz de alarma siempre que detecte algún riesgo vital o actividad muy estresante. Esto afecta al sistema límbico e hipotalámico, que a su vez activarán el sistema inmunitario, la secreción hormonal y el sistema nervioso. La respuesta desencadenada te permitirá responder a los peligros cuando, por ejemplo, estuvieras luchando cuerpo a cuerpo con un oso enorme o combatiendo en primera línea de fuego. No obstante, sucesos aparentemente sin importancia pueden causar una reacción de estrés, dado que el cerebro no sabe diferenciar verdaderos peligros de amenazas imaginarias. Cuando concentras tus miedos respecto a lo que *podría* pasar, se comporta de igual manera, con tus hormonas y tu equilibrio bioquímico, que cuando te enfrentas a los peligros de la vida real. Por ejemplo, intenta recordar una escena terrorífica de una película de miedo y sentirás cómo los músculos de tu espalda, hombros y estómago se contraen. Estas imágenes están sólo en tu mente, pero están desencadenando una respuesta instantánea de tu cuerpo.

Ser zarandeado o empujado en horas punta, sacar adelante a un hijo enfermo, enfrentarse a peleas con vecinos, etc.… en todas estas situaciones tu respuesta deberá ser contenida, porque la sociedad normalmente no te permite que grites ni pierdas los estribos. El eliminar así la respuesta habitual de huida o lucha, los componentes químicos diseminados por nuestro cuerpo no tienen dónde ir. ¿Cómo podrán liberarse? ¿Cómo podrán expresarse?

Y lo más importante, la reacción de huida o lucha generada por el cuerpo en principio sólo es temporal. Una vez pasada la situación de riesgo, el cuerpo debe recuperar su funcionamiento normal. Cuando se produce una tensión emocional o psicológica sostenida, los elevadísimos niveles de cortisol y adrenalina generados por la respuesta al estrés se mantienen, llegando a comprometer al sistema inmunitario y muy probablemente llegando a desencadenar enfermedades.

Algunos de estos síntomas físicos derivados del estrés excesivo son las migrañas, las subidas de tensión, las palpitaciones, las sobrecargas musculares, las dificultades respiratorias, los trastornos del sueño, las pérdidas de apetito, las náuseas, la sequedad en la boca, las gastritis, las úlceras, el síndrome de colon irritable, el dolor de espalda, la sudoración excesiva, la urticaria, el acné y los pruritos. El sistema inmunitario se ve afectado, por lo que resulta mucho más fácil pillar un resfriado o cualquier otra enfermedad infecciosa. Además de todo esto, se producen cambios psicológicos, como la depresión, la ira, los cambios bruscos del estado anímico y la ansiedad. Quizás también sintamos dificultades de concentración, pérdidas de memoria, inhibiciones a la hora de tomar decisiones, confusión, miedos irracionales, paranoias y problemas sexuales o de pareja. Entre los cambios en el comportamiento figuran, por ejemplo, los errores al vestirse, los tics repetitivos, el llanto súbito, la excesiva autoindulgencia con respecto a hábitos nocivos como el tabaco y la bebida o los problemas de tipo sexual. Las consecuencias son numerosas y muchos de estos síntomas pueden conducirnos con facilidad a problemas de salud mucho más serios.

Quizás la investigación científica quien mejor haya demostrado el vínculo existente entre los problemas físicos y el estrés psicológico. Según relata el doctor Larry Dossey en *Healing Breaktroughs*, donde explica que los ataques cardíacos son más frecuentes los lunes que los demás días de la semana y que además son más frecuentes a las 9 h de la mañana. Ningún otro animal en el mundo fallece con tanta regularidad a determinada hora y determinado día. ¿Cuál es la causa de que se produzcan tantos ataques cardíacos cuando comienza el primer día laboral de la semana? ¡Obviamente los problemas laborales no siempre provocan la muerte! Pero la relación existente entre el estrés laboral y los problemas físicos no debería ser infravalorada. Cada año se pierden millones de jornadas laborales a consecuencia de problemas de estrés. El estudio llevado a cabo por el Dr. Norman Beale demostró que el miedo al despido (o la simple idea de un eventual despido) se traducía en un aumento del 20 % de las visitas al médico y de un 60 % de los ingresos hospitalarios.

La historia de Padna O'Gara nos ilustra hasta qué punto puede afectarnos el estrés generado por un puesto de trabajo inadecuado:

«Padecí lumbalgia durante años, con dolores que me bajaban hasta las piernas. Los médicos me dijeron que era un problema de desgaste. Conseguí paliar el problema mediante el yoga, llegando incluso a impartir clases a tiempo parcial. Mi dedicación principal era la de orientadora laboral. En el año 1990 empecé a tener problemas de visión. Empecé a perder vista y era una situación muy dolorosa. Perdí la vista durante tres semanas y los médicos me diagnosticaron glaucoma. A consecuencia de aquello empecé a tener la sensación de que perdía el tiempo con mi trabajo, de que tenía que concentrarme en el yoga, en vez de asistir a incontables reuniones de orientación laboral. Tras someterme a dos operaciones de vista, decidí que tenía que renunciar a mi empleo, pero no tenía muy claro cómo me las arreglaría económicamente. Cuando volví a mi puesto de trabajo, mi espalda se resintió y me empezó a doler mucho.

»Pocos meses después me dieron el proverbial empujoncito. Iba conduciendo por la autovía cuando un coche me impactó por detrás. Nunca entendí lo sucedido, pero dejó a mi coche sin control, con mi pie que seguía apretando el acelerador. Lanzada a una velocidad cada vez mayor, me vi al borde de la muerte. Pensé que iba a morir. En ese instante me prometí que si sobrevivía, dejaría mi empleo, le haría caso a mi corazón y me dedicaría más a enseñar. Acto seguido, sentí de nuevo el pedal del acelerador y el coche volvió a estar bajo mi control.

»A la semana siguiente, presenté mi carta de renuncia. Desde entonces, he progresado en mis enseñanzas y afortunadamente apenas lo noto en mi economía. Lo que sí he notado es la práctica desaparición de mis dolores de espalda y que mis ojos ahora están bien. Finalmente, ahora ya sé hacia donde voy: ¡en la dirección correcta!».

El estrés puede presentarse muy a menudo y de muchas maneras. Hay un estrés emocional particularmente asociado a importantes cambios vitales, como un cambio de residencia, un matrimonio o la pérdida de un ser querido. En esos momentos, podemos sentir grandes incertidumbres o miedos, desajustes neurológicos o una melancolía insuperable. Las emociones contraen los músculos y los vasos sanguíneos, favorecen la liberación de hormonas como la adrenalina, que afectan a la digestión, a la respiración y al sistema inmunitario.

Cuando tenía ocho años, me metieron en un internado y debo confesar que aquello no me entusiasmaba. Al cabo de unas semanas, padecí amigdalitis. Por aquel entonces, una operación de amígdalas significaba una semana de hospitalización. Luego estuve una semana más en casa, comiendo sólo puré de patatas y helados: ¡alimentos reconfortantes! Aquellos días supusieron el reencuentro con mi hogar, me permitieron recuperar mi sentido de pertenencia a un lugar y la seguridad en mí misma. Volví al colegio sin mayores incidencias. Ahora puedo entender la naturaleza de mi dolencia –amígdalas inflamadas y la garganta seca– que me indicaba que estaba pasando por un mal trago con mi realidad en el internado.

Sin embargo, aquello no fue el fin de mi relación psicosomática. Me anestesiaron con éter para dormirme durante la operación y cuando me empezó a hacer efecto pensé que me estaba muriendo. Durante muchos años después de aquel incidente, veía ataúdes por toda mi habitación. Ya veinteañera, cuando daba clases de terapia, me pidieron que actuara como modelo para una clase de masaje de cuello. Los otros estudiantes se situaron alrededor de la mesa de masaje. Cuando acabó la demostración y abrí los ojos, mi primer pensamiento fue: «¿Por qué todas estas personas están contemplando mi cadáver?». Después de tantos años, aquel masaje había sido capaz de liberar el recuerdo percibido como de muerte en mi cuello y mi mandíbula.

Un trauma no necesariamente significa una enfermedad, pero los miedos que dejamos de expresar y las ansiedades que rodean al trauma pueden desembocar en problemas físicos. Obviamente, las crisis no se pueden evitar. Pero sí que puedes ser consciente de tus sentimientos, asumiéndolos y expresándolos cuando se manifiestan, o haciéndolo lo antes posible una vez hagan su aparición, en vez de reprimirlos o negarlos. Steve Hennessy cambió casi todos los aspectos de su vida y acto seguido, enfermó. En parte porque no fue capaz de expresar sus sentimientos respecto a estos cambios.

«La enfermedad comenzó con fuertes dolores de cólico. Me quedé desvalido, completamente exhausto y sin energía. Luego me diagnosticaron síndrome de colon irritable. Durante la fase álgida, que duró tres meses, apenas comía y perdí casi quince kilos.

»Analizándola con perspectiva, aquella enfermedad tenía plenamente sentido. Antes del traslado, me había dedicado a velar por otras personas (trabajando en los servicios sociales), dándoles siempre prioridad. Mi traslado obedecía a mi interés personal, a mi afán de mejorar mi vida. Aquello fue un paso difícil de digerir, de concederme algo mejor a mí mismo. Aparentemente, mi vida había cambiado para mejor, pero en niveles profundos de mi ser aún estaba resolviendo las restricciones autoimpuestas durante tantos años. La enfermedad me ofreció una oportunidad de ver lo que estaba sucediéndome, de enfrentarme realmente a esos niveles profundos.»

Como podemos comprobar, un estrés excesivo tiene efectos directos sobre el sistema inmunitario, dado que reduce nuestra capacidad de destruir virus y bacterias invasores mediante la producción de adrenalina y cortisol. El estrés asociado a los exámenes, por ejemplo, puede reducir nuestra respuesta inmunitaria, algo que se traduce en un aumento de las probabilidades de resfriarnos o de contraer enfermedades de origen vírico. «¿No le parece extraño que la fiebre de origen glandular se cebe en los estudiantes en periodo de exámenes?» preguntó la doctora Trisha Greenhalgh en *The Times*. «Durante las últimas tres semanas, he visto a media docena de los más brillantes y mejores estudiantes tener que meterse en cama contra su voluntad con amígdalas en fuego, glándulas inflamadas, aletargados y encogidos. Todos tenían exámenes ese mes.»

Quizás nosotros mismos hayamos podido comprobar algo parecido, como cuando las dificultades de pareja afectan a nuestro sueño y nos inducen a buscar compensación a esas carencias en determinados tipos de alimento. Luego vamos al trabajo en un tren abarrotado. Y al cabo de unas horas sentimos que vamos a coger un catarro. ¿Demasiados agentes patógenos acechándonos en el tren provocaron este catarro? ¿O fue la falta de sueño y una dieta inadecuada? ¿O fue una acumulación de estrés que se tradujo en una debilitación del estado físico y muy particularmente del sistema inmunitario?

Cuando algún virus anda suelto por ahí, no infecta a todo el mundo. Algunas personas permanecen sanas y otras tienen que guardar cama. ¿Qué factores están presentes en los que sucumben al virus? ¿Exceso de trabajo, problemas conyugales, soledad o depresión? ¿Si has padecido alguna enfermedad, puedes detectar lo que ha debilitado tu sistema inmunitario desde dentro, reduciendo tus posibilidades de resistir a la infección? ¿Te has sentido alguna vez muy débil emocional o psicológicamente?

AUTOPERCEPCIÓN

El estrés no es bueno ni es malo per se. Antes bien, lo que marca la diferencia es cómo reaccionamos o respondemos a los factores que crean dicho estrés. Hay personas que reaccionan a la presión o las crisis con un mayor esfuerzo, con afán de superación. Otras reaccionan con pánico, negación o miedo. Al tener que enfrentarse a plazos cerrados, habrá quien dé lo mejor de sí mismo y quien se refugie en la inactividad.

La diferencia radica en cómo percibimos nuestras propias capacidades. Si percibes la situación como algo que estás en condiciones de afrontar, como un estímulo para tu creatividad que te hacer sentirte más fuerte, tu respuesta al estrés no será negativa. Pero si te sientes como alguien incapaz de asumirlo, te llena de temor lo que va a suceder y te envuelve un sudor frío, seguro que al poco tiempo empiezas a presentar síntomas de estrés. Esta percepción de uno mismo se basa en cada historia emocional particular. Puede obedecer a condicionantes e influencias emocionales de la niñez, a creencias personales, a valores religiosos o al entorno social que te rodea, pero siempre es nuestra percepción de incapacidad para superar el trance lo que genera respuestas de estrés en nuestro cuerpo, en mayor medida que los eventuales factores externos. Esta percepción se traduce en estómagos cerrados, taquicardias y vasos sanguíneos atiborrados de hormonas sin que exista una causa directa. (Para más información sobre el estrés, véase el Capítulo 9.)

No obstante, la relación cuerpo-mente va mucho más allá de lo que puedas percibir en relación con una situación generadora de estrés. Hemos descubierto que toda emoción reprimida, negada o ignorada, queda encerrada en el cuerpo. Tal y como lo define Candace Pert: «tu cuerpo es tu subsconciente». Y tal y como afirma Caroline Myss: «tu biología es tu biografía». Dicho en otras palabras, los pensamientos y emociones que no reconozcas, enfrentes, resuelvas o sanes sencillamente se manifestarán por otros sitios.

«¿Si una mujer fuma para aliviar el estrés que le produce un matrimonio insoportable, será ésta la causa del cáncer de pulmón que padece? ¿Se deberá a su predisposición genética? ¿A la histología del carcinoma? ¿Al hábito de fumar propiamente dicho? ¿A su relación de pareja?», pregunta Marc Ian Barasch en *The Healing Path*. «¡Qué difícil será curarla si cuando le quitan un pulmón no cambia su situación conyugal, si ni tan siquiera empezara a cuestionarse las facetas de su personalidad que hicieron posible que soportara a tantos años desgraciados!»

Este autoexamen no resulta fácil. Preferimos creer que cualquier enfermedad que padezcamos se debe exclusivamente a causas externas antes que tener que afrontar nuestros propios pensamientos, sentimientos y comportamientos. Preferimos creer que se trata de una cuestión genética o que se debe a sustancias externas: virus, bacterias o polución. Caer enfermos nos hace pensar invariablemente en algo superior cuyo control escapa a nuestro poder, que nos convierte en víctimas indefensas. A pesar de llevar tantos años viviendo dentro de nuestros cuerpos, cuando algo falla, tenemos la impresión de estar viviendo dentro de un completo extraño. La enfermedad puede hacernos sentir desconectados, incapaces de comprender cómo funciona ese extraño o por qué ha dejado de funcionar. Y sin embargo, tanto más investiguemos la cadena causal de la enfermedad, más nos adentraremos en las causas físicas obvias, en los estratos cada vez más sutiles de conexiones no-físicas y psico-emocionales. Para empezar a experimentar este proceso con nosotros mismos, intentaremos descubrir nuestra consciencia corporal, tal como se detalla a continuación.

Descubre la consciencia corporal

Durante la siguiente semana, practicaremos la observación de los efectos físicos que tienen en nuestros cuerpos determinadas situaciones, pensamientos o sentimientos. Convendría anotar todos estos cambios físicos en un dietario.

Toma consciencia de cuándo nos irritamos o sentimos frustrados.

Anotaremos dónde experimentamos estos sentimientos en nuestro cuerpo. Por ejemplo, estamos atrapados en un atasco o esperando a un cliente que llega tarde a una cita de negocios o bien los niños se dedican a interrumpirnos en una conversación. ¿Qué sucede entonces con nuestra respiración, con nuestros hombros, con nuestra espalda, con nuestro estómago?

Observa las reacciones de ansiedad.

¿Qué sucede en nuestro cuerpo cuando estamos preocupados o ansiosos por algo? Por ejemplo, cuando nuestro hijo se retrasa al salir del colegio, tenemos que hacer una presentación o estamos esperando los resultados de un análisis de sangre de nuestra pareja. ¿Cómo contienes tu ansiedad? ¿Qué reflejos físicos comporta? ¿Te generan dolores de estómago las perspectivas de futuro? ¿O te entran ganas de echar a correr?

Observa tus reacciones.

Cuando tu jefe o tu pareja te gritan, ¿qué le sucede a tu corazón, a tu cabeza, en tu fuero interno? ¿Ha generado ese dolor de cabeza el hecho de que alguien te grite o el hecho de que sientas inseguridad o ira? ¿Qué haces con los sentimientos de ira? ¿Los expresas o encuentras algún sitio donde guardarlos? ¿Tragas saliva, aprietas los puños o te entra estreñimiento?

Observa los efectos que generan los recuerdos.

¿Qué sucede cuando recuerdas hechos pasados? ¿Te sientes reconfortado y relajado o empiezas a sudar y a ponerte nervioso? Prestaremos una especial atención a lo que sucede al recordar momentos desgraciados, como por ejemplo aquella vez que nuestro padre o madre nos pegó una bofetada o nos acosaron en el colegio. Al evocarlo, observaremos eventuales reacciones corporales.

Analiza las enfermedades y las heridas.

Rememora tus enfermedades o lesiones del pasado. Apunta las partes de tu cuerpo que se vieron afectadas. ¿Tus músculos del estómago siempre estuvieron en tensión? ¿Estas cefaleas que padeces, siempre las tuviste? ¿Siempre hubo un lado de tu cuerpo más proclive a lesionarse o herirse?

Obsérvate a ti mismo, a tus reacciones y a tu cuerpo. Al hacerlo, empezarás a comprobar lo estrechamente entrelazadas que están las diferentes partes de tu cuerpo, tanto en el plano físico como en el plano psico-emocional.

¿QUIÉN CREA TU REALIDAD?

En todo esto hay un peligro: cuanto más comprendes la relación cuerpomente, tanto más fácil será que creas ser el responsable primero de todo cuanto te suceda, que haberte enfermado ha sido culpa tuya, que atrajiste este estado físico, incluso que llegaste a "provocar" tu propia enfermedad. Está ampliamente divulgada la creencia de que cada cual se crea su propia realidad y la responsabilidad le corresponde al 100 % de cuanto suceda en su vida, que cada pensamiento propio determinará su futuro, para lo bueno y para lo malo. Esta idea puede ser útil, en la medida en que te permita ver que estás generándote dificultades añadidas, muchas veces sin ser consciente de ello. Puede enseñarte a no culpar a otras personas o sucesos externos de tus problemas y ser responsable de tus actos. También permite aprender que no puedes cambiar fácilmente a las personas o al mundo donde vives, pero sí que puedes cambiar tus actitudes respecto a ambas cosas.

Sin embargo, en cuanto empiezas a creerte *completamente* responsable de tu propia realidad, empiezas a desarrollar un sentido sobredimensionado del yo, a creerte todopoderoso. Esto genera egocentrismo y egomanía, estados anímicos que allanan el camino para la vergüenza, la culpa y el sentimiento de fracaso. Si te culpas por tu enfermedad, también deberías culparte por no recobrar tu salud. Sintiéndote culpable por reprimir tu ira y, por consiguiente, haber desarrollado una úlcera o un tumor, te sentirás asimismo un ejemplo patético para el resto de la humanidad. Decir que eres responsable de tu propia realidad es tanto como afirmar que equiparas salud física con desarrollo espiritual o psíquico y que ponerte enfermo equivale a un fracaso espiritual. Y el hecho de que muchos grandes maestros espirituales fallecieran de cáncer o de otras enfermedades desmiente rotundamente esta ecuación.

Creer que estás creando tu propia realidad –tanto en sus causas como en sus resultados– implica que "Yo" tengo control absoluto. Pero los individuos nunca tienen el control absoluto, pues invariablemente intervienen otros factores. No estamos solos en la Tierra. Sería más fiel a la verdad afirmar que cada uno de nosotros es un componente esencial de un todo entrelazado e interrelacionado que se encuentra en perpetuo cambio y movimiento. Colaboramos en la creación de la realidad mediante nuestra mutua interdependencia. Es precisamente esta relación íntima con todas las demás cosas lo que otorga a la vida su belleza y su profundidad.

Tal y como anotó Treya Wilber en *Grace and Grit*, de Kent Wilber:

«Aunque controlemos nuestras reacciones ante lo que nos ocurre, no podemos controlar todo lo que nos sucede. Estamos todos tan interrelacionados, tanto unos con otros como con nuestro entorno –porque la vida es tan maravillosamente compleja– que resulta imposible aceptar como ciertas frases como "cada cual se crea su propia realidad". Creer que controlas o creas tu propia realidad equivale a intentar sacar fuera de mí el rico, complejo, misterioso y reconfortante contexto de mi vida… para negar una telaraña de relaciones que nos nutre, a mí y a todos, cotidianamente».

Eres responsable de tus propias actitudes y sentimientos, de la manera en que tratas a tu propio ser y al mundo, pero no puedes determinar los resultados de cada circunstancia, de la misma manera que no eres tú quien decide cuando el Sol sale, se pone o la trayectoria elíptica de la Tierra o cuándo tiene que llover. No creas tu realidad, pero sí que eres responsable de tu actitud respecto a tu realidad. *No eliges la dirección por donde sopla el viento, pero sí que puedes ajustar tus velas según por donde sople.* Tú eres responsable de cultivar tu paz interior, aunque tengas que someterte a quimioterapia. La curación de tu ser profundo está bajo tu control y esto puede significar además la curación de tu cuerpo físico. Pero si tal cosa no sucediera, será de vital importancia recordar que ni tú tienes la culpa ni tu vida habrá sido un fracaso.

En *Healing into Life and Death*, Stephen Levine evoca a una mujer que padecía un cáncer terminal y que estaba convencida de haber sido la causante de su propia enfermedad. Consecuencia de ello, perdía muy rápidamente su confianza en sí misma: «No soy la persona que creía ser. No es de extrañar que haya enfermado», decía. Levine le preguntó si creía que ella era la creadora absoluta de su realidad. A continuación nos narra la respuesta de aquella mujer: «Su boca dibujó una mueca de confusión e impotencia, para esbozar paulatinamente una sonrisa». Me contestó: «No, supongo que no. Pero en cualquier caso habré sido yo la principal causante».

Mediante la enfermedad, nuestro cuerpo nos envía un mensaje donde se puede leer que algo no está equilibrado. Esto no supone ningún castigo por mal comportamiento, sino una forma natural de volver al equilibrio. Tu cuerpo es, de hecho, una fuente de gran sabiduría. Escuchándolo y prestándole atención tendrás ocasión de mejorar tu salud, de participar en la vuelta de tu cuerpo a un estado de plenitud y equilibrio. Consecuentemente, en vez de sentirte culpable y preguntarte: «¿Por qué elegí estar enfermo?», deberías plantearte: «¿En qué medida estoy en condiciones de superarme con esta enfermedad?» Puedes utilizar cualquier dificultad que se te presente para aprender y crecer como persona, abandonar modelos caducos de negatividad para explorar la empatía, la benevolencia y tu mundo interior.

Tus dificultades se transformarán así en mojones a lo largo del camino, en vez de ser piedras con las que tropezar una y otra vez. En vez de sentirte anonadado por un sentimiento de culpa y desesperanza por creerte responsable de todo lo que te sucede (otra piedra en el muro de la negatividad), puedes considerar la enfermedad como una invitación y una oportunidad para tu despertar. En este sentido, la enfermedad puede ser contemplada como un don y tu cuerpo como una fuente de información maravillosa. Está aquí para ayudarte, no para fastidiarte.

2. El lenguaje de la mente y de las emociones

Te convertirás en lo que pienses: tus pensamientos y palabras son como semillas que germinan y crecen. Tu estado de salud ilustra lo que has estado pensando: las semillas que han arraigado y empiezan a influenciar y dar forma a las estructuras celulares de tu cuerpo. Cuando piensas en la enfermedad, o en la vida, como algo que está fuera de tu control o como un obstáculo insuperable, ninguna de tus energías se orientará hacia la sanación, dado que ningún mensaje "de vida" ha sido enviado a tu cuerpo. Cuando la enfermedad, o la vida, se contempla como una experiencia de aprendizaje, como una oportunidad de profundizar en la relación con tu propio ser, la curación es posible. Tal y como escribió el nativo americano *Sun Bear en Healers on Healing*:

«Los obstáculos más habituales son las actitudes negativas que mantiene mucha gente… Para poder curarse, la persona tiene que liberarse del odio, la envidia, los celos y otras actitudes o sentimientos destructivos. Pese a que tales factores empiezan en la mente, se manifiestan muy pronto en el cuerpo, traduciéndose en una contractura del hombro, una hepatitis, un cáncer u otras enfermedades. Creo que la verdadera curación, de una manera o de otra, se orienta hacia el desbloqueo de la negatividad.»

Antes de que exploremos las causas emocionales y psicológicas –pero también los aspectos positivos– de una enfermedad, echaremos un vistazo a las causas externas, aquellas que quedan fuera de nuestro alcance, y que son tan importantes como las demás. Invariablemente, siempre se da una *combinación* de causas, tanto internas como externas, que producen la enfermedad, y no una sola causa. Conviene tener esto muy presente, puesto que la curación siempre se produce mediante la acción combinada de tratamientos terapéuticos, tanto físicos como psico-emocionales.

FACTORES EXTERNOS

Dondequiera que estés e independientemente de lo que hagas, estarás rodeado de virus, bacterias y demás sustancias contagiosas: no hay manera de evitarlo. Y tales sustancias sin duda pueden ser una de las causas de las enfermedades, aunque en circunstancias normales el sistema inmunitario esté suficientemente preparado para enfrentarse a estos factores externos. La enfermedad es, de hecho, una parte de nuestra salud; el sistema inmunitario necesita a los antígenos para estimularse y desarrollar mayores índices de inmunidad. Por consiguiente, pasamos por enfermedades infantiles como la varicela o el sarampión, que en general nos ayudan a fortalecer nuestro estado físico.

Sin esta inmunización forjada a lo largo de la infancia, simples virus nos podrían matar, como sucedió cuando los misioneros llegaron a Hawai. Traían consigo cepas de virus que empezaron a diezmar a los nativos, dado que este antígeno era totalmente extraño para sus receptores. Dicho esto, tal y como hemos visto y volveremos a analizar, los niveles de estrés emocional, las represiones emocionales y los modelos de vida elegidos también producen efectos sobre el buen funcionamiento del sistema inmunitario, especialmente cuando éste se enfrenta a factores externos como los virus, porque podría presentar escasa o nula resistencia.

Por otra parte, la contaminación química está creciendo hasta alcanzar niveles alarmantes, tanto en el aire que respiramos como en los alimentos que ingerimos y, en consecuencia, también se han generado efectos negativos a largo plazo, como la intolerancia a determinados compuestos químicos, que tienen difícil curación. El vertiginoso aumento de enfermedades asmáticas, sobre todo en los niños, sería un claro ejemplo de un problema sanitario exacerbado por el aumento de la contaminación atmosférica provocada por los tubos de escape. Actualmente, también se relaciona la contaminación causada por el tráfico rodado con el aumento del cáncer entre los niños, dado que estudios recientes demostraron una mayor ratio de casos de cáncer en niños residentes en áreas muy contaminadas y en zonas con mucho tráfico rodado.

Los factores medioambientales debieran ser tenidos en cuenta en cada caso de enfermedad o afección, especialmente si vivimos en una ciudad, y sería muy conveniente dedicar más estudios a la relación existente entre salud y contaminación. No podemos poner en peligro nuestras cosechas, el ganado, incluso el aire que respiramos, con sustancias químicas; ni seguir ensuciando nuestro ecosistema con residuos tóxicos ni ingerirlos a través de alimentos adulterados sin que nuestra salud se resienta por ello.

No obstante, podemos poner límites a la cantidad de toxinas que consumimos, controlando lo que comemos y optando por el modelo de vida más correcto. Y lo que es más importante, debemos ser conscientes de determinadas actitudes en nuestro fuero interno, las que nos alejan de cuidarnos y de cuidar de nuestro medio ambiente (como por ejemplo, al sentirse indefenso y resignarse creyendo que ya es demasiado tarde, que no merece la pena). Tenemos intentar cambiar las cosas y el mejor lugar para empezar a hacerlo es en nuestro propio hogar.

INFLUENCIAS GENÉTICAS

No cabe duda de que los factores genéticos o hereditarios son asimismo causantes de enfermedades: las dificultades físicas se transmiten de generación en generación, por lo que puedes haber nacido con muchas posibilidades de desarrollar las mismas enfermedades que tus padres u otros familiares. Pero los genes no pueden determinar por sí solos el destino de una persona. También influyen otros factores en la forma de manifestarse las influencias genéticas, como son la dieta, el ejercicio y el modelo de vida. Todos ellos determinan la fortaleza física, la resistencia y la salud, actuando como contrapesos de los efectos derivados de la predisposición genética.

La actitud también es de vital importancia. Cuanto más temas o esperes que algo suceda, tanto más te afectará mentalmente ese temor. Te dirás: «Sé que voy a padecer esta enfermedad, porque la padecieron mi madre y mi abuela» y eso sustenta un sentido de la fatalidad y la desesperanza que debilita a tus defensas. Desarrollar una relación de cariño contigo mismo que implique una aceptación de la vida, suceda lo que suceda, estimulará una mayor capacidad de resistencia.

FACTORES PSICO-EMOCIONALES

El dolor emocional es tan real como el dolor físico. Resentimientos contenidos durante mucho tiempo, ira, amargura, sufrimiento, miedo, culpa, vergüenza, todo ello contribuye a la debilitación de nuestra energía. Podemos sentirnos avergonzados o culpables por algo que hicimos o que no hicimos, o experimentar ira o resentimiento acumulado por algo que nos hicieron. Podemos sentirnos inseguros o acomplejados, dominados por el miedo o el pánico; desprotegidos, deprimidos o víctimas de un agravio. Podemos pasar muchos años levantando un muro alrededor de nuestro corazón para prevenir que le hagan daño, pero ese muro aislará también nuestras pasiones y sentimientos amorosos. Puede suceder que esto nos aísle del todo, nos separe de los demás, nos incapacite para amar por miedo a ser heridos, nos incapacite para perdonar por agravios del pasado, nos incapacite para el triunfo por el miedo al fracaso. Todos estos sentimientos producen efectos en nuestro cuerpo: en nuestro sistema inmunitario, en nuestro sistema circulatorio, en nuestro aparato digestivo, etc.

El doctor Ashley Montague, autor de *Touching*, ha demostrado que los niños que no recibían suficiente amor –sin contacto físico ni diálogo suficiente– podían realmente detener su crecimiento. Las pruebas con rayos X demostraban que estos periodos de escaso o mínimo desarrollo óseo se correspondían con etapas de aislamiento o soledad en la vida del niño. Sin el efecto reconfortante ni la seguridad que produce el contacto corporal, el cuerpo empieza a cerrarse. Como relata el doctor Ken Dytchwald en *Bodymind*: «He llegado a la conclusión de que las experiencias emocionales, las elecciones psicológicas y las actitudes e imágenes personales no sólo afectan el funcionamiento del organismo humano, también influyen en su forma y en su estructura.»

El amor y el apoyo de los demás, no sólo favorecen nuestro crecimiento, también nos ayudan a desarrollar la capacidad de hacer frente a las dificultades, así como un mayor sentido de la autoestima y un mayor amor hacia uno mismo. Los humanos somos animales sociales. Nos necesitamos los unos a los otros. Necesitamos que nos toquen. Necesitamos ser amados, deseados, que cuiden de nosotros. Y no sólo lo necesitamos para sentirnos mejor sino por pura supervivencia. Para estudiar los efectos de la dieta sobre las enfermedades cardiovasculares, unos cobayas de la Universidad de Ohio fueron alimentados con una dieta alta en colesterol. Esto se tradujo con un incremento sustancial de las oclusiones arteriales, excepto en un grupo de cobayas que inesperadamente presentaban un 60 % menos de síntomas. Descubrieron que el cuidador de estos cobayas sentía por ellos un gran afecto y que los mimaba y acariciaba antes de suministrarle sus raciones de alimento.

No obstante, muy pocas personas crecen en un entorno idílicamente afectuoso, cariñoso y reconfortante, o que aliente la libre expresión de los sentimientos. Por el contrario, muchos aprendimos a reprimir nuestros sentimientos para cumplir con las normas. Pero estos sentimientos no desaparecen: al aniquilar sus sentimientos, Karuna King por poco se autodestruye.

«Mi madre tuvo cuatro hijos y yo era la mayor. Siempre había algún hermano que necesitaba más atenciones que yo, y la impresión que permanece en mi interior es la de anulación de mis necesidades emocionales. Me volví cada vez más introvertida y desconectada. Con 18 años solicité mi ingreso en un convento, siguiendo el anhelo de hacer algo espiritual pero confundida respecto a cómo alcanzarlo.

»En el convento empecé a perder contacto con mi realidad interior. Me sentía desesperada, culpable y completamente sola. La comida me pareció algo sobre lo cual podría tener control. Ahora estoy convencida de que estaba tan desesperada que hasta quería morirme y aquella parecía una forma fácil de conseguirlo. Me volví anoréxica. Esto provocaba continuamente fricciones con las monjas, pero estaba tan desconectada que me encerré en un mundo pálido y mortecino. Nadie, durante mi infancia y mi estancia en el convento me había dicho: "Te quiero". Sentí que no me habían besado ni abrazado desde hacía años. Rechazando el alimento, estaba confirmando el rechazo interior que sentía.

»Cuando me convencí de que tenía que abandonar el convento estaba en los huesos y tan reprimida emocionalmente que ya no sabía cuáles eran mis sentimientos. Los dos psiquiatras que me visitaron sólo consiguieron confundirme aún más. Se produjo un punto de inflexión cuando supe que una mujer se había dejado morir de hambre, y que también yo podía morir así. Por fin se movió algo que estaba dentro de mí.

»Recobrar mi salud fue un vía crucis. Tenía que comer por mi propia voluntad y a nadie parecía importarle. Enamorarme acabó siendo mi sanación. Arrastraba conmigo todas mis ansiedades y temores, pero mi pareja no se arredró ante nada de lo que le decía. Poco a poco, aprendí a abrir mi corazón, y eso desencadenó en mi interior unas tremendas ganas de vivir.»

La historia de Margaret Bird ilustra con detalle el vínculo poderoso que existe entre el amor y la salud:

«Todo empezó cuando me puse a escupir sangre. Pensé que era debido al hecho de toser demasiado violentamente. Cuando dos días después empecé a toser sangre en ayunas, me diagnosticaron que tenía un pulmón parcialmente colapsado.

»El año anterior había sido un año muy difícil y muy triste para mí. Tuve que enfrentarme a la alienación progresiva de mi hijo pequeño y conflictos con mi ex, que se estaba muriendo. Me habían despedido del trabajo y carecía de medios de sustento. Un querido amigo se había mudado; un nuevo párroco en mi iglesia estaba haciendo cambios que me costaba aceptar. Mi victimismo se hacía cada vez mayor.

»Tener que ser atendida en el hospital me hizo comprender lo mucho que necesitaba el amor los demás, lo sola y lo poco querida que me sentía. Era como si yo me hubiera colapsado emocionalmente. Tener un pulmón colapsado me hizo tener que enfrentarme a preguntas relacionadas con mi vida: ¿quería seguir respirando, seguir viviendo? Pensé y recé, y la respuesta fue "¡Sí!" Poco a poco entré en un proceso de sanación, empecé a quererme a mí misma, desarrollando una confianza más profunda en la vida».

REPRIMIDO, IGNORADO Y NEGADO

Tal y como hemos visto, el amor es una de las necesidades vitales básicas. Su carencia afectará a todos los aspectos de nuestro ser. Por lo tanto, cada emoción reprimida obedecerá a nuestras experiencias amorosas –ya sea porque hemos sido maltratados y rechazados por el ser amado, ya sea por no haber tenido nunca amor–. En la década de los noventa, investigaciones llevadas a cabo en San Diego demostraron la relación existente entre experiencias adversas en la infancia (EAI) y la salud adulta. Este estudio demostró la relación profunda entre experiencias emocionales en la infancia y afecciones en la salud emocional y física en la etapa adulta, como uno de los principales factores de mortalidad en Estados Unidos. También demostró una incidencia mucho mayor entre quienes padecieron algún EAI y los hábitos perniciosos como el abuso de alcohol, tabaquismo, bulimia o promiscuidad sexual; conductas que se presentaban como una forma de automedicación paliativa de daños emocionales sin resolver.

Las emociones reprimidas, ignoradas o negadas, las que nunca hallan la forma de ser expresadas o que no acaban de ser asumidas, suelen ser las más profundas y las que requieren de mayores atenciones. La represión puede aparecer porque nos enseñaron a anteponer los sentimientos ajenos a los nuestros y a pensar que teníamos que hacer felices a los demás, por no merecer ser amados, a creer que tenemos que ser perfectos, en ocasiones porque lo aprendimos de nuestros padres, quizás al observar cómo nuestra madre se sometía o reprimía sus emociones en momentos de conflicto. ¿Serías capaz de encontrar modelos de represión en tu familia? ¿Persiste algún problema familiar sin resolver o secretos ocultos?

Se pueden reprimir muchas clases de emociones distintas, como el daño, la rabia o la traición, por citar sólo algunas de ellas. Cada vez que te "tragas" tus sentimientos, los están condenando potencialmente a la represión y negación. La rabia es la más evidente de las emociones que conviene reprimir, tanto si aparece por un trauma infantil, por la manera en que fuimos tratados, por la manera en que tu madre reprimía la suya, por las pérdidas sufridas en la vida o por las dificultades que se presentan y tenemos que afrontar.

La rabia se reprime porque raramente se considera apropiado liberarla en un momento determinado, y transcurrido un tiempo, difícilmente somos conscientes de que permanece ahí, oculta en el subconsciente. Con la rabia aparece la negación de que algo salió mal o la culpabilidad, porque pensamos haber sido nosotros los causantes. La rabia reprimida también favorece el desarrollo de miedos irracionales, odios y amargura, que inevitablemente se proyectarán en tu salud. Porque tu cuerpo sí sabe que la rabia está aquí, oculta en tus células.

La rabia tiene mucho que ver en cómo te sientes tú, no en cómo se sienten los demás. Hacer las paces con nuestra rabia tiene mucho que ver con asumir nuestra responsabilidad respecto a ella y estar dispuestos a desprendernos de ella, en vez de reprimirla o hacer a los demás responsables de ella. «Asumir nuestra rabia pasa antes por relacionarnos con ella que por depender de ella», escribe Stephen Levine. Esta afirmación es especialmente cierta cuando la rabia permanece enterrada en el subconsciente.

Descubre tu rabia

Encuentra un lugar tranquilo.
Estírate y cierra los ojos. Céntrate en tu respiración mientras te relajas.

Empieza a escanear tu cuerpo.
Pregúntate dónde se almacena tu rabia. Intenta encontrar los lugares donde se acumula tu rabia.

Observa la rabia cuando aparece.
Observa los efectos en tu cuerpo, tu mente, tu corazón. ¿Puedes oír lo que te están diciendo? La rabia a menudo actúa como una máscara. Debajo de ella puedes encontrar sentimientos muy vivos de pérdida o maltrato, de inseguridad o de miedo, o de un inmenso dolor y vergüenza.

Encuentra estos sentimientos.
Dales voz, acéptalos como una parte de tu propio ser y verás qué sucede con la rabia.

Déjate ir.
Cuando estés listo, respira profundamente y déjala ir.

La pena también se reprime: pena por lo que se perdió o por lo que podía haber sido pero no fue. Muy poca gente sabe cómo lidiar con la pena, pensando que basta con "echarle valor" o "volver al trabajo", sin siquiera tomarse el tiempo de asumir el dolor interior. Este dolor es real, y cuando se reprime, puede afectar al corazón o al sistema inmunitario, o producir cambios en nuestros modelos alimenticios. La vergüenza, las heridas, el trauma, el horror, el maltrato: todo eso queda reprimido, oculto donde nadie pueda verlo, para podernos así autoengañar pensando que ya ha desaparecido.

Las emociones negadas pueden desaparecer durante mucho tiempo, porque la negación es como una manta grande y pesada. La negación te permite convencerte de que todo está bien y que los problemas han desaparecido, cuando lo cierto es que, bajo la superficie, si te atreves a echar una ojeada, descubrirías montones de sentimientos y traumas. «La mente no sólo desarrolla estratagemas para enterrar los conflictos psicológicos –escribe Marilyn Ferguson en *The Aquarian Conspiracy*–, también niega a la enfermedad en una primera ronda de negación.»

Las emociones negadas pueden explotar. Pueden derramarse sobre otras emociones o comportamientos extraños. Pueden producir problemas físicos, sexuales, sociales o adicciones. No siempre es fácil descubrirlos, mirar debajo de la manta, porque a menudo están cuidadosamente encerradas bajo llave. Pero aunque el hecho que las provocara pueda haber desaparecido, su impacto emocional puede permanecer durante muchos años, afectándonos a nivel celular. O como dice Stephen Belgin: «Todo lo que no aflora a la consciencia, reaparecerá para acosarnos».

Elisabeth tenía cuarenta y seis años y padecía un importante sobrepeso desde las caderas hasta las rodillas. Me contó que este problema se había originado veintitrés años antes. Le pregunté qué había sucedido por aquellas fechas, pero me contestó que no era capaz de recordar nada significativo. Incapaz de guardar silencio por más tiempo, la madre de Elisabeth terció en la entrevista para declarar que lo cierto es que *algo* sucedió en aquellos años. Al parecer, fue por entonces cuando Elisabeth descubrió que su esposo, con el que llevaba apenas seis meses casada, era *gay*. ¿Qué supuso para ella? Por mucho que su marido la quisiera como persona, aquello significaba que la rechazaba como mujer, especialmente a su sexualidad de mujer. Elisabeth había enterrado completamente este recuerdo. Este acto de negación contribuyó directamente a su sobrepeso, actuando como un sustituto de sus órganos sexuales, permitiéndole seguir evitando estos sentimientos, guardados bajo llave.

Las emociones ignoradas también pueden ser nocivas. Plantéate cómo te sientes cuando alguien te está ignorando y podrás hacerte una idea de lo que tus sentimientos experimentan cuando los ignoran. Éstos deberán encontrar una manera de expresarse, que puede ser a través de tu cuerpo o mediante tu conducta.

No obstante, descubrir los estados emocionales ocultos que están en el origen de dificultades actuales no significa que bastará con encogerse de hombros y culpar de ello a cosas que sucedieron en el pasado. La razón por la que aparecen ahora estas dificultades obedece al impacto de aquellos sucesos, circunstancias o experiencias, que te sigue afectando. Tu cuerpo está en cambio permanente. Siete millones de células sanguíneas mueren y son sustituidas cada segundo. ¿Y cómo se sustituirán estas células si los modelos de sustitución que siguen son incorrectos? Esto sucede cuando el modelo de programación interno no se cambia. Para modificar este modelo de programación interna, de forma que se produzca un cambio duradero, tendremos que establecer un diálogo de comunicación y sanación con nosotros mismos. Quizás desconozcas el tema en cuestión y en muchos casos tampoco necesitarás conocerlo, será suficiente con que asumas que el cuerpo está intentando decirte algo y abras tus sentidos para escuchar este mensaje.

Escuchando a tu cuerpo: cuestionario

A continuación encontrarás una lista de preguntas que puedes contestar para empezar a determinar las causas psico-emocionales de tu enfermedad. Debes ser lo más sincero a la hora de contestar a las preguntas: el primer beneficiario serás tú.

Si contestas "sí" a una o más preguntas, utiliza esta pregunta para investigar más profundamente en tu interior, ya sea mediante reflexión silenciosa, ya sea mediante conversación, asesoramiento o expresión creativa (véase el Capítulo 4). Si tu enfermedad es recurrente, intenta relacionarla con esas mismas preguntas en episodios de la enfermedad anteriores, para verificar que no hubieran quedado aspectos sin resolver.

- ¿Has notado mas estrés emocional que de costumbre durante los últimos meses o semanas? ¿Conflictos domésticos, problemas con tus padres o tus hijos? ¿Por problemas económicos o miedo a perder el empleo?
- ¿Has vivido en los últimos dos años alguna experiencia traumática o profundamente desestabilizadora? Por ejemplo, algún divorcio o separación, que los hijos se hayan independizado, pérdida algún ser querido, desempleo o mudanza?
- ¿Has sentido pena o sentimientos especialmente tristes respecto a algo?
- ¿Te sentiste fracasado, poco valorado o desvalido?
- ¿Te sentiste culpable o avergonzado? ¿Te has estado echando las culpas por algo que sucedió hace tiempo?

- ¿Quisieras vengarte de alguien o hacer culpabilizar a alguien por lo que hizo?
- ¿Tienes la sensación de estar siendo castigado por mal comportamiento?
- ¿Habías padecido esta clase de enfermedad con anterioridad? ¿Sentiste emociones similares cuando te sucedió? (Intenta escribir una breve sinopsis de tu vida, apuntando cualquier dificultad o enfermedad que hayas padecido y cualquier trauma o emoción que sucediera en aquellos momentos).
- ¿Qué cosas te impide realizar esta enfermedad? ¿Te impide hacer el amor, enfrentarte a los conflictos, tomar decisiones o asistir a reuniones familiares?
- ¿Qué cosas te permite realizar la enfermedad? ¿Significa para ti que dispones de más tiempo libre, que te evitas problemas personales o te ahorras temas desagradables? ¿Está ocultando tu enfermedad miedo al fracaso o carencias en tu autoestima?
- ¿Has estado haciendo demasiado, sin sentir apoyo, sin pedir ayuda? ¿Eres capaz de expresar tus sentimientos, decir cuáles son tus necesidades?
- ¿Implica tu enfermedad un plus de atención hacia tu persona? ¿Que siga en casa tu pareja, cuando ya se hubiera ido si tú estuvieras bien?
- ¿Ha pasado tu pareja por una crisis o cambio recientemente? Si así fuese, has asumido cómo lo sientes o cómo afecta eso a tu vida?
- ¿Te gustas a ti mismo? ¿Te cuidas? ¿Te dedicas suficiente tiempo libre? ¿Reconoces que tú también tienes necesidades?

VENTAJAS COLATERALES

Además de observar la historia y el trasfondo de tus síntomas, también puedes indagar en los posibles beneficios que una enfermedad conlleva para ti. Este puede sonar absurdo y a buen seguro a nadie le interesan los beneficios derivados de la enfermedad, ni busca ponerse enfermo. Nadie se apalea voluntariamente a sí mismo ni planea cómo sufrir un accidente. Sin embargo, la enfermedad no siempre es una experiencia negativa y podemos haber participado inconscientemente en su génesis, mucho más de lo que creemos.

La enfermedad es muy perturbadora. Difumina todos los demás asuntos y centra tus energías poderosamente sobre ti mismo. Por una parte, puede ser muy beneficiosa, porque ofrece una ocasión para apartar otras cosas triviales e innecesarias. Ya no puedes dar nada por descontado; la vida se vuelve más preciada en la medida en que se vuelve frágil y demuestra su caducidad. Si eres capaz de entrar en este estado, la enfermedad te abrirá el corazón, haciéndote conectar con lo realmente importante, con tus verdaderas prioridades.

Pero muy a menudo nos regodeamos en un victimismo asociado a la enfermedad. La palabra *incapaz* designa a alguien que no es capaz de hacer determinadas cosas y a alguien a quien se la ha reconocido una minusvalía. ¿Pero cuál de estos dos casos aparecería primero en la secuencia lógica, alguien postrado en la cama, que se siente indefenso, inútil, sin importarle a nadie o una persona que se siente incomprendida, que ha sido despedida por incompetente y cae enferma?

La enfermedad te permite evitar una situación de conflicto o asumir mayores responsabilidades. ¿Te permite tu condición física evitar tener que enfrentarte a otras situaciones? ¿Te supone un salvoconducto para eludir tus sentimientos? ¿Qué clase de actividades tienes prescritas como "a evitar"? ¿Una pertinaz migraña te evita tener que leer en voz alta en clase o visitar a los parientes de tu pareja? ¿Una pierna rota pospone una boda o unas vacaciones, un herpes nos impide mantener relaciones de pareja? ¿Cómo cambian tus enfermedades o dificultades tus circunstancias? ¿Se derivan beneficios de ellas?

Los niños, pero también los mayores, utilizan la enfermedad para llamar la atención. ¿Cuántas veces tu hijo habrá tenido una fiebre altísima cuando tenías previsto salir esa noche? Cuando un niño está enfermo su mamá suele dedicarle más atenciones y mimos que en cualquier otra circunstancia. ¿No sucede lo mismo con los adultos? ¿No será la enfermedad una llamada de atención para pedir amor, para ser cuidados y alimentados? ¿Eres capaz de decirle a la gente que necesitas que te cuiden? ¿Te defiendes solo, intentando asumir tu vida de manera que no seas un lastre para nadie? ¿O esperas que sepan cuáles son tus necesidades sin necesidad de decírselo?

La enfermedad nos tiene ocupados durante días y es un tema de conversación recurrente. Pregúntale a alguien cómo se encuentra y obtendrás una larga retahíla de quejas, visitas al médico, pruebas, medicaciones, seguidas de un detallado pronóstico. A todos nos gusta hablar de nuestras enfermedades y aunque ésta sea una manera muy natural de obtener muestras de afecto, también puede generar dependencia de la enfermedad para obtener esa afectividad que necesitamos. ¿Tener alguna enfermedad te hace sentirte más importante, incluso más merecedor de afecto? ¿Siguen tus amigos y familiares preocupados por tu salud? ¿Temes a los cambios que tu recuperación implicaría en tus relaciones personales? ¿Estrecha tu enfermedad algunos lazos afectivos con tus seres queridos? ¿O evita por el contrario que se te acerquen demasiado ciertas personas?

Estar enfermo también tiene efectos profundos sobre nuestras relaciones primordiales, a menudo intercambiando los roles y creando nuevas dinámicas. Esto puede llevar aparejadas consecuencias beneficiosas, como estimular al hombre a desarrollar su capacidad de demostrar afecto o como incentivar la participación de los adolescentes en los asuntos domésticos. Cuando dejas de estar en condiciones de seguir haciendo lo que hacías, ya sea en casa o en el trabajo, otros tienen que entrar en liza y tú debes aprender a dejarlos hacer y delegar responsabilidades.

No siempre es fácil mantener una relación verdaderamente sincera. Demasiado a menudo nos atrincheramos en nuestras posiciones y nos vemos envueltos en una silenciosa guerra de voluntades. ¿Estaba tu relación a punto de romperse antes o durante tu enfermedad? ¿Temías perder a alguien? ¿Has caído en un juego de culpables y culpabilizaciones? ¿Sientes una pizca de satisfacción cuando tu pareja que antes salía tiene que quedarse en casa para cuidar de ti? ¿O bien os ha proporcionado la enfermedad la ocasión de intimar mejor y demostraros vuestro cariño?

La enfermedad puede aparecer a consecuencia de la vergüenza y el auto-rechazo. ¿Existen sentimientos soterrados de vergüenza que te corroen por dentro? ¿Has hecho algo que te parezca abrumadoramente indebido y vergonzante? ¿Se lo contaste a alguien? ¿O lo mantienes en tu interior donde nadie pueda descubrirlo? ¿Es posible que sientas que la enfermedad fuera una forma de castigo por esa mala acción? ¿Puede ser que te resulte imposible curarte porque, de algún modo, te consideras demasiado sucio, demasiado malvado y la enfermedad es lo que te mereces?

La vida puede parecernos a veces demasiado estresante. La enfermedad te ofrece una manera honrosa de escapar de los retos autoimpuestos o de las exigencias ajenas. Si la enfermedad se debe al estrés, ¿por qué te exiges tanto a ti mismo? ¿No estarás intentando demostrarle algo a alguien? ¿A tus padres? ¿Merece la pena el éxito si no estás en condiciones físicas de disfrutarlo? ¿O estás intentado en realidad escapar, evitar algo? ¿Esconde la enfermedad un miedo inconsciente al fracaso?

Explorar tu propia agenda oculta no es fácil por la sencilla razón de que está oculta. Exige mucha sinceridad respecto a cómo te sientes estando enfermo y cómo esto afecta a tu vida. Una forma de hacerlo es imaginándote que alguien viene con una cura milagrosa instantánea, con la que pudieras restablecerte, sin médicos ni problemas, hoy mismo, ahora. ¿Qué reacciones provocaría en ti? ¿Cuáles serían sus efectos en tu persona, en tu vida, en tus relaciones?

Una vez redacté un informe durante unos talleres cuerpo-mente. Algunos participantes contestaron con respuestas del tipo: «Si me curara, perdería a mis amigos.» «Sin mi enfermedad, perdería lo especial que tengo.» «Si sanara, mi vida perdería sentido y volvería a la soledad.» Parece como si, desprovista de la enfermedad, tu vida dejaría de ser especial, dejarías de tener tema de conversación. Reconocer esto es una manera de comprender más profundamente tus miedos ocultos.

Cuando enfermamos, perdemos nuestro control sobre el futuro y nos dedicamos a mirarnos por dentro durante un tiempo. Un tiempo de pausa, de respiro para volver a conectarse de nuevo, una pausa para recordar quiénes somos realmente. La enfermedad te permite hacer cosas que, de otra manera, te habrías negado a concederte, como pintar o escribir. Nos proporciona un lapso de reflexión, de replanteamiento, de un modo que podría no haber sido posible previamente. Nos proporciona una ocasión de conocernos mejor. Y esto conlleva enormes ventajas.

Descubre las ventajas colaterales

Aunque padecer una enfermedad es algo desagradable y generalmente doloroso, también puede aportarnos beneficios ocultos. Los aspectos positivos que se derivan de la enfermedad pueden constituir otras tantas pistas para identificar las causas que la originaron. Plantéate las siguientes preguntas:

- Haz una lista de las cosas que ya no puedes hacer por culpa de la enfermedad. ¿Te alegras de no tener que seguir haciéndolas?
- Haz una lista de las cosas que ahora puedes hacer. ¿Te alegra o te entristece hacerlas?
- Apunta en un listado cómo tu enfermedad ha afectado las vidas de quienes te rodean. ¿En qué medida ha cambiado tu relación con esas personas?
- ¿Qué sucedería si de pronto te curaras? ¿Te resulta reconfortante esta idea o todo lo contrario?

3. El lenguaje del cuerpo

El cuerpo nos habla mediante los síntomas. Los síntomas nos dicen que algo está sucediendo, tanto por la naturaleza del síntoma como por los efectos que tiene y por los cambios que implica. La palabra *síntoma* procede de las palabras griegas syn, que significa "junto", y *piptein*, que significa "caer". Dicho con otras palabras, son los desajustes, dificultades o conflictos que pueden estar presentes durante días, meses e incluso años, hasta que acaban "cayendo juntos" y creando un síntoma.

Una mujer que sufrió abusos siendo niña se convierte con el tiempo en un alcohólica, como forma inconsciente de asfixiar sus sentimientos profundos de vergüenza y de odio. Tras muchos años bebiendo regularmente, desarrollará una enfermedad crónica de hígado. Los factores que se juntaron muchos años atrás se manifiestan físicamente, aunque resulte más fácil diagnosticar "el exceso de alcohol" como causa de su enfermedad hepática crónica.

De ahí se deduce la importancia que tiene nuestra propia historia para comprendernos a nosotros mismos. Los sucesos que marcaron nuestras vidas dieron forma y color a nuestra conducta, sentimientos, actitudes y estado de salud. *Tu biografía es tu biología.* Centrando nuestra atención tanto en nuestros síntomas como en sus efectos, empezaremos a descubrir causas más profundas y sutiles, las causas que invariablemente encierran las claves de nuestra curación.

Dado que un síntoma suele ser el primer aviso de que algo está fallando, su relación con aspectos emocionales o psicológicos no siempre es evidente. De hecho, a menudo da la impresión que el problema físico está generando respuestas psico-emocionales, cosa que también sucede, dado que es un camino de ida y vuelta. Cuando investigamos con mayor profundidad, esta relación entretejida se vuelve más palpable. En su libro *Your Body Believes Every Word You Say*, donde relata sus experiencias a raíz de serle diagnosticado un tumor cerebral, Barbara Hoberman Levine escribe: «Me preguntaba qué sucedió primero, si fue el pensamiento "he perdido mi fuerza" o si la pérdida de fuerza fue una consecuencia de aquel tumor. Primero pensé que mi minusvalía física me condujo a tan pesimista perspectiva. Mi condición física era desalentadora, tanto en el plano físico como en el plano simbólico.

Hoy considero que mi condición física me estimulaba a sentir miedos y emociones subconscientes en mi interior. Esto me permitió comprobar hasta qué punto yo había sido miedosa».

Un síntoma nunca es un hecho aislado. Está conectado con el pasado porque se desencadenó a resultas de condiciones y hechos anteriores. Está conectado con el presente en la medida en que te afecta ahora. Y tiene efectos tangibles en el futuro, habida cuenta el diagnóstico asociado. Es una amalgama de desajustes, dificultades y conflictos que pueden haber estado ahí durante días, meses o incluso años. Por mucho que escondamos profundamente un sentimiento, ese sentimiento permanece. Tu cuerpo es como la caja negra de un avión, donde se registran todas tus experiencias y respuestas.

Los síntomas te permiten mantener el contacto con sentimientos soterrados. Son como mensajeros del subconsciente. Reconocer un trauma presente antes de la aparición de los síntomas nos alertará de algo que presentimos pero no acabábamos de asumir –sentimientos profundos de rabia, miedo, culpa o dolor guardados bajo llave muy adentro. Puedes descubrir que estás sintiendo síntomas recurrentes, tal vez con intervalo de meses o tal vez de años. Los síntomas se desplazan por todo el cuerpo, como las contracturas nerviosas que aparecen en distintas partes del cuerpo pero son similares por su naturaleza.

Cuando vuelvas la vista atrás –unos pocos meses o tal vez años–, quizás descubras que el asunto se remonta muy lejos en el tiempo, quizás hasta tu infancia, pero que algún suceso más reciente pudo haber que volviera a aflorar tales recuerdos. Los niños entierran con facilidad sentimientos de confusión, temor o desgracia para evitar tener que enfrentarse al dolor. El síntoma te conducirá hasta donde ocultaste tus sentimientos. Y volver a contactar con tus sentimientos te abrirá las puertas de la curación. Esto fue lo que le sucedió a Cheryl:

«Padecí abusos sexuales en mi infancia. Mi padre me violaba al menos una vez por semana. Cuando logré alejarme de él, me entregué a la bebida. Me convertí en una alcohólica total. En cuanto algo se me ponía cuesta arriba, me tomaba una copa y el dolor desaparecía. Me las arreglaba estupendamente, los años iban transcurriendo, hasta que recibí una carta de mi padre en la que me pedía que fuera a verle. Aquello fue una sacudida. Me fui de parranda, acabé estrellando mi coche y desperté en el hospital. Quedé paralizada de cintura para abajo y los médicos me dijeron que probablemente nunca volvería a caminar.

»La estancia en el hospital me forzó a la abstinencia. Aquello fue la parte más dura. No tenía dónde esconder mis sentimientos. Después de aquello, empecé a pensar que me había sido concedida una segunda oportunidad. Comprendí que mi cuerpo me estaba diciendo que no iba a ninguna parte si seguía aquella dirección. Que era el momento de comenzar de nuevo. Y en mi fuero interno comprendí que mi pelvis estaba paralizada porque no quería experimentar los sentimientos que se guardaban allí bajo llave, todos aquellos recuerdos sexuales. Comprendí que si quería volver a caminar, tendría que sacar de allí aquellos recuerdos; que tendría que perdonar a mi padre. Y eso fue lo que hice, día tras día, semana tras semana. Hasta que pude salir del hospital. Ahora doy clases de danza».

LA HISTORIA PERSONAL

Afirma el doctor John Ball en *Understanding disease*: «Ciertamente, muy a menudo se presentan casos en que los aspectos físicos de la enfermedad, por ejemplo, la patología, pueden verse influidos en determinados aspectos por el tratamiento científico aplicado. Pero en la mayoría de los casos, la manifestación física es sólo la expresión final de un proceso que se ha prolongado durante mucho tiempo».

A veces el cuerpo refleja los sentimientos reprimidos muy rápidamente, pero por regla general, dado que el cuerpo suele cambiar más lentamente que la mente, pueden pasar varios años hasta que los síntomas físicos se manifiestan. Por consiguiente, algún factor primordial a la hora de comprender el lenguaje cuerpo-mente podría ser descubierto a través del examen de los sucesos acaecidos emocional y psicológicamente en los años previos a la aparición de los síntomas.

Por lo general, los dos años precedentes suelen ser cruciales, dado que el cuerpo tarda este tiempo en poner de manifiesto los cambios, pese a que esta cifra sea puramente orientativa. «En el colegio Albert Einstein de Medicina, en el Bronx, descubrí que los niños con cáncer padecieron el doble de crisis que los demás niños, que treinta y uno de los treinta y tres niños que padecían leucemia habían sufrido la pérdida traumática de un ser querido dos años o menos antes de serles diagnosticada la enfermedad», escribe Louis Proto en *Self Healing*. Obviamente, no todos los niños que pasaron por un trauma desarrollan leucemia. Este estudio abarcaba sólo a los niños que desarrollaron la enfermedad, pero estas premisas se daban en un niño de 10 años al que conocí y que padecía dicha enfermedad. Sus padres se habían divorciado dos años antes. Su padre se volvió a casar y ahora tenía otro hijo, mientras que su madre apenas pudo asumir sus propias emociones y mucho menos las del niño.

Este periodo de dos años transcurre a menudo hasta la aparición de los síntomas. Lo que estamos buscando son los síntomas psico-emocionales desencadenados antes de que aparezcan los síntomas físicos: los lugares donde se reprimen, ignoran o niegan las emociones; asuntos sin resolver que están minando tu fuerza vital.

Dada la naturaleza de la negación, a menudo resulta difícil ser honestos respecto a eventuales sentimientos pasados y actuales. Parece más verosímil que racionalicemos cualquier dificultad que se presente. Es un mecanismo natural de defensa para autoprotegernos del dolor asociado a los sentimientos. Por consiguiente, deberás tomarte tu tiempo para pensar por lo que has pasado y en qué medida realmente has aceptado o asumido tus respuestas interiores. No se trata únicamente de una cuestión de observar lo sucedido y etiquetarlo como "causa de enfermedad". Tendrás que centrarte en lo que sientes por dentro y no en lo que la sociedad te dice que deberías sentir.

Puede suceder que pasemos años negando nuestros sentimientos y autoconvenciéndonos (y convenciendo a los demás) de que todo está en orden. Empezar luego a sacar a la luz esos sentimientos puede parecer misión imposible. Tal vez incluso hayamos borrado de nuestra memoria aquellos sucesos. En tal caso puede ser de gran utilidad pedirle a un familiar o amigo íntimo hablar de ello contigo para descubrir si sucedió algo que has estado ocultando en tu subconsciente desde entonces. Dejar hablar a tus sentimientos ocultos es un paso importantísimo en tu proceso curativo. Puedes solucionar un problema, pero descubrir las claves de tu curación requiere coraje y honestidad. Esto requiere la observación objetiva y clara, no sólo de lo sucedido, sino también de cómo aquello te afectó en su momento. ¿Qué sentimientos fueron ignorados, negados o descartados como tonterías sin importancia? ¿Cuáles no merecieron que les dedicaras tu tiempo? ¿Cuáles fueron estas distintas piezas que acabaron uniéndose para formar un síntoma?

Descubre tu historia

• Tómate algún tiempo para revisar tu historial médico.
• Comprueba qué dificultades emocionales o psicológicas pueden haber estado relacionadas con enfermedades físicas, dificultades o accidentes.
• Intenta recordar lo sucedido en los dos años previos a la aparición de los síntomas (o antes si fuese necesario).
• Aplica esta misma observación a los accidentes que sufriste.

DESCODIFICANDO EL LENGUAJE

Existen muchas maneras de descodificar el lenguaje del cuerpo, pero sólo cuando las relacionamos podremos obtener una visión de conjunto.

Una pista muy importante a la hora de investigar los síntomas es la *función* específica del órgano afectado, dado que los aspectos emocionales o psíquicos subyacentes suelen estar relacionados con el propósito o función de la parte afectada. Intenta explorar la parte de tu cuerpo que te preocupa y las funciones que desempeña. ¿Cuáles son? ¿Qué papel desempeña en el funcionamiento del conjunto? ¿Qué relación tiene con lo que está sucediendo en tu vida? Y muy particularmente, ¿qué supone esta función en términos psíquicos y emocionales? (La segunda parte del libro está dedicada a las distintas partes del cuerpo.)

Por ejemplo, el cuello se suele considerar el nexo que une la cabeza con el resto del cuerpo. El cuello te permite girar la cabeza de manera que puedas ver en todas direcciones. Si queda contraído, esto sugiere que puedan haber conflictos relacionados con hacia dónde debes dirigirte, con una resistencia a compartir determinados puntos de vista ajenos o algún prejuicio que te obliga a mirar sólo lo que hay ante ti, como si llevaras puestas unas orejeras.

Un cuello tieso también denota tensión y rigidez interiores. También sucede que digamos de alguien que se nos ha "atragantado", lo cual puede implicar que esa persona está intentando obtener tu atención pero tú prefieres ignorarla, quizás porque te quiere recordar algo que preferirías olvidar. El cuello también nos permite afirmar o negar con la cabeza. Un cuello contraído significa que has estado agachando la cabeza durante demasiado tiempo por miedo o por sumisión.

Una cabeza agachada representa desesperanza o la incapacidad de hacer frente a lo que se nos viene encima. En la medida en que el cuello es el nexo entre la cabeza y los hombros, es algo más que un nexo físico. Simboliza el flujo de energía entre la cabeza, la parte más cerebral o mental de tu ser, con el corazón, el centro de tus sentimientos. Un cuello agarrotado o dolorido puede indicar un bloqueo del flujo de energías, tal vez debido a una resistencia o miedo a expresar tus sentimientos, por ejemplo, de ira o de amor.

Otro ejemplo recurrente son las manos. A través de ellas manejamos nuestro mundo –damos y recibimos– y, por consiguiente, su función consiste en representar tu actividad creativa y tu capacidad de exteriorizar. Lo que sientes con relación a lo que estás haciendo, pero también respecto a la forma en como te tratan, se expresa mediante las manos, dado que ellas representan la manera en que sientes que te están tratando. Las manos se utilizan para expresar los sentimientos, unos sentimientos que se extienden por tus brazos desde el corazón cuando su movimiento acompaña a las palabras. Con ellas tocas y acaricias para expresar amor o formas un puño que expresa tu ira.

Cuanto más te adentres en la función particular de alguna parte del cuerpo, tanto más descubrirás en qué medida todas las partes del cuerpo están interrelacionadas unas con otras. Las manos, por ejemplo, son la expresión exteriorizada de la energía de tu corazón subiendo por tus brazos, que se expresa mediante lo que haces o a quien abrazas. De manera similar, los pies son la expresión exteriorizada del movimiento que arranca en tu pelvis y se transmite por tus piernas, orientándose hacia una dirección determinada. Los pies también son la parte de tu cuerpo sobre la que te yergues, son la base de tu estabilidad y rectitud.

Descubre las funciones

Con estos ejemplos de manos y pies puedes comprobar que cada parte del cuerpo cumple infinitas de funciones. Examinando estas funciones descubrirás pistas que te conducirán a las causas profundas de determinada enfermedad.

Elige una parte cualquiera de tu cuerpo.
Elige una parte cualquiera de tu cuerpo y empieza a desentrañar su función.

Empieza la exploración.

Contempla esa parte desde tantos ángulos como te sea posible: físico, emocional, psicológico.

Contextualiza.

Recuerda que tienes que relacionar esta parte con el conjunto, de la misma manera que el cuello está relacionado con la cabeza, el cuerpo y el corazón; o las manos se relacionan con los brazos para expresar los sentimientos. Estudia después cómo el funcionamiento de esa parte se relaciona contigo, con tu conducta y con tus sentimientos.

TIPOS DE DIFICULTADES

Al igual que hemos hecho con la función, tenemos que explorar la naturaleza de la enfermedad o dificultad. ¿Fractura o contractura? ¿Infección o irritación? ¿Problema nervioso, gástrico o vascular? Cada uno de estos conceptos tiene implicaciones distintas. Por ejemplo, una infección significa que algún cuerpo extraño (bacteria o virus) te ha afectado, provocándote una fiebre o resfriado, septicemia o inflamación. Esto significa que algo (o alguien) se ha infiltrado dentro de ti y te está causando problemas. Como respuesta tu cuerpo se inflama, enrojece, te sube la temperatura. Todo esto son signos de rabia o de emociones desarrollándose dentro de ti y que no encuentran otro modo de expresión.

La naturaleza de una infección es muy diferente a la de un sarpullido. ¿Algo o alguien te está agobiando tanto que, literalmente, lo tienes metido bajo la piel? ¿O bien te está carcomiendo el no poder decir o hacer algo? Si tienes los pies fríos, eso tiene que ver con la circulación y con un reflujo de sangre/amor. ¿Tienes miedo de moverte hacia delante o quieres desandar el camino y tomar una dirección distinta a la que has estado siguiendo?

Mediante estos ejemplos, puedes empezar a explorar la naturaleza de las dificultades y su relevancia psico-emocional. También puedes orientar tus investigaciones según el tipo de tejido afectado.

Tejido: duro, blando y fluido

Según la obra de Emanuel Swedenborg, filósofo sueco del siglo XVIII:

«Cada estado físico está relacionado con un estado no-físico». Robert St. John desarrolló esta idea en sus trabajos, conocidos como Terapia de la Metamorfosis. Aplicando este precepto al cuerpo humano, podríamos hablar, en sentido figurado, de tres tipos de estructuras físicas en nuestro cuerpo: tejido duro, que podemos encontrar en huesos y dientes; tejido blando, como la carne, la grasa, la piel, los órganos, los músculos, los ligamentos y los nervios; y tejido fluido, como la sangre, la orina, el agua, la linfa. También podemos afirmar que estos tres estados se corresponden con tres estados no físicos del ser: alma o espíritu, pensamiento y sentimiento.

Los tejidos duros se corresponden con tu núcleo duro. De la misma manera que la roca constituye el núcleo de la tierra, el esqueleto conforma la armazón interna del cuerpo. De la misma manera que los huesos son fundamentales para la salud del conjunto, las creencias alojadas en el alma dan sentido a cada aspecto de nuestras vidas. El esqueleto permite a nuestros músculos moverse, comunicar, que nuestros sentimientos y pensamientos encuentren formas de expresión. Constituye tu forma primaria, la base interna de tu propio ser. Para que exista la vida, tiene que tener forma y los huesos le proporcionan esa forma. Y del mismo modo en que no puede haber vida sin huesos, no estarás realmente vivo o viva a menos que estés en contacto con tu núcleo profundo, tu energía espiritual. Una ruptura o dificultad en ese núcleo implica por tanto un conflicto en los niveles más profundos de tu ser, un conflicto que obstruye, cuando no bloquea, tus movimientos hacia delante.

El tejido blando es como la tierra. Se corresponde con tus actitudes psicológicas y esquemas mentales. Tus pensamientos y experiencias afectan directamente al estado de tus nervios, tu piel, tu carne, etc., reflejando el movimiento continuo que hay dentro de ti. «En lo que pensamos, nos convertimos; en función de aquello en que nos convertimos, podremos deducir en qué hemos estado pensando». O tal y como afirmaba el maestro sufí Reshad Field en Here to Heal: «Aquello que apartamos de nuestros pensamientos siempre regresa y aterriza en el mismo lugar donde se encontraba entonces».

Profundamente marcados en nuestras carnes están nuestros recuerdos del pasado, los traumas que nunca expresamos, los *shocks*, las tristezas… Las capas de grasa se acumulan para proteger recuerdos dolorosos o acontecimientos y pensamientos que generaron miedos y prejuicios. Tus creencias más profundas encuentran maneras de expresarse mediante los tejidos blandos, donde radican tus formas o tu capacidad de movimiento. Aspectos relacionados con los tejidos blandos se corresponden con el lugar donde residen tus pensamientos de autonegación, ira, amargura, dolor, de autodestrucción o de autolimitación.

Mientras lees estas líneas, intenta contraer el estómago y las nalgas y verás cómo cambian tus pensamientos. Si tensar o contraer los músculos te resulta difícil, imagínate que este estado pudiera perpetuarse por culpa de esquemas mentales tensos o estresantes. ¿Qué estás reteniendo con tanta tensión? ¿Qué pasaría si te relajaras? Los tendones en tensión reflejan una tendencia a la rigidez, de igual manera que los músculos en tensión reflejan tensiones internas, como el miedo o la rabia. Cuando se mantienen estas actitudes durante largos periodos de tiempo, los músculos generan eso que denominamos una *armadura interna*, una rigidez que impide la libre expresión de los sentimientos.

Los **fluidos** se corresponden con emociones y sentimientos –te hierbe la sangre por la rabia o te desborda el amor– y con la distribución de esos mismos sentimientos por todo tu cuerpo. Los fluidos del cuerpo transportan nutrientes vitales a través de la sangre y liberan emociones mediante las lágrimas y la orina. Un 94 % de nuestro cuerpo es agua y estos fluidos están en perpetuo movimiento, cambiando de estado, fluyendo como un océano moviéndose con tus deseos y sentimientos.

Moverse consiste en emocionarse, expresarse y manifestarse, con dirección y sentido. De igual manera que la sangre llega desde tu corazón a todas las células de tu cuerpo, también tu amor circula desde tu corazón, tanto por el interior de tu cuerpo como hacia los demás. Y de igual modo, tu cara se turba ante una situación embarazosa, enrojeciéndote de ira o palideciendo de rabia. Los aspectos relacionados con los fluidos son aspectos vinculados con la ternura, que tienen mucho que ver con el amor y el dolor, con el sufrimiento y la pasión, y que reflejan dónde han quedado reprimidos bajo llave tus sentimientos o dónde se desbordan fuera de control.

Del mismo modo que tus músculos y tejidos blandos confieren movimientos a tus huesos, los fluidos potencian y dan expresión a ese movimiento. De la misma manera, tus pensamientos y sentimientos otorgan expresividad y un rumbo a tus creencias más profundas.

LOS LADOS DERECHO E IZQUIERDO DEL CUERPO

El cerebro está dividido en dos hemisferios, el izquierdo y el derecho, y ambos tienen influencias muy diferentes. Las personas con un hemisferio izquierdo preeminente suelen ser lógicas, racionales, verbales, de pensamiento veloz como un reguero de pólvora. Procesan la información secuencialmente, mirando primero las distintas piezas y ensamblándolas en seguida para obtener una perspectiva de conjunto. Las personas en las que predomina el lado derecho suelen ser pensadores visuales que procesan la información de forma intuitiva y visionaria, que se forman primero una visión de conjunto y luego entran en los detalles. También suelen ser más introvertidas y sensibles, especialmente a la luz, al sonido y a las críticas.

Nuestro sistema educativo ha sido diseñado para niños con preeminencia del hemisferio izquierdo, porque piensan de una manera lineal que resulta más fácil para la educación. Los niños con preeminencia del hemisferio derecho no se adaptan tan fácilmente dado que requieren imágenes para quedarse con los conceptos. A consecuencia de ello, a estos últimos les diagnostican con frecuencia trastornos de déficit de atención e hiperactividad (TDAH). Estos chicos y chicas simplemente aprenden de manera distinta y cuando les adaptan los métodos de aprendizaje, dejan de presentarse estos problemas.

Dado que el bulbo raquídeo enlaza con la médula espinal por la parte superior del cuello, los nervios que parten de estos dos hemisferios se entrecruzan. Por consiguiente, la parte derecha de tu cuerpo refleja la parte lógica y racional de tu ser mientras que la parte izquierda se relaciona con cualidades más creativas y emocionales. Sin embargo, esta lógica no se extiende a la mano –izquierda o derecha– predominante. Al parecer hay escasa diferencia: ¡hay una mayor proporción de artistas zurdos, pero también son mayoría los tenistas zurdos!

En muchas culturas orientales, la división izquierda/derecha se describe como propia de la división hombre/mujer. No tanto en base al género o sexo, sino más bien en base a las cualidades masculinas y femeninas que todos llevamos dentro. Al aplicar estos principios a la comprensión del lenguaje cuerpo-mente, siempre encontramos una conexión entre los problemas físicos localizados en una sola parte del cuerpo y un conflicto interior relacionado de este principio decisivo.

El lado **derecho** del cuerpo representa el principio masculino tanto en el hombre como en la mujer. Está relacionado con la capacidad de dar y de ser dominante y asertivo. Es la parte autoritaria e intelectual de tu cuerpo. Tiene mucho que ver con el mundo exterior del trabajo, los negocios, la competición, así como con la función social, la política y el poder. Tanto en los hombres como en las mujeres, la parte derecha del cuerpo refleja la relación con los principios masculinos de su interior.

En un hombre, esto puede generar conflictos a la hora de expresar su masculinidad, tener que responsabilizarse de una familia, dificultades a la hora de competir en el trabajo, carencias en su autoestima y confusiones respecto a su orientación sexual. En una mujer, el lado derecho puede reflejar sus conflictos a la hora de ser madre y dedicarse a su carrera profesional, o en su capacidad de ser asertiva y generar confianza en su puesto de trabajo, mayoritariamente dominado por hombres. Las madres solteras tienen que desarrollar más su lado derecho, asumiendo tanto la toma de decisiones como garantizando el sustento, lo cual fácilmente puede desencadenar conflictos interiores.

Ejemplo de lo anterior fue el caso de Ellie, que vino a verme quejándose de que padecía un ligero entumecimiento de todo su lado derecho desde su adolescencia. En su infancia fue una chica feliz aunque poco femenina. Mientras hablábamos, se percató de que aquel entumecimiento apareció poco después de que su padre le impusiera su deseo de que fuera una "chica como dios manda" y le obligara a estudiar para secretaria, cuando ella lo que quería era pilotar un avión caza. Como respuesta, había cortado de raíz sus tendencias más asertivas, o mejor dicho, eliminado la sensibilidad de esa parte de su ser, creando así un sentimiento de rechazo o insensibilidad en el lado derecho. La curación de Ellie pasaba por perdonar a su padre, que le impuso sus deseos contra su voluntad, desarrollar su confianza para dedicarse a lo que quería y devolverle la vitalidad a esa parte suya reprimida e inhibida. La última vez que la vi, estaba estudiando para pilotar aviones… ¡aunque no aviones de caza!

La parte **izquierda** del cuerpo, representa el principio femenino tanto en los hombres como en las mujeres. Indica nuestra capacidad de pedir ayuda, de recibir y de entregarnos, de alimentar y cuidar a los demás, de escucharnos y confiar en nuestra propia sensatez, así como nuestra capacidad creativa y artística. Tiene mucho que ver con el hogar y con nuestro mundo interior reflexivo e intuitivo.

Problemas relacionados con la parte izquierda en un hombre reflejan sus dificultades para cuidar o sentir, para llorar o expresar sus sentimientos, para cultivar sus dotes creativas, su intuición, su sensatez. A los chicos les dicen que los hombres no lloran y por eso muchos hombres reniegan de esta parte más sensible de su ser. Para una mujer, el lado izquierdo refleja problemas relacionados con la expresión de su feminidad y su vulnerabilidad, conflictos relacionados con la maternidad y la crianza de los hijos, y con cómo ser a un tiempo receptivas y sensibles.

Nuestro lado izquierdo también refleja nuestra relación con las mujeres –madre, hermana, novia, esposa, hija, etc.– y los conflictos que de esta relación se pudieran derivar.

Según relata la quiroterapeuta Jenny Britton: «David vino a mi salón de masaje quejándose de un dolor en la parte inferior de su espalda, en el lado izquierdo. Mientras empezaba a practicarle el masaje en la espalda, empezó a contarme que acababa de cancelar su boda, prevista para dentro de dos meses. Habían apalabrado la iglesia, confeccionado el vestido de novia e incluso comprado una casa juntos. Aseguraba estar encantado de seguir viviendo con ella, pero ella le dijo que o se casaban o se acababa la relación. David estaba empezando a establecerse por sus propios medios y no le resultaba fácil. Su espalda –parte inferior izquierda, el área del apoyo emocional/la autosuficiencia/las relaciones con las mujeres– estaba agarrotada y tensa. Me contó que había pasado de vivir con su madre a vivir con su novia y lo mucho que ahora necesitaba vivir por su cuenta, ser independiente».

Alcanzar el equilibrio

Nuestros roles de hombre y mujer han cambiado drásticamente durante los últimos cincuenta años. Los hombres han tenido que apartarse del modelo hombre Marlboro, un tipo rudo y fuerte, que sabe contener sus emociones y garantiza el sustento de su familia, para acostumbrarse a poner la mesa, decirles a sus hijos "os quiero mucho", estar dispuestos a explorar su creatividad y ser capaces de compartir liderazgo y la toma de decisiones. La mujer ha seguido un evolución distinta, pasando de ser una ama de casa a tiempo completo, preocupada sólo por la casa y los niños, a convertirse en un ama de casa que además se gana la vida profesionalmente. Su desafío en este sentido consiste en mantener su confianza y seguridad, pero desarrollando al mismo tiempo una opinión propia y luchando por la igualdad entre los sexos.

En cierto sentido, el desafío al que se enfrentan hombres y mujeres es el mismo –encontrar el equilibrio entre estas dos energías distintas, la masculina y la femenina: ser atentos y positivos, aplicar el sentido común, apreciar la belleza, valorar las necesidades ajenas pero escuchando las voces que proceden de nuestro interior.

Descubre el equilibrio

Descubrir si tu enfermedad o lesión afecta al lado izquierdo o al derecho de tu cuerpo te permitirá obtener importantes pistas sobre la causa que las originó. A continuación, enumeramos algunos puntos que deberás tener en cuenta:

Observa cuál de los dos lados de tu cuerpo predomina.
¿Hay un lado de tu cuerpo más propenso al dolor que el otro? ¿Está uno de ellos más desarrollado –o es más fuerte– que el otro?

Rememora accidentes o enfermedades del pasado.
¿Cuál de estos lados se ha visto afectado más a menudo?

Considera los aspectos relacionados con el género.
¿Qué parte de tu personalidad está más desarrollada? ¿La masculina o la femenina?

Concéntrate en tu equilibrio.
¿Se te presentan conflictos vitales relacionados con tus energías masculina o femenina? ¿En tus relaciones? ¿Qué necesitarías para obtener más equilibrio? ¿Qué cambios podrías introducir en tu vida para expresar ambos lados de tu naturaleza?

CENTROS DE ENERGÍA: EL SISTEMA DE CHAKRAS

Entramos ahora en un territorio distinto (el energético en vez del físico), pero tan importante como el anterior. Según las enseñanzas orientales, hay siete centros de energía principales localizados en el cuerpo, en áreas específicas de la columna vertebral. Los conocemos con el nombre de *chakras*. Si nunca trabajaste con este aspecto de tu cuerpo anteriormente, puede sonarte a chino o a esotérico, pero estos chakras han demostrado ser de una enorme utilidad a la hora de comprender la relación cuerpo-mente.

Los chakras son niveles de consciencia que influyen en nuestra percepción de la realidad. No son físicos pero conectan lo físico con lo no-físico y esto puede influir en la salud de todo nuestro cuerpo. Los chakras son compuertas de energía localizadas en tu interior que procesan información y a través de ellas podemos alcanzar estados superiores de conciencia y de percepción. Aunque cada chakra se describa por separado, operan de manera conjunta, con la energía fluyendo de un chakra a otro.

Si estás familiarizado con el mundo de los chakras, los habrás visto representados como ruedas o mandalas, con colores y sonidos específicos, o incluso como flores de loto con muchos pétalos. Son representaciones simbólicas: la flor de loto germina en el barro, crece bajo el agua y emerge cristalina hacia la luz. Por tanto, simboliza tu crecimiento, desde los reinos de la oscuridad y la ignorancia, hasta el despertar de tu iluminación. Empezando bajo la base de la espina dorsal y moviéndose hacia arriba hasta la parte superior de tu cabeza, los chakras reflejan este movimiento desde una conducta instintiva y egocéntrica, por el empleo abusivo del ego, hasta estados superiores de empatía y conocimiento.

No obstante, la energía que habita tu cuerpo no forzosamente se moverá hacia arriba. En algunas ocasiones, un chakra determinado puede ejercer mayor influencia o requerir mayor atención que en otras. Por ejemplo, cuando los niveles de estrés están subiendo y te enfrentas a una situación conflictiva, los chakras primero y segundo prevalecerán, cerrando la energía que fluye de los chakras superiores, preparándose para garantizar la supervivencia.

Descubre los chakras

Se ha recabado una enorme cantidad de conocimiento sobre este fantástico sistema oriental. En este particular, nos ocuparemos de la relación cuerpo-mente asociada a cada chakra, en la medida en que su relación con el cuerpo físico nos demuestra como todas las enfermedades tienen un componente energético y sufren mucho los desequilibrios de la energía. Al asociar un determinado chakra con las dificultades físicas relacionadas, lograremos un mayor conocimiento de la naturaleza de la enfermedad. Para conseguirlo:

- Conecta mentalmente la parte de tu cuerpo desequilibrada con el chakra asociado a ella. (Las preguntas que se incluyen al final de cada descripción de los chakras te ayudarán a hacerlo.)
- Concéntrate en las cualidades de cada chakra, y después mira dentro de ti para ver en qué medida –sobre todo, en cuestiones relacionadas con la energía– este problema te ha estado afectando.
- Intenta luego darle la vuelta a esa energía para poder absorber los aspectos positivos de ese chakra.

1. *Mooladhara* o chakra de la raíz

El primer chakra se sitúa energéticamente en el perineo, entre el ano y los genitales. El nivel de conciencia ubicado en ese punto tiene relación con el instinto básico de supervivencia, la seguridad, la confianza y la auto-protección. Está conectado con tu historia y tu energía ancestral, el sentido de pertenencia a una familia en particular y a tu lugar en el mundo. Cuando este chakra está activo o despierto, puedes enfrentarte a desafíos de supervivencia con optimismo y creatividad. Tu actitud será de confianza en el mundo y de aceptación de los demás. Sentirás seguridad y "arraigo", además de muchas ganas de vivir. Si la energía permanece inactiva, tu consciencia se encogerá cuando tengas que enfrentarte a dificultades y confiar en los demás para resolver tus problemas.

Temerás no ser capaz de proveer lo que se espera de ti, tanto financiera como emocionalmente. Abundarán las susceptibilidades, las paranoias, las actitudes de codicia personal, los "primero estoy yo". También pueden presentarse miedos al desarraigo, a carecer de seguridad y de ayuda, incluso tendencias suicidas.

Las conexiones físicas con este chakra se localizan en la estructura ósea y en los músculos, especialmente en la espalda, en la pelvis, las piernas y como pudimos observar, tienen que ver con los dolores de espalda y la ciática. Todas estas áreas tienen relación con tu capacidad de defender tu postura, tu seguridad en ti mismo y tu sentido del arraigo. Las actitudes que mantienes respecto a tu familia, trabajo y tu capacidad de supervivencia se reflejan en tu manera de andar, en la postura de la columna vertebral, en la manera en que mantienes la cabeza recta. Los problemas de falta de afecto y de dependencia también se localizan en este chakra.

Este chakra también está relacionado con el estrés y el miedo, localizados en los riñones y en las glándulas suprarrenales. Este estrés y miedo pueden ser causa de problemas digestivos o intestinales, como el síndrome de colon irritable o el estreñimiento. Estos problemas tienen que ver con la confianza, sobre todo en la confianza en que el mundo no es un lugar amenazante y que encontrarás ayudas en él. Este chakra guarda relación con todas las formas de creatividad y expresión artística. Donde no hay suelo o el terreno es árido, difícilmente florecerá la creación. Cuando tu arraigo es bueno y estás firmemente asentado, la flor que llevas dentro, florecerá.

- ¿Has experimentado alguna vez sensación de inseguridad o de no tener un lugar en el mundo?
- ¿Te sientes "desarraigado" o "sin cimientos"?
- ¿Te sientes atrapado o incapaz de moverte hacia delante?
- ¿Has mantenido profundamente guardadas cuestiones familiares sin resolver?
- ¿Puedes descubrir algún lugar de seguridad y confianza aún más profundo dentro de ti y tu lugar en el Universo?

2. *Swadhisthana* o chakra base

El segundo chakra está energéticamente situado en la base de la espina dorsal. Está conectado con temas relacionados con el deseo, la sexualidad y la reproducción. Y también con asuntos financieros. Una vez que hayas asegurado tu territorio, tendrás que bregar con asuntos relacionados con la vida. Esto abarca un área muy amplia. Determina lo que sientes respecto a las relaciones íntimas, la comunicación, la sociabilidad, la paternidad y el nacimiento, el dinero, el mundo de la bolsa, el comercio y los negocios.

A medida que vamos emergiendo del mundo de la supervivencia en el primer chakra, la energía se centra en la supervivencia de las especies y la exploración del placer, especialmente el placer sexual. Sin embargo, el deseo puede conducirnos a la codicia y la insaciabilidad, creyendo que más supondrá mayor placer. A menudo se abusa y se hace un mal uso de la energía sexual. Esto acarrea culpabilidad, vergüenza, confusión, decepción y fracaso de la relación. Conflictos como éstos, relacionados con la sexualidad, pueden generar problemas en los órganos genitales y las áreas relacionadas con ellos.

Algunos problemas relacionados con este chakra también desencadenan la sensación de tener dificultades financieras, de "pobreza" o de sentirse incompetentes para lidiar con el mundo de los negocios. Se pueden generar sensaciones de empobrecimiento respecto a los demás, de autodevaluación y de pérdida de autoestima. Este chakra puede influir en todas las partes del cuerpo relacionadas con los órganos reproductivos, incluyendo los ciclos menstruales, la menopausia, la parte baja de la espalda, la vesícula biliar y la evacuación. También se relaciona con el bajo vientre, el núcleo de tu fuerza y tu base emocional.

Si el potencial del segundo chakra se desarrolla indebidamente, puede conducir a un cansancio exhaustivo, pérdida de apetito, merma del deseo sexual, sentimientos de desamparo o de falta de resistencia. En cambio, cuando está abierto y desarrollado propiciará la aparición de la sensación de equilibrio y de autosatisfacción contigo mismo y con la sexualidad, y permitirá una respuesta sensata frente al mundo material.

- ¿Estás ignorando asuntos sin resolver relativos a tu sexualidad?
- ¿Te dominan tus deseos y tus ansias?
- ¿Abusaron de ti o te utilizaron sexualmente?
- ¿Te inspiran miedo los temas relativos a la supervivencia, tanto financiera como física?
- ¿Eres capaz de hallar un punto de equilibrio interior, que no esté dominado por la ansiedad o por miedos?

3. *Manipura* o chakra del plexo solar

El tercer chakra está localizado en la espina dorsal, detrás del ombligo, y está conectado con el centro de poder del plexo solar y de las glándulas suprarrenales. Superados los estadios de supervivencia y de procreación, aquí es donde comienza el proceso de individualidad, el desarrollo del ego, la confianza en uno mismo y el poder personal. Aquí es donde asimilas la información y almacenas tu mundo, donde sientes la rabia, el miedo o la necesidad de control. La conexión energética se hace con el sistema digestivo, incluyendo problemas estomacales y desórdenes nutricionales, como la anorexia o la obesidad, afecciones del hígado, de la vesícula biliar, de los riñones y las adicciones, problemas todos ellos asociados al miedo y al control.

Dado que este chakra se asocia con el poder, enlaza directamente con sentimientos de valía personal, valor, atracción y confianza. Cuando el tercer chakra está atrofiado, provoca la aparición de falsas sensaciones de poder, delirios de grandeza que turban la percepción. Puede incluir además miedo al poder o a la autoridad, a sentirse intimidado, a confiar en los demás o a asumir responsabilidades. Si tienes una pobre opinión de ti mismo, necesitarás que te digan lo que tienes que hacer o una autoridad para actuar, en vez de tomar tú la iniciativa. Una pobre idea de uno mismo también se manifestará mediante la necesidad de dominar a los demás.

Este área almacena una enorme cantidad de energía que, empleada positivamente, proporciona un sentido y una dirección a nuestras vidas. Es la energía de los políticos y de los educadores, de las estrellas del espectáculo y los deportistas; la de quienes quieren destacarse del resto. También reside en ella alberga la intuición cuando tienes un a corazonada. Aún hay más: es el área de la consciencia psíquica. No obstante, esta energía suele ser mal empleada y utilizada para explotar y abusar de los demás, como fue el caso de los dictadores que disfrutaron con su obsesión de poder, como Hitler o Estalin.

El proceso que nos convierte en persona es aquel que nos hace descubrir nuestro poder interior. No un poder sobre los demás, sino la autoridad personal y el poder emocional. Un tercer chakra bien abierto nos habilita para tener una consciencia de nuestro propio ser saludable, positiva y segura, sin necesidad de ejercer el poder sobre los demás.

- ¿Eres una persona controladora, que critica siempre o quiere dominar a los demás?
- ¿Eres alguien que teme a la autoridad o que no confía en nadie?
- ¿Tienes conflictos relacionados con tu autoestima?
- ¿Eres capaz de conectar con espacios interiores de poder personal que no tengas que imponer a los demás?

4. *Anahata* o chakra del corazón

El cuarto chakra está localizado energéticamente en la espina dorsal, justo detrás del centro del pecho. Trasladándonos desde el desarrollo personal ubicado en el tercero, aquí es donde evolucionamos como una persona realmente bondadosa. Abriremos nuestro corazón y cultivaremos cualidades de servicio a los demás y empatía, superando nuestro ego individualista y egoísta y tomando consciencia de la comunidad y sus necesidades.

Un chakra del corazón infradesarrollado se considera un corazón cerrado o frío, incapaz de dar calor a los demás o cuidar verdaderamente de uno mismo. Todo es sensual o sexual; o bien racional, lógico e intelectual, pero falta el sentimiento del corazón. Hay un vacío de calor y profundidad. Puedes llegar a sentir que eres incapaz de amar, temer al cariño o aferrarte al dolor pasado incapaz de perdonarlo, generando sufrimiento por el silencio. Puede haber amargura, envidia o melancolía profundas. En vez de amor, hay agresividad y culpa, dureza de corazón, prejuicios y amargura.

El chakra del corazón está asociado a la glándula del timo, el corazón y los pulmones, de ahí la conexión entre pulmones y tristeza. Los problemas se manifiestan como dificultades respiratorias, asma, bronquitis o neumonía, en crisis cardiovasculares como la angina de pecho y demás enfermedades relacionadas con esta parte del cuerpo.

Un chakra del corazón abierto es fuente inagotable de amor y compasión. Cuanto más se abra tu corazón, tanto mayor será el amor que llene tu ser. Esto implica una consciencia del amor real hacia tu persona que hará desarrollarse en ti la verdadera capacidad de perdón, así como una genuina y profunda capacidad de dar cariño y de sentir compasión por todos los seres vivos.

- ¿Existe algún problema que mantenga tu corazón cerrado y merme tu capacidad de amar?
- ¿Te desagradas a ti mismo?
- ¿Te aferras a un dolor del pasado y te sientes incapaz de perdonar y dejarlo correr?
- ¿Te ves capaz de adentrarte en un nivel más profundo de generosidad y aceptación tanto de ti mismo como de los demás, de manera que tu corazón se abra y sanes?

5. *Vishuddhi* o chakra de la garganta

El quinto chakra está energéticamente situado en el cuello, justo detrás de la garganta, e influencia a la laringe y a las glándulas tiroides. Aquí se expresa tu verdadera voz, mediante la consciencia de otros y el desarrollo de la amabilidad afectiva. En la mitología hindú este chakra está representado por el cisne y la elegancia de su cuello. Según esta tradición, el cisne es capaz de distinguir el agua de la leche, entre la verdad y la ignorancia.

El quinto chakra está asociado a la boca y a la garganta, y rige la expresión y la asimilación. La garganta es tanto la entrada a todo tu ser como el punto por donde tomas tus alimentos y el lugar por donde salen tus pensamientos y sentimientos. Una garganta infradesarrollada restringirá el discurrir de la energía, limitando tu capacidad de recibir alimento y de expresarte. Probablemente expresarás emociones negativas, mentirás, engañarás o insultarás. O tal vez pudiera hacerte sentir como si te hubieras quedado sin voz y que nadie pudiera oírte, o como si tuvieras miedo de expresarte tal como eres. Esto se refleja en problemas de garganta, boca y dientes; también en patologías de la mandíbula y el cuello, así como trastornos de las tiroides.

Este chakra también tiene que ver con los problemas de conducta relacionados con las adicciones. Cuando reprimes tus sentimientos o ignoras algún dolor profundo, precisas de algún medio para mantenerlos callados. Adicciones como la sobrealimentación, la drogadicción o el alcoholismo fácilmente se emplean a tal fin.

El chakra de la garganta forma un puente entre la cabeza y el cuerpo, entre la mente y el corazón. Cuando está abierto, abre energéticamente todo tu ser, permitiendo una comunicación clara y la circulación de los flujos energéticos entre tu cabeza y tu corazón. Entonces hay equilibrio entre el conocimiento y la compasión, entre el pensamiento y el sentimiento, entre el dar y el recibir. Cuando este chakra está abierto podemos convertir lo negativo en positivo, el veneno en néctar y, por lo tanto, curar nuestras heridas interiores.

- ¿Tienes miedo de hablar claro y hacer saber cuáles son tus necesidades?
- ¿El hecho de tragar con determinadas realidades te está causando algún tipo de sufrimiento o dificultad?
- ¿Estás reprimiendo un dolor profundo por medio de adicciones o de comportamientos indebidos?
- ¿Estás en condiciones de conectar tu cuerpo con tu mente para que se produzca una verdadera sanación?

6. *Ajna* o chakra del tercer ojo

El sexto chakra está situado detrás del centro de las cejas. Se le simboliza con un tercer ojo: este chakra es el ojo del conocimiento que mira desde el interior y ve la verdad. Está asociado con la mente y con el desarrollo de una consciencia superior, y en particular con el desarrollo de la percepción, la intuición, la mirada interior. Mientras que en el plexo solar, el ego predominaba, aquí el ego se difumina y la consciencia se expande más allá del ego individual. Es el ojo que ve más allá de las limitaciones de la existencia humana hacia un conocimiento trascendente en el despertar de la mente. Lo interior es la clave de este chakra.

Un tercer ojo cerrado se considera una carencia de autoconsciencia o de cualquier sentido de consciencia superior. Puede haber miedo al yo interior o a cualquier problema espiritual o de introspección, generando conductas nerviosas, paranoias o imágenes distorsionadas de la realidad. Se traduce en actitudes y esquemas de pensamiento fijos, cerrados y prejuicios que se sienten en todas las partes del cuerpo, así como en la resistencia a aceptar ideas nuevas o diferentes, especialmente en el ámbito espiritual. Actitudes negativas, críticas o perjudiciales se dejarán sentir en todas las partes del cuerpo, dado que este chakra afecta a los nervios, a los sentidos, al sistema inmunitario; pero también es la clave de problemas cerebrales, de senilidad, de dolores de cabeza, de afecciones en la vista y en el oído.

El equilibrio entre cabeza y corazón es esencial para que el despertar de la consciencia se produzca. La sabiduría de la mente guía la compasión del corazón, del mismo modo que la compasión da profundidad a la lucidez interior. Una cosa sin la otra quedarán siempre incompletas –la interiorización sin el sentimiento o la compasión sin el discernimiento.

También es preciso distinguir entre la energía mental que puede encerrarte en los niveles intelectuales y la verdadera energía espiritual que abre tu luminosidad interior. Mediante el chakra del tercer ojo obtienes la capacidad de penetrar en la naturaleza de la realidad y descubrir la verdad que hay en tu interior. Esta no es una búsqueda intelectual.

- ¿Tienes miedo a los demás o estás cerrado ante la manera en que los demás piensan o sienten?
- ¿Tienes tendencia a ocultarte debajo de tu intelecto?
- ¿Puede ser que tus esquemas mentales limiten tu apertura y tu receptividad?
- ¿Puedes abrir tu mente a modos diferentes de pensar y a partes más profundas de tu ser?

7. *Sahasrara* o chakra de la corona

El séptimo chakra está ubicado encima de la cabeza y se le considera la experiencia humana definitiva, cuando el ego personal se difumina en la consciencia cósmica. Los deseos personales se purifican y toda actividad está exenta de egoísmo. No es tanto el fin del viaje como el inicio de la verdadera vida con la emergencia del verdadero ser humano. Cuando este chakra no está despierto, se refleja en un ego sobredimensionado y en la resistencia al crecimiento espiritual, lo cual puede conducir a la depresión y a la tristeza, pues la vida parece entonces no tener sentido. Se echa en falta la fe, tanto si es la fe en un Dios externo, o en un gurú o en la divinidad interior. Sin fe, sólo queda un vacío, un sinsentido espiritual.

La energía asociada a este chakra es la de la entrega, la entrega total del ego o del ser individual al ser divino que todo lo abarca y es ilimitado. Está asociada con la totalidad del cuerpo físico, dado que sus chakras afectan a todos los aspectos de tu ser, con todas las cuestiones psico-emocionales relacionadas con la carencia de sentido, de significado o de dirección.

* ¿Estás deprimido o la vida ya no tiene sentido para ti?
* ¿Sientes un vacío interior, te sientes desorientado y sin rumbo?
* ¿Serás capaz de adentrarte en lugares profundos en los que deberás renunciar a la importancia de tu ego?
* ¿Eres capaz de descubrir un espacio de divinidad en tu interior?

LOS ACCIDENTES OCURREN

Hay gente que cree que los accidentes no son propiamente accidentes, dado que toda cosa que sucede tiene un significado o propósito. Personalmente, creo que los accidentes ocurren, pero también creo que, paralelamente, debemos aprender de ellos. Por ejemplo, a menudo se producen en momentos de estrés o de caos, o bien cuando estamos atravesando por periodos de cambio. En estos momentos, solemos prestarnos menos atención a nosotros mismos, ignorando a menudo los mensajes procedentes del cuerpo o de la intuición. En tales situaciones, es muy probable que seamos más propensos a las desgracias o a los trastornos físicos.

Si tuviste un accidente hace pocos años, explora la parte de tu cuerpo más afectada. Intenta recordar las tensiones que pudieras haber sufrido antes de producirse el accidente. Comprueba si existe alguna conexión entre ambos sucesos. ¿Qué representa el área afectada? ¿Cuál es su función o fin? ¿Estaba ya debilitada esa zona herida? ¿Te impidió aquel accidente seguir haciendo algo que antes hacías? ¿Se derivó del accidente algún beneficio para ti? ¿En qué aspectos cambió tu vida después de aquello? John Taylor pasó por esta clase de experiencias:

«Pasé de las tribulaciones del ascenso por el escalafón profesional a caerme de una escalera de verdad mientras intentaba reparar unos desagües. ¡Pero partirme la espalda y tener que permanecer seis meses tumbado fue lo mejor me había pasado nunca! Tenía una excusa para detenerme, para comprenderme a mí mismo, para conocer a mis hijos. Tuvimos largas conversaciones ellos y yo, charlas para las que antes nunca tuve tiempo. Todas mis defensas estaban bajas y eso les permitió estar más cerca de mí. Antes de aquello yo era demasiado protector como para demostrarles mis sentimientos. Cuando pude volver a caminar me sentí como si hubiera vuelto a nacer, como si una nueva vida se abría ante mí. ¡Aquel accidente fue una bendición!».

LAS ENFERMEDADES DE LA INFANCIA

Las enfermedades infantiles como la varicela o el sarampión generalmente contribuyen a edificar una parte esencial de nuestro sistema inmunitario, que nos protegerá el resto de nuestras vidas. Pero es conveniente señalar que tales enfermedades tal vez se presenten cuando los niños necesitan una dosis adicional de descanso, atenciones o amor. Atender tales requerimientos sin duda acelerará su recuperación.

Otras enfermedades infantiles, como los problemas congénitos o las que se desarrollan a edades muy tempranas no tienen fácil respuesta. Una escuela de pensamiento afirma que se deben al tabaquismo o a la ingestión de estupefacientes durante el embarazo, habiéndose demostrado que ambas cosas son perniciosas para el desarrollo del feto; o también a conflictos emocionales entre los padres, causa de que el feto perciba desequilibrios emocionales a través de la madre. Otra escuela sostiene que estos problemas se deben a problemas sin resolver de una vida anterior, o de una combinación de las vidas anteriores de padres e hijos, que buscan ser resueltas en ésta. Puede que haya mucha verdad en todo lo aquí expuesto, pero de momento sólo son especulaciones. Pues lo importante es que ese niño está pasando por ello en esta vida y, por lo tanto, es aquí y ahora cuando tenemos que buscar una sanación.

Los niños no saben expresarse con facilidad, por eso cualquier enfermedad o dificultad física puede estar traduciendo momentos difíciles, padeciendo un acoso escolar, sintiéndose poco aceptados o enfrentándose a conflictos con amigos y familiares. Hemos de prestar mucha atención. Puede ser de vital importancia hablar con el niño sobre sus sentimientos y quizás la persona adecuada sea un profesional especializado, un maestro o alguien que no sea de la familia.

Un niño enfermo o incapacitado a menudo es señalado como causa de problemas familiares. Pero culpar al niño o a su situación no resuelve el problema. Aquí es donde hay que vigilar nuestras propias actitudes, conductas y sentimientos, y ver en qué medida están afectando al niño o a la dinámica familiar.

PONLOS JUNTOS: LOS SÍNTOMAS SIGNIFICAN CAMBIO

De todo lo anterior se deduce una imagen mucho más nítida y mucho más completa de nuestro cuerpo-mente. Señalemos primero dónde está la dificultad y la función que cumple esta parte del cuerpo: lo que hace. Por ejemplo, los brazos sirven para levantar, llevar, expresar, crear, cuidar, etc. Después añadiremos qué lado del cuerpo está afectado, el derecho o el izquierdo, y las cualidades asociadas a este lado. Luego añadiremos la naturaleza del tejido implicado, si se trata de un tejido duro que se ha roto; de un tejido blando irritado o inflamado; o de fluido que se expulsa o se hincha. Y más importante todavía: ¿qué sentimiento produce en tu interior? ¿Qué sensación te produce una distensión muscular o el estómago revuelto? Busca las palabras que mejor describan cómo te sientes y comprueba si estas palabras están describiendo algo de ti.

Aunque seas capaz de observar con claridad lo que los síntomas te están diciendo o adivines su significado intuitivamente, aceptar las verdades que encierran no es tan fácil. A fin de cuentas, un síntoma a menudo expresa un problema que has estado ignorando, negando o reprimiendo; de ahí que la aceptación requiera asumir una parte de ti que no te gusta. A veces resulta mucho más fácil dejar las cosas como están, aunque pierdas tu salud en el camino. En la obra de Marc Ian Barash *The Healing Path*, George Melton describe cómo pasó de una enfermedad de transmisión sexual a otra, negándose a escuchar el mensaje transmitido hasta que: «Un día me desperté con el SIDA, otra enfermedad que se manifestaba en mi cuerpo pero que no se podía curar con pastillas. Esto me condujo a buscar más allá de lo físico y descubrir en mi interior el odio y los miedo que me habían estado matando desde mucho antes».

En este mismo orden de cosas, un joven que padecía fuertes dolores se presentó a la doctora Joan Borysenko, a su Departamento del Cuerpo-Mente perteneciente al New England Diaconess Hospital. El dolor lo mantenía viviendo en casa de sus padres. También le impedía alcanzar sus metas profesionales y mantener relaciones personales. Cuando consiguió aprender las bases de la relajación y a controlar su respiración los dolores empezaron a calmarse. Pero fue entonces cuando tuvo que enfrentarse a una situación aún más difícil. «Ahora no sé qué hacer con mi vida», explicó. «Tengo veintisiete años y me he ido a vivir a casa de mis padres. No sé cómo relacionarme con las mujeres. Supongo que tendría que volver a la escuela, pero esa idea me aterra. No sé vivir de otra manera. Quiero que mis dolores reaparezcan.»

La enfermedad nos proporciona una oportunidad de observar nuestra conducta y nuestros modelos de vida; cuáles son nuestros verdaderos sentimientos y lo que queremos hacer con ellos. Reconocer el significado de tus síntomas es el inicio del trayecto, el primer paso hacia una comprensión más profunda de tu ser. Después vendrá tu compromiso para deshacerte de lo viejo para abrirte a lo nuevo. Tendrás que desear verdaderamente obtener la sanación. El cuerpo está intentando recobrar su plenitud, pero quedará atrapado si, en el fondo, te aferras a la enfermedad por motivos muy sutiles. Comprometerte con tu propia sanación te dará el valor necesario para cambiar.

4. Escuchando las voces del cuerpo

Tal y como vimos en el capítulo anterior, hay una serie de mapas que podemos emplear como una guía para entender el lenguaje del cuerpo-mente, como la función desempeñada por cada parte o el lado del cuerpo donde ésta se ubica. Pero más importante que cualquiera de estas cuestiones es tu propia intuición o sentido interior del significado de cada cosa y los sentimientos derivados de ella. Esto se desarrollará a medida que te vayas adaptando mejor al terreno y aparecerá de manera natural en la medida en que te centres en la compresión de tu interior y tu percepción se amplíe.

«Cuando dejé de complacerme en mi tendencia a la autoflagelación y empecé a escuchar a mi cuerpo, descubrí que había una ciencia en mis células que superaba la que mis desconcertados doctores podrían ofrecerme –escribió Martha Beck en *O: The Ofrah Magazine*–. Escuchar su lenguaje mejoró todos los aspectos de mi vida, en tanto en cuanto los compartimentos estancos de lo mental y lo físico empiezan a comprenderse mutua y completamente. Descubrimos –a mi me sucedió– que los síntomas de las enfermedades crónicas remiten.»

Todos guardamos historias distintas en nuestros cuerpos. De la misma manera que la voz de cada uno de nosotros es única, cada cuerpo tiene sus propios medios de expresión. Por ejemplo, el sentimiento de no haber recibido el apoyo que necesitabas o sentir que estás bregando con demasiadas responsabilidades puede manifestarse mediante dificultades tanto la espalda como en las rodillas o en las caderas; los núcleos que soportan más el peso. Esto varía en cada persona.

Descubrir nuestro propio cuerpo-mente significa prestar atención a los detalles y escuchar la comunicación del cuerpo. Tu cuerpo sabe lo que está sucediendo y tú puedes aprender a escuchar y a interpretar lo que te está diciendo. Escuchar a tu intuición, a tu cuerpo y a tus sentimientos es un proceso discreto de apertura a la consciencia. En nuestras vidas cotidianas habitualmente sufrimos muchas distracciones y el exterior nos apabulla con pensamientos que fluyen en diversas direcciones simultáneamente. Para escuchar a nuestro interior lo primero será meternos dentro de él, con la atención concentrada hacia tus adentros en vez de hacia lo externo. Esto es algo esencial, porque tu voz interior puede ser bastante tímida, silenciosa o imperceptible y requerir toda tu atención.

También necesitarás mucha paciencia. Necesitarás paciencia para dejar que tu cuerpo hable, dado que no siempre ofrece de inmediato la información. Necesitarás tener paciencia contigo mismo para llegar a entender ese lenguaje, dado que la perspectiva de los síntomas puede variar en cada nivel. El dolor puede cambiar de lugar, por ejemplo. Y necesitarás paciencia con tu cuerpo porque puedes haberte desentendido de problemas negados, ignorados o reprimidos pero tu cuerpo aún no lo ha hecho; los síntomas de la enfermedad aún no han desaparecido. Si pensamos en el modo en que nuestro cuerpo manifiesta pensamientos o emociones reprimidas durante un tiempo, a veces prolongado, no debería sorprendernos que tarde lo suyo en reponerse, a veces incluso semanas o meses, una vez sanados los problemas psicológicos o emocionales.

Escuchar a tu cuerpo también te ayudará a descubrir qué clase de ayuda pudieras necesitar. Tal vez se trate de liberación emocional o psicoterapia, o de masajes en los tejidos profundos o de remedios de herbolario, o incluso cirugía o farmacología. Si los síntomas van "cayendo juntos", generalmente deberemos prestar atención a los distintos factores contribuyentes, es decir, tanto al ámbito psico-emocional como al puramente físico. Descubrir la fuente de tus dificultades y dialogar con tu cuerpo te ayudará a determinar qué es lo más importante.

Existen muchas maneras de escucharlo, de prestarle atención, dialogar, escribir, visualizar y medicarse.

PRESTAR ATENCIÓN

Prestar atención, centrarnos, significa sencillamente ser capaces de comprender, ver y observar el momento presente. Cuando estamos centrados de esta manera, podremos ver cómo se mueve la tierra mientras caminamos, sentiremos el sonido de los pájaros y el viento. Viviremos el momento en vez de perdernos en los pensamientos de pasado y futuro. Percibiremos el dolor o el desasosiego sin implicarnos en la historia que los rodea.

Comprenderemos nuestro funcionamiento, sabremos dónde radica nuestra fuerza o debilidad, lo que nos irrita, las resistencias y limitaciones, dónde se agarrotan los músculos y se reprimen nuestras emociones. La primera sensación puede resultarte extraña –puede que nunca intentaras sentir de esta manera– pero esa plenitud mental te permitirá conocerte a ti mismo más profundamente. Según describe Christine Evans: «Intento percibirme a mí misma sin prejuzgarme. Me doy cuenta de que estoy enferma cuando me llama mi ex novio. Comprendo que estoy triste cuando me masajean la parte baja de la espalda. Me percato de que la zona situada entre mis omóplatos me duele cuando estoy cansada o tensa. Que los mareos, con arcadas y vómitos se deben a que no acepto mis sentimientos o no me acepto tal como soy».

Prestar atención significa observar, percibir, no comentar. No significa juzgar, prejuzgar o sentirse culpable. Te estás viendo tal y como eres, observando tu cuerpo, tu mente y tus sentimientos, y viendo cómo interactúan unos con otros. Es muy posible que descubras lo mucho que te eludes a ti mismo, sobre todo tus áreas más débiles. Esas que te inducen a cambiar de tema o a mover tus dedos con nerviosismo; o recordar súbitamente que tenías algo por hacer; o te hacen sentir súbitamente agotada y lo fácil que te resulta rellenar tu tiempo de manera que no tengas momentos para ti.

Presta atención a tus sentimientos observando cómo reaccionas ante las diferentes situaciones y personas. Observa tus ansiedades y miedos. Percibe tus deseos y cómo manipulas acontecimientos y personas para satisfacer tus necesidades. Estudia el modo en que tus sentimientos estimulan diferentes respuestas, o lo que te sucedió emocionalmente antes de que tu cabeza o tu espalda te empezaran a doler.

A medida que la consciencia aumenta, te verás enfrentándote a modelos de conducta o recuerdos olvidados que han dado forma a tu manera de pensar. Aportar consciencia a la interacción entre tu mente, tus emociones, tu cuerpo y tu conducta puede hacer que llame a tu puerta aquello que estuvo reprimido, negado o ignorado y tal vez permitirá que esas energías salgan de la oscuridad y alcancen tu parte consciente. A veces basta con eso. Arrojar luz sobre lo que estaba oculto significa asumirlo, aceptarlo y traerlo a la plenitud de tu ser.

Ser consciente de tu ser, comprender cómo eres, es el primer paso hacia tu propia aceptación. No podemos aceptar algo que desconocemos y no podemos alcanzar la consciencia si no prestamos atención, observamos y escuchamos. Los niveles más profundos son los más reprimidos. Ser conscientes de nuestro sufrimiento interior y aceptarlo se traduce en calidez, dulzura y liberación. Puede resultar muy duro a veces. La tendencia suele ser la huida, volver a tapar ese sufrimiento. Pero está ahí para ayudarte a crecer. Recuerda, siempre tienes que respirar y amortiguar.

Tu cuerpo escucha cada pensamiento que te pasa por la cabeza y cada palabra que pronuncias. Conoce tus estados de ánimo, cuando te sientes feliz por vivir, optimista, con esperanza, o por el contrario con depresión, soledad o tristeza. ¡Probablemente te conozca mejor de lo que tú mismo te conoces! En consecuencia, hablar con tu cuerpo no es tan absurdo como pudiera parecer. Existen muchas maneras de hablar con tu cuerpo.

Escuchando hablar a tu propio ser

Una manera de escuchar hablar a tu propio ser consiste en prestar atención a las frases que empleas y que pueden estar reforzando tus creencias subconscientes. Por ejemplo, si cuando te duele la espalda, dices frases como: «¡No aguanto más!» «¡Mi espalda me está matando!» «¡Nadie me apoya!» Escucha tus conversaciones con los demás y escucha lo que tú mismo piensas de ti. Observa dónde tus pensamientos y tus palabras *delimitan con* o incluso *conducen* a determinados estados físicos. Luego plantéate por qué estás pensando o sintiendo de este modo.

Esta investigación respecto a tu cuerpo es importantísima: para ayudarte a ser más positivo pero también para explorar las áreas donde modelos de conducta condicionados, de represión o de negación te han conducido a este estado. Lo que eres ahora se debe en gran medida a lo aprendido de tus padres o de lo que aprendiste para sobrevivir, pues se trata de unos patrones que siguen afectándote. Prestándote atención y escuchándote empezarás a llegar a la raíz de tus sentimientos y actitudes. Y desde ese punto, resulta más fácil comprender lo que debemos cambiar. Según Albert Schweitzer: «Comprender que los seres humanos pueden cambiar sus vidas cambiando sus actitudes mentales ha sido el mayor descubrimiento en muchas generaciones».

Suelo atender cuidadosamente a la gente mayor. Tuve una cliente que no hacía otra cosa que quejarse. Cada vez que abría la boca era para encontrarle faltas a todo, ya fuera la comida, el tiempo o su familia. Cualquiera que fuera el tema, siempre encontraba la manera de quejarse. Para mi propia comodidad decidí que era mejor no contestar a sus quejas. Cada vez que la oía quejarse comentaba algo positivo. Nuestras conversaciones se parecían bastante a esto:

¡Qué tiempo tan malo, otra vez!
¡Pero qué bonito vestido lleva puesto hoy!
La comida que dan aquí está podrida…
Mire qué bonita es la lluvia en las plantas
Y encima no tengo nada que ponerme…
¿Ha visto lo bien que canta ese pájaro?

Y así seguimos. Nunca supe si aquello tuvo algún efecto hasta el día que entré en su cuarto mientras hablaba con su hijo por teléfono. Estaba refunfuñando como de costumbre cuando me vio sentada junto a la puerta. Inmediatamente, le dijo a su hijo: «¡Caramba! ¡Está aquí Deb y tendré que decir algo agradable!»

Escuchando a tu cuerpo hablarte

Cada síntoma es una forma que tu cuerpo utiliza para comunicarse. Es como una palabra o un mensaje. Recuerda que la palabra síntoma significa "caer juntos", y cuando prestas atención a los síntomas y a todas las circunstancias que cayeron o vinieron juntas podrás "escuchar" lo que tu cuerpo está diciendo. El síntoma es como una puerta que se abre a tu interior. Si comprendes cuál es el problema que representa un síntoma determinado, podrás pasar esa puerta y avanzar hasta la siguiente; seguirás accediendo a tu interior cada vez más profundamente hasta alcanzar las causas que originaron ese mal.

Recuerda también que estos síntomas son la manifestación de algo que tal vez sucediera hace mucho tiempo, quizás hace dos o más años. Deja que tus indagaciones te guíen hasta el pasado para poder así comprobar dónde empezaron tu sentimientos a ser reprimidos, negados o ignorados.

Cuando escuches tus síntomas, no siempre obtendrás un mensaje claro. En vez de eso puede que obtengas una imagen o sentimiento que tal vez no comprendas del todo, como las imágenes que aparecen en los sueños. Bastará con que te quedes con esa imagen. Luego puede ser que cambie o que se vuelva más nítida.

Dialogar

También puedes dialogar o sostener un diálogo dual (emisor-receptor y viceversa) con tu cuerpo. Para empezar, siéntate o estírate en un lugar tranquilo para entrar en un estado de relajación profunda. Tal vez quieras poner tus manos sobre el lugar que te duela. Concéntrate en el dolor o conflicto y explora a su alrededor y su interior. Luego mantén en tu mente una pregunta del tipo: «¿Qué estará intentando decirme esta enfermedad o dificultad?» o también; «¿Qué necesita esta parte de mí?» Puede ser que transcurra un buen rato hasta que obtengas una respuesta, pero tú permanece en silencio y sin perder concentración. Procura evitar "pensarte" una respuesta; intenta por el contrario que aparezcan espontáneamente sentimientos, imágenes y respuestas. No juzgues ni rechaces nada, aunque no lo entiendas; toma en consideración todo cuanto te llegue.

Si recibes una imagen o sólo puedes "sentir" una respuesta, formula otra pregunta. Puedes empezar a moverte hacia delante y hacia atrás, empezando de este modo a dialogar con el área conflictiva y formulando una nueva pregunta tras cada imagen o sentimiento.

Cuando hayas terminado, escribe cualquier cosa que te haya sucedido y puedas recordar, de modo que puedas revivirla durante el día. La práctica de la visualización creativa te ayudará en este proceso. (Véase la página 80).

Afirmaciones

Las afirmaciones son otra forma de diálogo y suponen una forma estupenda de desplazar esquemas de pensamiento ocultos o prejuicios. Por lo general, confirmamos aspectos negativos de nosotros mismas –carencias afectivas o de salud, debilidades, estupidez– respecto a nosotros mismos diciéndonos: «No seré capaz de hacerlo» o «No creo que llegue jamás a tener suficiente energía como para…» o «Siempre acabo fastidiándolo». Incluso cuando decimos «No me voy a enfadar» confirmamos que ya estamos enfadados. De este modo creamos un modelo de pensamiento o de conducta que mantiene el planteamiento original.

Las afirmaciones conscientes te ayudan a reprogramar tu pensamiento porque canalizan la energía en distintas direcciones. En vez de mantener el estado mental «Me falta amor» puedes darle la vuelta y crear un «Estoy rodeado por todo el amor que necesito». Es demasiado fácil entregarse a los antiguos esquemas de pensamiento para deslizarse por la pendiente de la autocompasión y la depresión. Las afirmaciones son como los peldaños de una escalera, que te permiten ascender hacia tu sanación y autoaceptación.

Repetir una afirmación tal vez pudiera parecer muy superficial al principio, como si estuvieras repitiendo cosas evidentes para mantener tu realidad a buen recaudo (sobre todo cuando no estás bien y el dolor sigue ahí, por mucho que hagas). Recuerda que tu cuerpo te escuchará y confía por lo tanto en que todo esto pueda funcionar. Sólo que puede tardar algún tiempo.

Las afirmaciones no sólo crean alternativas positivas, también te ayudan a ver con mayor claridad en tu interior. Por ejemplo, si quieres perder peso puedes formular una afirmación como: «Cada día que pasa, mi cuerpo esbelto y saludable va cobrando forma.» Si repites esto a lo largo del día, estarás mucho más alerta cuando te apetezca comer galletas o dulces; este acto quedará en evidencia porque no estará en consonancia con esa afirmación referida a tu conducta. También comprobarás que te sientes mejor respecto en tu fuero interno, dado que estás afirmando y respaldando tus deseos de cambio.

Enviando amor

Ahora que sabes cómo responde tu cuerpo tanto a los pensamientos negativos como a las afirmaciones positivas, puedes empezar a quererlo. Es decir, empezar a quererte a ti mismo. O a las partes que más te duelen. Bastará con que dirijas pensamientos afectuosos a la parte afectada, pensamientos tan cariñosos como los que dedicarías a tus seres queridos. Abraza a tu cuerpo amorosamente. Sigue haciéndolo y verás qué ocurre.

EXPRESAR LOS SÍNTOMAS CON PALABRAS

Si es cierto lo que afirmaba el psicoanalista francés Jacques Lacan: «Los síntomas son palabras atrapadas en el cuerpo», podremos emplear palabras para liberar el significado de los síntomas. Cuando un sentimiento queda encerrado bajo llave, puede permanecer ahí, inalterado e ignorado. Cuando escribimos algo, deja de ser necesario mantenerlo en nuestro interior –puesto que ya ha sido visto y oído– y por tanto liberamos espacio para que otro pensamiento o palabra le suceda. Por ello, una manera de profundizar en el proceso de exploración consiste en escribir todo lo que se te ocurra respecto a tu enfermedad o dificultad. Los síntomas pueden ser sutiles, difícilmente apreciables e indefinibles, pero las palabras que emplees para definirlos tal vez proporcionarán pistas vitales para la resolución de problemas muy profundos.

Por ejemplo, si padeces una contractura muscular, ¿qué sensación produce esta contractura? ¿es intermitente o persistente? ¿tienes palabras para definir las tensiones o las limitaciones de tu vida? Si padeces dolores de cabeza recurrentes, describe tu sensación. ¿Sientes que alguien te está atosigando? ¿O eres tú quien se hace mala sangre? Si describes la artritis como algo que te estira desde el interior, ¿tienes la sensación de que algo te retiene, como para que dejes de hacer lo que estés haciendo? ¿Te sientes como una marioneta, cuyos hilos alguien manipula?

Paul padeció la polio cuando era niño. Me explicó que cuando nació su hermano pequeño, sintió que su madre lo había arrinconado emocionalmente. Después recordaba su estancia en el hospital durante su enfermedad y a su cuerpo arrinconado, sin vida y desamparado. Sin haberse dado cuenta, había empleado dos veces la misma palabra para describir sus sentimientos. Aquello le dio las pistas que necesitaba para empezar a sanar emocional y físicamente las heridas que marcaron su infancia.

Averigua si puedes meterte dentro de la parte del cuerpo dañada y descubrir las palabras que definen el sentimiento. ¿Cuáles emplearías para definir un dolor de cabeza punzante? ¿Cuáles para describir un estómago ulcerado? ¿Cuáles para explicar esa nariz que gotea? A continuación, rellena el cuestionario «Descubre tu Cuerpo-Mente» para avanzar más en este proceso.

Descubre tu cuerpo-mente: explorando los mensajes del cuerpo-mente

Coge unos folios y un bolígrafo. Cierra la puerta. Túmbate o siéntate cómodamente y adéntrate en un lugar tranquilo de tu interior. A medida que vayas contestando a las preguntas, escribe cualquier palabra o descripción que te venga a la mente; deja que cada palabra o pensamiento te lleve hasta el siguiente. Escribe una única pregunta en el folio si te apetece.

No te preocupes si te parece que todo esto no tenga sentido.

Cuando hayas terminado, centra tu atención en el área de tu cuerpo que quieres comprender más profundamente.

- ¿Cuál es la **función** de esa parte de tu cuerpo? Escribe las diferentes cosas que esta parte realiza, las que te permite hacer, lo que representa en tu vida. ¿Qué palabras describirían su función?
- ¿Cuál es la **naturaleza** de tu dificultad? ¿Es una inflamación, un hueso roto, una infección, un desorden de tipo nervioso? ¿Erupciones? ¿Ardores? ¿Contracturas? ¿Dolores? Por ejemplo, si tu espalda tiene que mantenerte erguido y está dolorida, ¿se deben estos dolores al hecho de que te sientas abatido?
- ¿Cuál es la estructura del **tejido** afectado: ¿duro, blando o fluido? ¿Te sugiere esto algo en relación a la parte implicada de tu ser psico-emocional? ¿Es un problema de base, mental o emocional?
- ¿Qué **lado** de tu cuerpo se ve afectado? ¿Qué significa ese lado para ti? ¿Qué palabras describirían mejor este lado? ¿Tiene más que ver tu problema con asuntos familiares y de pareja que con problemas financieros y profesionales?
- ¿Qué **chakras** están implicados en estas dificultades? ¿Puedes encontrar palabras para describir lo que ese chakra significa para ti?
- ¿Qué **significado** tiene esta parte del cuerpo para ti? ¿Qué sientes respecto a esa parte del cuerpo? ¿Alberga viejos recuerdos o resentimientos ocultos?
- ¿Cómo se **siente** dentro del cuerpo esta parte de él? ¿Podrías encontrar y describir el sentimiento que hay dentro de tu cuerpo? ¿Iracundo, irritado, herido, tímido, preocupado o triste?
- ¿Obtienes algún **beneficio** de tu dificultad? ¿Te hace sentir especial? ¿Te hace sentir como alguien querido y atendido? ¿Significa que eres una persona fracasada? ¿Te hacer sentir culpable? ¿En qué medida afecta a tu relación? ¿Te libra de tener que hacer algo que normalmente deberías hacer? ¿O es sencillamente lo mejor que te ha pasado nunca?
- ¿Eres capaz de imaginarte **restablecido**? ¿Caminando de nuevo si vas en una silla de ruedas? ¿Si estás pasando por una depresión, riéndote y feliz? ¿Cómo reaccionarías si alguien viniera a ofrecerte la sanación aquí y ahora? Seamos honestos, esto es muy importante, ¿aceptarías

curarte? ¿Si te repusieras por completo, qué consecuencias tendría esto durante el resto de tu vida?

- Finalmente, pregunta a tu cuerpo lo que necesita para **sanar** y cómo puedes ayudarlo. ¿Qué necesita que hagas tú por él? ¿Es un cambio o curación emocional, psicológica o física lo que necesita?

Toma en consideración todo lo que hayas escrito. ¿Puedes interpretar lo que tu cuerpo intenta decirte? ¿Qué lección puedes extraer de ello? ¿Comprendes dónde tienes que empezar a trabajar contigo mismo? ¿Qué áreas o superficies tienes que hacer emerger? Toma buena nota de la forma en que te describiste a ti mismo y a tu cuerpo y deja que las palabras vayan haciendo su efecto. ¿Tienen distintos significados? ¿Tienen implicaciones en otros aspectos de tu vida?

Escritura cuerpo-mente

Escribir sentimientos, pensamientos, introspecciones y experiencias es un método muy potente de conexión con tu proceso curativo, de liberación de tus razones y de profundización en tu propia comprensión. Sé tan sincero y tan abierto como puedas. Sólo para ti y para nadie más. La escritura abre las puertas de la comunicación; sin comunicación vivimos en el aislamiento y en el miedo. Cuando te comunicas contigo mismo, descubres una nueva amistad, un acompañante para empezar a explorar este mundo interior. Es una manera de permitir hablar por sí sola a esa voz que hay dentro de ti. Te ofrecemos unas sugerencias al respecto a continuación.

Intenta escribir un diálogo con tu enfermedad o con una parte específica de tu cuerpo. Incluso puedes hacerlo como si se tratara de una carta. Escribe a esta parte y exprésale tus sentimientos. «Querido cáncer: así es cómo me siento respecto a ti...» Cuéntaselo todo. ¡Pero luego tendrás que dejarle que te responda! Para hacerlo, siéntate y respira tranquilamente y permite a la respuesta manifestarse por sí sola, por sus propias palabras, a su manera. Te sorprenderá lo que la enfermedad tiene que contarte. Avanza y rebobina sucesivamente. Este proceso te ayudará a ver esta enfermedad o área afectada de tu cuerpo como parte integrante de ti, en vez de como algo que convendría eliminar. Pronto descubrirás que las enfermedades o dificultades deben ser reivindicadas e incluso estimadas.

Tal vez quieras escribir un diario personal, que redactarás día a día o semanalmente. Describe lo que está sucediendo y tus respuestas. Escribe sobre tus sentimientos, tu mundo interior y tu salud. Cuenta cosas del tratamiento que estuvieras recibiendo y de tus médicos. ¿Cuáles son tus sentimientos respecto a su pronóstico? ¿En qué medida se han visto afectadas tus metas en la vida y tus prioridades? ¿Cómo ha afectado a la gente más importante de tu vida? Escribe sobre tus padres, tu pareja, tus hijos, tu trabajo, tu vida doméstica. Tal vez quieras centrarte en determinado aspecto, sentimiento, relación o conflicto, o en esa parte de ti que necesita curarse, y escribir sobre cómo te sientes al respecto, qué quieres hacer con ella, o cómo te sentirías sin ella. Describe tu ira, tu dolor o tu resentimiento; escribe sobre el perdón, el amor y la preocupación. Y, a medida que vas escribiendo, deja que las palabras broten libremente.

También puedes empezar una página con una pregunta concreta. Escribe un enunciado al principio de la página y deja que fluyan las respuestas. Si repites este ejercicio cada semana con el mismo tema, verás cómo las respuestas cambian y evolucionan. Por poner un ejemplo:

Me siento de tal o cual manera...
Mis sentimientos respecto a mi cuerpo son...
Considero que mi enfermedad...
Estoy preparado para soltar...
Estoy dispuesto a aceptar...

O intenta escribir tu autobiografía. Tómate tu tiempo para hacerlo, para adentrarte objetiva y honestamente en tu memoria. Mira tu vida en su conjunto y escribe tus pensamientos y sentimientos. Cuenta tu propio relato. Mira los hilos que conectan cada parte de tu vida, que conectan acontecimientos con sentimientos, sentimientos con experiencias. Intenta escribir al menos durante 20 minutos cada vez que empieces a hacerlo. Mientras regresas al pasado tal vez descubras interioridades que van emergiendo, que te ayudarán a profundizar en la comprensión de quién eres ahora.

VISUALIZACIÓN CREATIVA

El poder de la visualización es enorme. Al igual que el cuerpo tiende a comunicarse con imágenes, también tú puedes crear imágenes para hablar con tu cuerpo. Durante un estudio, le contaron a un grupo de niños sanos de cinco años la historia de un microscopio mágico donde les mostraban cómo las células inmunitarias combatían a los gérmenes como si se tratara de un cuerpo de élite; luego vieron unos dibujos animados donde muñequitos con guantes blancos interpretaban a las distintas células del sistema inmunitario. Después les hicieron hacer un ejercicio de relajación y les pidieron que visualizaran a las células como si fueran policías que combatían gérmenes. Les tomaron muestras de saliva antes y después para analizarlas. Después del experimento, las muestras estaban saturadas de sustancias inmunitarias hasta los niveles normales cuando se enfrentaban a una infección.

La visualización puede emplearse para comunicar con todo tu cuerpo, para sanar determinadas áreas.

Imágenes para la comunicación

La visualización es una forma de comunicación muy efectiva para descubrir lo que le está sucediendo a tu cuerpo físicamente y lo que necesita para sanar. En este ejercicio (las instrucciones se adjuntan a continuación) te imaginarás menguando y menguando hasta ser lo suficientemente pequeño como para introducirte y pasear por tu propio cuerpo. Después, puedes encaminarte hacia el área cuyo funcionamiento quieras comprender más a fondo, donde puedas comunicarte con tu cuerpo desde dentro.

En la medida en que estás comunicando con tu subconsciente, las imágenes o palabras pueden ser cada vez más oníricas o difíciles de entender al primer intento. El cuerpo expresa tus modelos subconscientes y puede ser que te resulte difícil trasladar estos modelos a tu mente racional. Si perseveras, la comunicación se ampliará y empezarás a comprenderte más profundamente. Algunas veces, las imágenes son obvias, a veces son más oscuras, pero siempre ofrecen pistas que conducen a la sanación.

Durante un ejercicio de visualización como éste, Linda, que padecía una adicción al azúcar, se adentró en su páncreas. Allí pudo ver un camión con remolque soltando su carga de azúcar blanca pura, sepultando su órgano debajo de ella. Esta imagen la alertó de la gravedad de aquella adicción. En otro ejercicio, Eric, que padecía estrés por pluriempleo, quiso adentrarse para visitar su cerebro. Vio chispazos eléctricos chisporroteando en todas direcciones allí donde los circuitos de potencia de su cerebro se habían averiado. Comprendió que estaban a punto de saltársele los plomos, como sucede cuando se produce una crisis nerviosa.

Sucede a veces que las imágenes tardan algún tiempo en hacerse comprensibles. Ese fue el caso de Pam, que padeció el síndrome de fatiga crónica durante siete u ocho años. Durante la visualización se fue hasta su corazón. Allí pudo ver la imagen de unas paredes con capas de cera acumuladas. No lo comprendió hasta pasado un rato, cuando se metió en la cama y volvió a visitar su corazón. Pudo ver como la cera se resquebrajaba y detrás de ella aparecía una puerta. Cuando pudo abrir la puerta descubrió un cuarto que estaba lleno de oro. Esta imagen le decía que tenía suficiente poder en su interior como para conseguir curarse.

Práctica de visalización: hablando con tu cuerpo

La visualización te permite comunicar con tu cuerpo, desde el interior. Puedes llegar adonde te propongas para entender con mayor profundidad si se trata de un problema mental (mente) o emocional (corazón). Si no estás seguro, escanea tu cuerpo y focalízate en un lugar que te llame la atención. Esta práctica puede resultar muy ilustrativa, por lo que ten a mano lápiz y papel para escribir lo que hayas descubierto al acabarla.

Durante este ejercicio puedes permitir que todas las respuestas a tus preguntas aparezcan espontáneamente. El cuerpo puede emplear el lenguaje onírico para enviar un mensaje; aceptaremos por tanto cualquier imagen, aunque no sea comprensible de entrada. Practica este ejercicio durante 15-20 minutos.

Soltando amarras

Instálate en un lugar cómodo, túmbate. Inspira profundamente y expulsa el aire. Empieza a relajarte, sumergiéndote en el suelo, dejándote invadir por la quietud. Empieza por la punta de los pies y ves subiendo hasta la cabeza, relajando y soltando cada parte. Controla ahora el flujo respiratorio y empieza una cuenta atrás al final de cada espiración, de diez a cero. Completando la relajación, soltando amarras.

El viaje interior

Visualízate decreciendo más y más, hasta ser capaz de adentrarte en tu propio cuerpo. Entra en él como mejor te parezca y ábrete camino hasta encontrar el área de tu cuerpo que quieras conocer más profundamente.

Cuando llegues, empieza por explorar la estructura del tejido del área en cuestión y el medio en que te encuentras. ¿Qué tamaño tiene? ¿Es tan grande que no puedes ver dónde acaba o es realmente muy pequeña? ¿Qué forma tiene? ¿Qué tacto tiene? ¿Qué textura? ¿Es blanda o dura? ¿Rugosa o lisa? ¿Qué color tiene? ¿Cambia de color? ¿Cuál es su temperatura? ¿Fría o caliente? ¿Cambia? ¿Cuántos años tiene? ¿Hace mucho tiempo que apareció o es reciente?

Preguntas y respuestas

Explora las imágenes que te pasan por la cabeza y permíteles comunicarse contigo. Formula las preguntas que creas necesarias y escucha las respuestas, por ejemplo:

¿Qué está intentando decirte esa parte de ti? ¿Está intentando expresar una parte profunda de tu ser con la que no tienes relación o que no aceptas? ¿Tiene que ver con asuntos de tu pasado que siguen sin resolverse? ¿Qué necesitarás para que sanen? ¿Tienes algo que hacer al respecto?

Completando y saliendo

Cuando estés a punto de emerger, considera lo sucedido y agradece a tu cuerpo, prometiéndole que cumplirás sus encargos. Tómate tu tiempo para caminar hasta la salida y ves aumentando de tamaño hasta volver a ser tal como eras minutos antes.

Quizás quieras escribir alguna cosa de lo sucedido. Como ocurre con los sueños, no lo entenderás todo, pero deja que esas imágenes o palabras formen parte de ti hasta que consigas captar su significado.

Imágenes para una sanación

La visualización puede emplearse para potenciar el proceso curativo. No obstante, es muy importante utilizar imágenes que funcionan evitando las que te hacen sentir incomodidad. Por ejemplo, algunas personas, para estimular su sistema inmunitario, visualizan a sus células inmunitarias como bestias feroces, como tiburones, para ayudarse a la hora de atacar las células cancerígenas. Otras prefieren ver en esas mismas células a unos caballeros en su brillante armadura como una actitud poderosa.

Uno de los inconvenientes del empleo de la imagen "cazador y presa" es que convierte a la presa en un "agente alienígena" que debe ser eliminado. Y cada parte de nuestro cuerpo es una parte de un todo como seres vivos que somos, incluidas las células con cáncer. Uno de los pacientes citados por el doctor Stephen Levine en su libro *Healing into Life and Death*, respondía a este problema: «A medida que mi cuerpo se vuelve más feroz y lo veo atacando a los tumores, mis tripas se van tensando. En vez de utilizar la agresión para estimular mi sistema inmunitario, como visualizar cocodrilos blancos (los linfocitos) devorando hamburguesas podridas (los tumores cancerígenos), empecé a imaginarme enviando amor. ¡Qué alivio sentí al liberar a mis tripas de aquel odio, al dejar de sentir aquel miedo!».

Una imagen que funcionó especialmente bien en otra paciente fue ver las células inmunitarias como corazoncitos blancos que iban rellenando con líquido de amor puro a las otras, puesto que las células cancerígenas habían olvidado lo que era el amor en vez de atacarlas como si fueran el enemigo. En *Peace, Love and Healing*, el doctor Bernie Siegel nos relata visualizaciones en las que las células enfermas son ingeridas como si fueran fuente de alimento y desarrollo. Esto nos ayudará a mirar nuestra enfermedad como una parte de nosotros mismos que no sólo tenemos que acoger e integrar, sino que incluso puede llegar a tener aspectos beneficiosos.

Recientemente, un absceso dental me hizo sintonizar con mi sistema inmunitario. La imagen que se me apareció fue la de unas mujeres –¡unas mamás!– enormes todas ellas vestidas de blanco. Los agentes invasores eran una pandilla de jóvenes descerebrados que cuando vieron llegar a aquella muchedumbre formada por grandes mujeres vestidas de blanco se acobardaron y empezaron a temblar arrodillados. Unas chicas jóvenes aparecieron para celebrar la huida de la pandilla. Mientras sucedió todo esto, me encontraba atravesando una fase de pensamiento en la que lo hacía todo yo sola, actuando con autosuficiencia, cuando lo que realmente necesitaba era pedir ayuda, permitir que salieran a flote mis facetas más frágiles. Aquel absceso me enseñó dónde había quedado atrapada aquella llamada de auxilio.

MEDITACIÓN

La meditación es la clave de todas las formas de comunicación expuestas anteriormente. Proporciona un espacio de serenidad donde la comunicación puede hacerse realidad. Durante la meditación te encuentras contigo mismo de una manera totalmente nueva. Esto conduce a un incremento de la auto-consciencia y del respeto de tu propio ser, ayuda a liberarte de temores y de prejuicios hacia ti mismo, y te otorga una mayor capacidad para hacer frente a problemas sin resolver, como el dolor o la culpa. La meditación crea un espacio donde podrás descubrir cómo funciona tu mente, cómo van y vienen los pensamientos y los dramas. En vez de sentirte perdido en tu historia y después sentirte mal por ese mismo motivo, desarrollarás una mayor objetividad. Ya no necesitarás identificarte con tu historia o con los detalles; serás libre, podrás soltarte.

La meditación también es un instrumento valiosísimo para la sanación. Los yoguis tradicionales utilizan técnicas de relajación y meditación muy valoradas para reducir el riesgo de padecer enfermedades cardiovasculares o problemas neurológicos hasta en un 80 %. El doctor James Gordon, profesor clínico en la Escuela de Medicina de Georgetown, decía: «Casi siempre les "prescribo" alguna forma de meditación [a sus pacientes] combinada con las medicinas que eventualmente les receto». Meditación y medicina comparten la misma raíz etimológica: "cuidar o curar". Algunos hospitales incluso ofrecen programas de meditación como parte de los cuidados paliativos del dolor al objeto de liberar tensiones y resistencias, para reducir el nivel de hormonas de estrés y para encontrar espacios de quietud más profundos.

Existen muchas técnicas de meditación, pero todas se basan en lo mismo. Cada una constituye un método para alcanzar la serenidad y calmar la mente, concentrando nuestra atención hacia dentro, en un objeto o pensamiento en particular. El objeto puede ser la respiración, una vela, un mantra o un sonido, una imagen, o el desarrollo de una emoción particular, como la bondad o la misericordia. Esto proporciona a la mente un instrumento útil cuando está invadida por una confusión constante de pensamientos, dramas y preocupaciones. Debajo de esos pensamientos hay capas profundas de sosiego, de energía creativa y de claridad. El objeto de la meditación es sólo ver, pero sin ataduras; atestiguar. Algunas veces, puede que tengas la sensación de estar asistiendo a un drama ruidoso y agobiante; pero otras veces habrá mucha quietud y podrás escuchar un silencio distinto procedente de tu interior. La meditación se centra en el momento presente. Nada más sucede, nadie más existe. Sentirás que depones tu resistencia, que logras liberarte del caos y te abres a la claridad.

Sin embargo, ese territorio de quietud no siempre aparece fácilmente y por eso será preciso practicar mucho y tener mucha perseverancia. La mente es muy hábil a la hora de encontrar razones por las cuáles no deberías hacer tal cosa y si este subterfugio no funciona, el cuerpo empieza a doler o aparecen hormigueos. Mueve tu cuerpo si lo consideras necesario, pero mantén a raya tu mente. Estás aquí –y será sólo durante un momento– para alcanzar la quietud y la concentración interior.

Descubre la meditación: respiración, consciencia y meditación

Busca una postura erguida pero cómoda, en una silla o en el suelo. Con la espalda recta y los ojos cerrados.

Respira hondo.
Exhala el aire por la boca. Dedica unos minutos a relajar tu cuerpo. Si hubiera alguna tensión en alguna parte, inhálala y siente después que la liberas.

Presta atención a tu respiración.
Toma consciencia del flujo natural del aire, hacia adentro y hacia fuera. No fuerces ni cambies tu respiración en modo alguno. Sólo obsérvala.

Concéntrate en tu respiración.
Repite silenciosamente la palabra "dentro" en cada inhalación y "fuera" en cada exhalación. Dentro… fuera… dentro… fuera. Bastará con que observes tu respiración, concentrándote en el espacio central del pecho, siguiendo su movimiento dentro-fuera. Si aparecen pensamientos, considéralos simples pensamientos, etiquétalos como "pensamiento" y déjalos que se vayan. Si crees que algo te distrae, etiquétalo como "distracción" y suéltalo; centrándote siempre en tu respiración. Dentro… fuera… den-

tro… fuera. A medida que te vayas concentrando, tu mente se irá sosegando y se ampliará la distancia entre pensamiento y pensamiento.

Sigue practicando.
Sigue mientras te sientas cómodo –entre cinco y treinta minutos. Luego respira hondo y suelta el aire por la boca. Lentamente, abrirás los ojos y estirarás las piernas. Toma consciencia de cómo te sientes. Mantén una sonrisa en los labios.

5. ¿Curar síntomas o sanar vidas?

Conviene matizar la diferencia entre curar y sanar. Curar consiste en arreglar una determinada parte del cuerpo. La medicina occidental es muy eficiente en este particular, proporcionando medicamentos y cirugía para remediar problemas físicos, dolencias o enfermedades que deben ser suprimidos, eliminados o extirpados. Desempeña un papel crucial aliviando el sufrimiento. Es magnífica a la hora de salvar vidas y aplicar tratamientos terapéuticos y paliativos. Esto tiene un valor inestimable y somos una inmensa mayoría quienes nos beneficiamos de los instrumentos de la medicina occidental en algún momento de nuestras vidas. Sin embargo, la Organización Mundial de la Salud define salud como un estado de bienestar general, mental y físico *completo*, lo que implica que tendría que existir un concepto de bienestar inclusivo, más allá de la simple cura de síntomas y enfermedades.

Aquí entramos por tanto en el ámbito de la sanación. Si sólo miramos lo que está mal e intentamos eliminarlo, estaremos ignorando la causa original de la enfermedad; por qué está ahí, qué cosas puede enseñarte y cómo o en qué medida puede serte beneficiosa. Y es que la enfermedad o dificultad que estás intentando eliminar puede enseñarte muchas cosas. Mientras que los pacientes pasivos se dejan curar por alguien, la sanación es un proceso que requiere auto implicación, que depende menos de circunstancias externas que de la capacidad de trabajo que albergas en tu interior. "La sanación puede darse cuando la curación no funciona", dice Bill Moyers en *USA Today*. "Es la aceptación de lo inevitable, un don de la vida que se nos escaparía si nos volvemos pasivos a la hora de enfrentarnos a los problemas."

Por ejemplo, cuando te implicas en tu dolor, tu ira, tus remordimientos, tu sufrimiento, tu vergüenza o tu desamparo, hasta que se convierten en tus señas de identidad: "Soy una persona iracunda, avergonzada, desamparada." No obstante, puedes mimar a tu dolor, o emplearlo para comprenderte mejor, más profundamente. Puedes ser autoindulgente con tu culpabilización o desarrollar el respeto hacia tu persona. Ese es tu desafío. Sanar significa estar a la altura del reto; dar la bienvenida de vuelta a casa a las partes que ignoraste, negaste, ocultaste o eliminaste, por doloroso que esto pudiera resultar.

«La palabra salvación deriva del latín salvos, que significa sano y entero –nos cuenta John Tillich en *The Meaning of Health*–. La salvación es básica y esencialmente sanación; el restablecimiento de un todo que se rompió, se interrumpió o se desintegró.»

La sanación se produce cuando eliges trabajar con tus vulnerabilidades y abrirte ante una oportunidad de cambio. Mediante el reconocimiento de la propia enfermedad, el cuerpo se enfrenta a los desequilibrios o energías afligidas y podrá alcanzar la resolución de estos desajustes. En una forma de liberar resistencias, de librarse de la armadura y de las barreras levantadas, de las capas de autoprotección, de los esquemas de pensamiento y de conducta integrados, del control represivo sobre nuestros pensamientos, de las muchas maneras de permanecer anclados a lo que nos aferramos –anteponiendo los deseos ajenos, sin pensar en nosotros mismos, tan ocupados que no tenemos tiempo para estar solos, que nos concentramos en lo material y negamos lo emocional y lo espiritual. Sanación es soltar los bloqueos, respirar en el espacio que han liberado al soltarse. Escribe el doctor Stephen Levine en *Healing into Life and Death*: «Nuestro camino consiste en liberarnos de aquello que nos bloquea el camino. Sanar no supone conseguir que brille el sol sino liberarnos de los separatismos personales, de las imágenes de nosotros mismos, de las resistencias al cambio, del miedo o de la ira, de la confusión que forma una armadura opaca alrededor del corazón».

Sanar no garantiza una vida larga y saludable, ni siquiera garantiza que desaparezcan los síntomas o cualquier otra forma de entender que una enfermedad se ha superado. Pero sí comporta reunir tus objetivos con tus pensamientos y sentimientos, de la misma manera que se manifiestan en tu cucrpo, de tal manera que emerja una comprensión integrada de los niveles profundos de represión. Así te liberarás de las limitaciones y de las resistencias donde ha quedado retenido el sufrimiento.

Cada célula de nuestro cuerpo posee una inteligencia innata. Es la inteligencia que contiene toda forma de vida, la inteligencia como puro conocimiento. Sin embargo, cuando eludimos esta inteligencia y la sustituimos por resistencia y negación, sufrimos. Uno de los recursos más comunes a la hora de evitarnos tener que asumir problemas reprimidos, negados o ignorados es el miedo.

MIEDO Y AUDACIA

El miedo es una respuesta instintiva cuando tu supervivencia se ve amenazada, cuando aquello en lo que creías se viene abajo, cuando el terreno que pisas se vuelve inestable y crees que nada de lo que te rodea es sólido y seguro. El miedo saludable es una parte muy importante de tus mecanismos de defensa. Te mantiene alerta ante el peligro, sobre la punta de los pies. Pero el miedo malsano es de tipo neurótico, es una ansiedad que produce pesadumbre, pánico y tensiones indeterminadas: el síndrome del «¿qué pasaría si yo...?» Miedo y terror pueden minar las relaciones, aumentar el estrés y resultar perjudiciales. Los signos físicos incluyen los temblores, los sudores, el insomnio, el agotamiento, las palpitaciones, la respiración sincopada y los mareos.

El miedo malsano es paralizante. Cada paso adelante está minado por la incertidumbre: el miedo a lo sucedido y a lo que pudiera suceder, miedo de ser mala persona, miedo de no ser merecedora del amor de los demás, miedo de sentir dolor en el corazón, miedo de no ser capaz de soportarlo. Fuimos a visitar al hospital a una joven tetrapléjica, postrada tras un accidente. Le ofrecimos unas cintas de meditación y relajación, creyendo que aquello la ayudaría a encontrar un espacio más profundo de aceptación. Pero se negó, no porque no quisiera relajarse sino porque, según nos dijo: «Sé que me han castigado por algo que hice mal y me espanta lo que pudiera encontrar si me miro por dentro.»

Puedes temer sanar por miedo a que dejen de cuidarte y apoyarte. Puedes tener miedo a que si renuncias a algo dejarás de ser merecedor de amor. «Si renuncio a una mala relación, quizás no aparezca otra mejor. Si empiezo a buscar un trabajo mejor, tal vez acabe en uno peor», escribía Joan Borysenko en *Minding the Body, Mending the Mind*. «Si expreso mis sospechas, quizás reciba maltrato y rechazo por parte de la gente. Se trata de un miedo que se enmascara como necesidad de control, un miedo que nos priva de la oportunidad de ser libres.»

En otras palabras, el miedo tiene que ver con el futuro y con lo que pudiera suceder, lo que nos traerá el próximo instante y cómo nos afectará ese cambio. El cambio es la esencia verdadera de toda forma de vida, pero cuando se oponen resistencias, nos trae incertidumbre y duda. Si se le da la bienvenida, aporta seguridad e valor en la aceptación profunda de que todo cambia constantemente. Hace poco, mi esposo Ed, preguntó a un monje budista de 28 años qué aspecto le costaba más sobrellevar de su vida y este le contesto: «la incertidumbre». Pocas semanas después, visitamos a una señora mayor, que vivía con sus pocas pertenencias sin un hogar propio. Volvió a salir esta cuestión en la conversación, respecto a las muchas incertidumbres que ofrece la vida. Ella contestó riendo: «Me encanta la incertidumbre, hace que la vida sea mucho más interesante».

Lo desconocido puede hacernos sentir temor, pero sólo penetrando en su interior podremos reivindicar nuestro poder. Lo que contiene nuestra propia mente puede parecernos espantoso, pero ahí radica nuestra sanación. El miedo es como una máscara que cubre los problemas más profundos, quizás problemas de ira y de miedo. Sólo adentrándonos en el miedo seremos capaces de llevar la sanación a aquello que se esconde tras él. Como decía Bruce Springsteen en una entrevista para la revista GQ: «Hay un mundo de amor y también un mundo de miedo, que permanece de pie ante ti, y muy a menudo este miedo parece más real y sin duda más apremiante que el sentimiento de amor... Se trata de atravesar este mundo de miedo para poder vivir en el mundo del amor».

Descubre el miedo

Siéntate en silencio.
Respira con el corazón, abriéndolo y ablandándolo.

Descubre tu miedo.
Cuando la respiración se estabilice y te sientas cómodo y relajado, ve al encuentro con tu miedo. Busca dónde se localiza en tu cuerpo, dónde se escondió en el pasado, dónde está en el presente y estará en el futuro, ya sea en tu mente, ya sea en tu corazón.

No te escondas del miedo.
Conócelo. Siéntelo. Respira en su interior. Cada vez que aparezca, míralo, huélelo, escúchalo, tócalo, pruébalo. Luego respira y suéltalo.

Siguiendo al miedo.
¿De dónde procede? ¿Qué quiere? Respira y suéltalo.

El miedo toma el mando sin tener un nombre; descubre su origen y ponle un nombre. Defínelo y nómbralo. Respira dentro de él y suéltalo.

EL PERDÓN DEL CORAZÓN

La sanación es un viaje hacia la confianza, hacia el descubrimiento de tu poder interior y por ello requiere un compromiso total. Es un reencuentro con voces perdidas y con yos olvidados, como si se tratara de dar la bienvenida a casa a aquellas partes de ti que permanecieron escondidas y negadas. Cuando recobras tu salud descubres que esas voces cuentan su propia historia, que tus yos olvidados tienen ganas de cantar y de reír. Descubrirás significados profundos y una salvación auto fortalecida y más honesta.

Entre las distintas acepciones de la palabra *sentido* está la de "razón de ser, finalidad". Esto sugiere que sin sentido, la vida es como una página en blanco– no hay historia que contar y nada que recitar, es decir que andaremos sin rumbo, sin objetivos. Una historia sin hilo conductor equivale a un sinsentido. Un sinsentido puede provocar letargo, depresión, desesperanza y enfermedad. Descubrir el sentido de nuestras vidas nos marcará una dirección a seguir y nos dará una motivación, una razón de ser que estimule la pasión, el optimismo, la fuerza y el bienestar.

Por su parte, la palabra *remisión* se utiliza para designar un periodo de recuperación, cuando una enfermedad o un malestar disminuyen. Se dice que una enfermedad remite cuando sus síntomas se alivian. En cierto sentido, la palabra también se puede interpretar como "re-misión" o redescubrimiento, es decir que vuelves a estar conectado con tu misión o fin. Dicho en otras palabras, la enfermedad remitirá cuando vuelvas a conectar con el significado profundo o fin último de tu vida.

La palabra "remisión" tiene asimismo otra acepción, que equivale a perdonar una obligación. Esto implica que la sanación puede producirse auto-perdonándote, aceptando tu conducta y liberándote de tus culpas, o bien aceptando y perdonando la conducta de los demás y condonando la culpabilidad ajena. El poder de este perdón es enorme.

La remisión aparece por una mezcla de responsabilidad o pasividad. Es esencial que te hagas responsable de tu propia conducta, de tus acciones, palabras, pensamientos y modo de vida. Nadie puede hacerlo por ti. Responsabilizarse significa aceptar que la sanación se puede producir desde tu interior. Luego puedes trabajar con otras personas para buscar los mejores medios de recuperar tu salud. Esto significa tomar medicaciones o someterte a cirugía, pero también puede significar meditación, psicoterapia, tratamiento quiropráctico o clases de danza. La diferencia es que respondes a tus necesidades personales. Ser responsable significa ser capaz de responder; escuchar a tus voces perdidas y devolver a la vida a tus yos olvidados.

La acción también tiene que estar equilibrada con la no-acción, es decir con el hacer simplemente por estar. Muchos hemos olvidado completamente presenciar –estar presentes, simplemente– y dejar que suceda lo que esté sucediendo. Los niños tienen esta capacidad de estar presentes fluyendo con cada momento sin necesidad de aferrarse o de intentar tomar el control. Pero, a medida que nos hacemos mayores, nos obcecamos con el control y el poder; dejamos de *estar* y empezamos a *hacer*. Muy a menudo, quienes experimentamos enfermedades seguidas de una remisión, descubrimos que la sanación se produce cuando soltamos el control y permitimos que las cosas sucedan. Es como volver a un lugar seguro como los que teníamos en nuestra infancia, que nos permitirá descubrir de nuevo el momento presente, donde dejamos de ser humanos que hacen cosas y nos convertimos en seres humanos que son.

Esta actitud dirigida hacia simplemente *estar* es una actitud de liberación de las resistencias y de entrada en la confianza, abandonando la lógica de lo que parece ser lo correcto y abriendo la intuición y los sentimientos interiores. Supone desprenderse de la necesidad de mantenerlo todo bajo control. Esto no equivale a sentir que eres una víctima del destino, resignada a padecer lo que venga. Consiste más bien en reconocer la interdependencia e interrelación intrínseca de todos y cada uno de los aspectos que conforman tu mundo. «Rendirse significa decidir dejar de luchar contra el mundo y, por el contrario, empezar a quererlo,» escribe Marianne Williamson en *A Return of Love*. «Es como liberarse del dolor. Pero liberación no significa romper nada; es un suave fundirse hasta llegar a ser quien realmente eres.»

Tu cuerpo necesita ser valorado. Tus recuerdos largo tiempo enterrados deben ser recibidos de vuelta a casa con ternura. Tus pecados del pasado deben ser perdonados. Cada parte de tu ser debe ser amada y necesita que quien la ame seas tú. Sin ese amor tu cuerpo queda descartado, malquerido; con ese amor te amas y vuelves a conectarte. Cuando te quitas de encima el prejuicio, la vergüenza y el ridículo, descubres un sosiego inherente a esta liberación.

Una oruga es muy bonita, con sus texturas, colores, formas, pelos y patitas; es exquisita, perfecta tal como es. ¿Podemos afirmar que es más perfecta cuando se convierte en mariposa? La perfección no es mensurable. No necesitas ser perfecto para ser hermoso; no necesitas la aceptación ajena para aceptarte a ti mismo. Un ataque de ira no significa que seas mala persona; haber hecho algo de lo que te avergüences no te descalifica para el perdón.

HALLAR EL PERDÓN

Tal y como vimos con anterioridad, la palabra *remisión* también significa perdón. Mediante el perdón serás capaz de hacer frente a esos lugares interiores que albergan traumas del pasado y así librarte del dolor. Esto no siempre es cosa fácil. Puedes no estar en condiciones de perdonar; la herida puede ser aún demasiado dolorosa y la rabia muy intensa. Puedes creer que no puedes perdonar porque el acto cometido trasciende el ámbito de la tolerancia. Puedes creer que el perdón es una forma de abdicación de las responsabilidades derivadas de lo hecho y que estás ignorando la intensidad de las emociones implicadas. Pero la ausencia de perdón mantiene la culpa, el daño y la rabia carcomiéndote, creando una especie de armadura protectora. Te encierra bajo llave con tu pasado, limitando tus posibilidades de cambio.

La ausencia de perdón cierra a cal y canto tu corazón; el perdón abre las puertas. Libera el pasado, como unas compuertas que se abren; entonces se produce una ola de energía retenida y, en consecuencia, te sentirás más libre y más ligero. Te libera tanto de lo sucedido como del dolor. El perdón consiste en decir: «Me quiero lo suficiente como para no querer mantener más ese sufrimiento, como para no estar arrastrando siempre este dolor».

En un programa de televisión sobre el perdón, Bill relataba el asesinato brutal de su abuela. Como es de suponer, aquello lo había traumatizado y deprimido. Sin embargo, Bill quiso conocer a la asesina, Paula, a la que visitó en la cárcel para poder comprender cómo pudo suceder aquel hecho terrible. Un año después, estuvo en condiciones de hablar de ello, y dijo: «Perdonar a Paula me ayudó más a mí que a ella». Le había liberado de su odio.

El perdón no significa olvido. No racionaliza ni explica lo sucedido; no borra lo que se hizo no disminuye su gravedad, porque nada puede cambiar lo que pasó. Pero desactiva la situación, la libera de la carga emocional. Cuando sueltas a alguien, deja de tener poder sobre tu persona. Elimina las barreras, los muros defensivos levantados con ira. Al perdonar a alguien se le quita toda la potencialidad. No queda rastro de miedo, ya no pueden herirnos.

Por el contrario, al aferrarnos al dolor se pueden generar resistencias al perdón, porque cuando perdonas, no sólo estás liberándote de lo ocurrido, sino también de las excusas para el sufrimiento. Ya no tienes a nadie a quien culpar ni razones para el dolor. Y dado que es mucho más fácil echar las culpas a alguien que asumir tu responsabilidad por tu propio estado mental, cuando no perdonas tienes la excusa perfecta para no cambiar. Por eso mantenemos nuestra condición de heridos, de "pobre yo", de víctima. Pero al seguir manteniéndolo dentro, sigues recreando el daño recibido.

Perdonar a los demás salda las deudas con el pasado, para que puedas seguir avanzando: ¡deja el pasado descansar en paz! Deja un espacio en el que puedes respirar, sentir y dejar que entre el amor. Con él pueden presentarse dolores, tristezas e incluso sentimientos de pérdida y de vacío. Pero esos sentimientos se derramarán por tu interior; no les niegues su expresión. Debajo del daño están tu amor, tu compasión y tu afectividad.

Tan importante como perdonar a los demás es la necesidad de perdonarte a ti mismo. Esto no significa absolverte de las responsabilidades derivadas de tus actos, ni niega tu culpa. Consiste en reconocer sencillamente tu condición humana y aceptar sin reservas tu vulnerabilidad. Debes perdonar tus actos del pasado, tus palabras, las cosas que hiciste o dejaste de hacer. Perdonarte en el presente cada vez que no lo haces bien. Decir «Me perdono» una y otra vez.

Esto significa aceptarte tal y como eres. Con todas tus debilidades, tus errores y carencias. Tendrás que hacer un *striptease* emocional para desnudarte y empezar desde ese punto: llevar el perdón a cada parte de tu ser, a tu dolor, a tus miedos, a tus enfermedades, a tu vergüenza, perdonar a tu infancia, perdonarte por haber sufrido abusos, por haber pensado que merecías aquel castigo o aquel dolor, por la manera en que trataste a los demás, por la culpa, por todos los errores cometidos y por la desesperación que sentiste. Cuanto más te perdones, tanto mayor será tu capacidad de perdonar a los demás.

El perdón requiere práctica, compromiso y sinceridad. Es algo que tal vez tengas que hacer a diario, soltando suavemente las resistencias, abriendo tu corazón, permitiendo la entrada del amor. Significa estar dispuesto a observar los sentimientos que aparecen a medida que profundizas y los aceptas tal y como son, sin prejuicios. Pero, eventualmente, la capacidad de perdonar elimina las barreras y serás libre para bailar y volver a sentir el amor. Este es el mayor regalo que puedas ofrecerte.

Descubre el perdón: ábrete al perdón

Empieza decidiendo en quién quieres concentrarte: en tu propia persona o en alguien distinto a ti. Estas instrucciones presuponen que quieres perdonarte a ti mismo. Si tu perdón va dirigido a otra persona, bastará con que modifiques las instrucciones según el caso. Mientras realizas este entrenamiento, pueden aparecer espontáneamente distintos problemas que requieran ser perdonados. Déjalos pasar pero también marcharse sin implicarte demasiado en los detalles.

Busca un lugar tranquilo y cómodo para sentarte.
Durante unos minutos, limítate a observar cómo tu respiración entra y sale de tu cuerpo. Sumérgete en el ritmo de la respiración a medida que tu mente se relaja.

Concéntrate en el espacio del corazón.
Centra tu atención en el espacio del corazón, en el centro de tu pecho. Observa tu respiración en este lugar durante unos minutos. Puedes visualizarte ahí o repetir tu nombre, de manera que sientas tu propia presencia.

Lleva el perdón hasta el espacio del corazón.

Cuando sientas que estás bien, repite silenciosamente las palabras: «Me perdono a mi mismo, me perdono, me perdono por...». Permite que las cosas que te perdonas aparezcan en tu espacio del corazón.

Con suavidad.

Permítete viajar en el tiempo pasado, perdonando y soltando. No te centres en un único incidente: perdona, suéltalo y sigue adelante. Recuerda que tienes que mantener tu abdomen relajado. Respira ante cualquier dolor, culpa o vergüenza que aparezca y sigue soltando: «Me perdono a mi mismo, me perdono...».

Mantén la práctica.

Permite que se te aparezcan los problemas. Míralos sin juzgarlos, sin aferrarte. Asúmelo todo y luego llévales el perdón. Algunas cosas serán más fáciles de reparar que otras. Sigue escuchando las más difíciles porque llegado su momento, se reblandecerán y soltarán.

Libérate suavemente.

Cuando sientas que has hecho todo lo que podías hacer, respira hondo y suéltalo. Observa tu respiración durante unos minutos, sintiendo ese perdón impregnar todo tu cuerpo, limpiando y liberándote.

AMAR EL AMOR

El perdón aparece a través del amor porque, en última instancia, el amor es sanador. Ya dedicamos suficiente tiempo a centrarnos en dificultades y sufrimientos, por lo que debemos compensarlo experimentando cosas positivas. Están allí. Sólo tienes que verlas. Puedes mirar la lluvia y sentirte melancólico o puedes sentir que riega las plantas y alimenta los ríos que su vez te proporcionan agua. Por todo ello, debes agradecer la lluvia por todo lo que aporta. La elección es cosa tuya. «Mantener viva la llama del amor: piensa amor, habla de amor, lee amor, actúa con amor, camina con amor, respira el amor, canta el amor, toca el amor, come amor, duerme con amor.»

A la hora de enfrentarse a una posible muerte, mucha gente alberga un único anhelo: decir "te quiero" a sus seres queridos. Esto me sucedió a mí, cuando creía que iba a morir, en lo único que podía pensar era que no podría decirles que los quería a mis seres queridos. No hace falta que estés al borde de la muerte para decirlo. Díselo. Di "te quiero" al menos una vez al día –o incluso cada hora–, díselo a los demás y a tu propia persona. No te limites a pensarlo, dilo en voz alta. Dándole voz al amor lo haces vivir, permites que te aporte calidez, gratitud, seguridad, reconfort y con ello se produce la sanación. Si no puedes hablar de amor, puedes escribir sobre sobre él. Escribe a las personas a quienes amas y diles cómo te sientes. Escribe palabras de amor dedicadas a ti mismo. Escribe poemas o canciones de amor. Llena tu cabeza de palabras de amor.

Toca con amor. Permite que el amor emane de tu interior cuando cojas una mano amorosamente, acaricies o reconfortes. Sin el contacto físico, los bebés podrían morir y los adultos volverse locos. Debes tocarlo todo con amor, tratar todas las cosas con respeto. Caminar con amor, sintiendo la belleza de tu cuerpo al moverse, sentimientos amorosos hacia tu forma de respirar, tus huesos, músculos, sangre, nervios, órganos, articulaciones e incluso la punta de los pies... gestos amorosos hacia tu persona, dado que te sostienen y te cuidan durante todo el día. ¡Recuerda que tu cuerpo te ama!

La simbiosis cuerpo-mente

6. De la cabeza a los pies

El cuerpo funciona como un todo, con todas y cada una de sus partes interconectadas con las demás, con la comunicación fluyendo por doquier. Un dolor en la punta de los dedos de los pies puede ser consecuencia de un dolor de espalda; un dolor en el hombro puede deberse a un problema en la pelvis. Para conocer las distintas partes de nuestro cuerpo tenemos que conocer su relación con cada una de las restantes. Eso significa que una dolencia en las rodillas está relacionada con la función de las rodillas pero también con las pantorrillas, las piernas, la pelvis y la espalda, incluso con el cuello, así como con las funciones motrices relacionadas con el hecho de permanecer de pie o de moverse.

PERSPECTIVA GLOBAL

La forma de tu cuerpo tiene mucho que decir sobre tu persona. Aunque su fisionomía venga determinada en gran medida por la herencia, existen características relacionadas con determinadas formas y posturas. Al igual que un bosquimán es capaz de leer la historia de un árbol, un buen terapeuta cuerpo-mente puede leer la vida de una persona mediante la forma y el aspecto de su estructura corporal, leyendo las partes de su cuerpo que están agarrotadas, las que puede mover libremente o por el contrario las que parecen rígidas y en tensión.

Tu cuerpo es como una biografía andante, con las formaciones de músculos y carne reflejando tus experiencias, heridas, preocupaciones y actitudes. Tanto las posturas que expresan timidez, arqueadas y comprimidas, como las defensivas y estiradas, se aprenden en la primera etapa de la vida y se integran en la propia estructura.

Intenta mirarte detenidamente ante un espejo, desnudo. ¿Te mantienes erguido y bien recto o por el contrario encorvado y como ladeado? Si fuera esto último, ¿te enseñaron a evitar la espontaneidad con las demás personas? ¿Qué sientes al estirarte de nuevo? ¿Qué lado de tu cuerpo predomina? ¿Llevas la cabeza bien alta o está ligeramente ladeada, como para evitar una confrontación? ¿Eres capaz de enfrentarte al mundo con la cabeza erguida? ¿Qué te sucede cuando mueves el cuello? ¿Está tieso y sin flexibilidad o se mueve con facilidad y fluidez? ¿Tus articulaciones se mueven libremente? Observa la manera en cómo se mueven tus músculos y articulaciones. ¿Se bloquean en determinada postura, como sujetando a tus sentimientos? ¿Qué tendrías que hacer para soltarlos?

¿Es la mitad superior de tu cuerpo más grande que la mitad inferior? ¿La parte superior corresponde a tu lado más sociable y personal, mientras que tu parte inferior está más relacionada con cuestiones prácticas y terrenales? Un busto prominente y fuerte con unas piernas débiles o delgadas suele indicar a alguien sociable y amistoso, con mucho aplomo y extrovertido, pero que puede sentirse a veces desarraigado, con inseguridades a la hora de afrontar problemas físicos y sociales. Unas piernas grandes y poderosas con un busto más pequeño o débil indican que se trata de una persona centrada y práctica –a veces demasiado–, que dedica menos energía a la comunicación y la autoafirmación, aunque probablemente muestre carencias en el plano lúdico y sea poco espontánea.

Toma nota de dónde tienes mayores dificultades físicas y observa cómo esa parte se relaciona con el resto de tu persona. ¿Es más pequeña o menos energética? ¿Está más rígida o tensa? ¿Está superdesarrollada o hinchada?

Si te duele alguna parte de tu cuerpo, ¿qué causa ese dolor? ¿La necesidad de ser abrazado? ¿De ser reconfortado? Si tu cuerpo se quiere mover, ¿a dónde le gustaría llevarte? Sigue su movimiento y observa lo que sucede. ¿Cuáles son las zonas que te duelen o que no funcionan como debieran? ¿Cómo te hacen sentir por dentro? Intenta dibujar una imagen de ti mismo, píntala o bien describe cómo se siente tu cuerpo.

Mira atentamente, pero sin prejuzgarlo –sencillamente, obsérvalo, aprende a conocerlo y entabla una relación de amistad con tu propio cuerpo.

Descubre el cuerpo como un todo

Esta es una manera estupenda de conocer mejor a tu cuerpo y que se haga amigo tuyo. Recuerda: ¡a medida que vayas conociendo mejor a tu cuerpo, conocerás mejor a tu mente!

Quédate desnudo ante un espejo.

Estás mirando cómo tu mente y tus emociones han dado forma a tu cuerpo.

Comprueba el grado de equilibrio que tiene tu cuerpo.

¿Es más grande el lado derecho que el izquierdo? ¿Es una mitad más grande o gruesa que la otra?

Intenta mejorar tu postura.

¿Cuando eres capaz de corregir tu postura, como cuando te estiras para dejar de cargar más un lado que el otro, te hace sentir diferente?

Sigue descubriéndolo.

¿Eres capaz de descubrir cuándo te falta vitalidad o cuándo existen áreas que parecen rígidas o inertes? ¿Eres capaz de descubrir la zona a la que debes aportar amor y aceptación?

Vuelve a iniciar todo el proceso.

Sigue practicando hasta que empieces a sentirte más cómodo y a gusto con tu persona.

UN CUERPO HERMOSO

La cabeza

Bienvenidos a la oficina principal. Aquí recibes la información de entrada de todos tus sentidos y retransmites esa información por todo el cuerpo. Además, permite mantener los niveles hormonales adecuados, que el metabolismo y los nervios funcionen, la respiración, la comunicación, y todas las demás funciones del cuerpo-mente. La cabeza es el centro de la consciencia, interiorización, inteligencia y percepción. Conforma el eje alrededor del cual giran la tierra y el cielo, que contienen tanto tu consciencia espiritual como tu ego personal, mucho más terrestre. Esta polaridad puede, en el caso de que estos dos polos giraran en direcciones opuestas, generar tensiones.

Toma nota de cómo tu cabeza se asienta en tu cuello: ¿se ladea hacia uno de los lados? ¿es el mentón quien la guía, como si empujara hacia delante?

Es natural pensar en tu cabeza como en centro de tu ser, mientras el cuerpo le provee de un vehículo que además le proporciona diversión y placer. Tu cuerpo queda recubierto de ropa y oculto de las miradas mientras tu cabeza permanece descubierta para la comunicación y la relaciones. Pero el cuerpo alberga tu corazón y tus sentimientos más profundos. Si esto es ignorado, el resultado es una separación de la cabeza y el cuerpo, de los pensamientos y los sentimientos. Por debajo del cuello está lo privado y oculto, ahí es donde guardas los sentimientos que quieres que permanezcan secretos. El cuerpo, por consiguiente, almacena todas esas cuestiones que resultan demasiado desagradables como para hacerlas públicas, mientras que la cabeza expresa su estrés por haber sido separada del corazón.

Habrá que considerar dos importantes áreas: el cráneo o cabeza externa y el cerebro y las áreas de tu sistema nervioso que este último contiene.

Diálogo cuerpo-mente: la cabeza

El cráneo es el continente donde se encuentran lo espiritual y lo individual, lo abstracto y lo relativo. Una **fractura o accidente en el cráneo** puede indicar una gran ansiedad por expandirse y crecer desde dentro, que haya sido reprimida por circunstancias externas, como cuando se rompe la cáscara para que emerja un nuevo ser. O tal vez obedezca a un conflicto entre la realidad física y las responsabilidades impuestas por la sociedad, enfrentadas a un deseo o motivación espiritual más profunda.

- ¿Tienes la sensación de que tu necesidad imperiosa de crecer está bloqueada?
- ¿Tienes anhelos creativos que no estás expresando o que no tienen por dónde salir?
- ¿Ha quedado frustrado tu deseo de crecimiento espiritual?

Tu cerebro mantiene todo tu sistema fisiológico mediante las hormonas y el sistema nervioso. Es también el lugar donde todos tus sentimientos y pensamientos se traducen en respuestas físicas y, por lo tanto, los daños en el cerebro afectarían no sólo a tu cuerpo físico sino a toda tu expresividad.

Es tu parte más compleja y extraordinaria. ¿El cerebro es lo mismo que la mente? ¿Es la mente algo diferenciado? Sólo podemos suponerlo. Pero dentro de este área está la capacidad de crecer, de profundizar en tu propia iluminación.

Véase también: Dolores de cabeza, Enfermedades mentales, Problemas en los senos nasales, etc.

La cara

Es la parte de ti que primero conecta y saluda el resto del mundo y a través de la cual se te juzga; tu cara es representativa de tu parte más profunda. Se gastan sumas ingentes de dinero para lograr que el rostro parezca más atractivo. Pese a ello, ni una gruesa capa de maquillaje es capaz de ocultar cada una de tus emociones, sentimientos y pensamientos. O problemas como los asociados a la consciencia de ti mismo, al desagrado de ti mismo, la culpa, la vergüenza, la rabia, el miedo, la alegría, la sospecha, la confianza, el dolor, los celos, el perdón, el trauma, la repulsión, tanto si eres una persona abierta o cerrada, ingenua o astuta, triste o alegre. Todas estas cosas se traslucen en tu expresión y en la formación de tus músculos, mediante erupciones cutáneas, irritaciones o desórdenes, y también por el color que adquiere tu piel.

Tu rostro también remite a tu identidad o imagen, por eso cuando "dejas de dar la cara" implica que se resentirá tu orgullo y tu ego. Si tienes el coraje y la fuerza interior necesarios puedes "encarar las cosas" con seguridad. Decir que alguien tiene "dos caras" significa que esa persona nunca revela su verdadero rostro, sino una serie de máscaras.

Puede que tú también tengas dos caras: la que ofreces al mundo y la que guardas para ti. Pero si tienes por costumbre esconderte detrás de una máscara, tus músculos faciales quedarán tensos y distorsionados. Antes se les decía a los niños que no hicieras carotas, porque si venía una ráfaga de viento en dirección contraria, se quedarían con esa horrible expresión para siempre. Lo cierto es que si pones mala cara con demasiada frecuencia, tal vez no haga falta que el viento cambie de dirección: tus músculos faciales se fijarán con esta expresión. Cuanto más frunzas el ceño, más músculos se verán arrastrados en esta expresión enfurruñada. Cuanto más sonrías, más relajado y tranquilo parecerá tu rostro.

Diálogo cuerpo-mente: la cara

Las patologías que afectan a la cara indican una ruptura de la máscara que enseñas al mundo, de tal forma que tu verdadero yo queda expuesto, o un conflicto profundo entre la máscara que has estado presentando al mundo y el deseo de ser más honesto.

- ¿Expresa tu rostro tu yo verdadero?
- ¿O simplemente empleas una máscara o un serie completa de máscaras?
- ¿Estará tu yo real intentando emerger?

Véase también: Piel, Ojos, Nariz, Boca, etc.

El cuello

El cuello es una vía de comunicación de doble sentido, tanto físico como emocional. Los nutrientes vitales, el agua y el aire se absorben o tragan por la boca, pero también es el punto por donde entran las otras personas y el mundo. Al mismo tiempo, las emociones, los sentimientos y pensamientos se expresan mediante la voz y la boca. Del mismo modo, el cuello forma un puente entre los pensamientos y los sentimientos, entre la mente y el corazón, pero también entre la mente y el cuerpo físico. Es por consiguiente el lugar natural para el desdoblamiento cuerpo-mente, donde una parte de tu naturaleza queda aislada del resto; cuanta más energía se acumula en una determinada parte del cuerpo, menos energía se almacena en las demás. Por ejemplo, los universitarios tienden a ser menos activos, mientras que los atletas se dedican menos al estudio.

Diálogo cuerpo-mente: el cuello

Un desdoblamiento mente/cuerpo que puede crear tensión o rigidez en el cuello.

- ¿De qué inhibición te gustaría liberar a tu cuello?
- ¿Necesitas escuchar a tus sentimientos?
- ¿Necesitas hablar con tu corazón?

- ¿O necesitas dedicarle menos energías al pensamiento y más al ejercicio físico?

Los problemas en el cuello pueden indicar un rechazo del cuerpo, quizás debido a malos tratos del pasado o a causa de una minusvalía: puede haber una carencia energética moviéndose a través del cuello hacia tu cuerpo, una carencia en la relación que deberías tener contigo mismo, con lo que eres como ser vivo.

- ¿Sientes que tu cuerpo es vibrante y energético?
- ¿O acaso lo sientes como algo extraño, poco familiar e incluso desconocido y que lo arrastras contigo a todas partes?

El cuello mantiene recta la cabeza, de tal manera que puedas mirar hacia delante, manteniendo tu dignidad y tu coraje. Una **cabeza inclinada** implica desesperanza, una actitud de rendición, la incapacidad de hacer frente a lo que viene de frente. El cuello también permite que la cabeza se mueva de manera que podamos ver por todos lados, abarcar una realidad mayor que la que tenemos enfrente. Esto requiere una mente abierta y la aceptación de los puntos de vista ajenos. La **rigidez** indica resistencias, habitualmente hacia formas de pensar diferentes, es como si llevaras puesto un yugo y no pudieras girar tu cabeza a ambos lados.

- ¿Sólo eres capaz de ver tu propio punto de vista?
- ¿Te has sentido perjudicado o has notado resistencias por parte de alguien?
- ¿Te estás volviendo estrecho de miras en tus actitudes?
- ¿O tal vez haya alguien a quien "no tragues" haciéndote demasiadas preguntas?

Un cuello tieso también expresa incapacidad a la hora de tomar decisiones, no saber literalmente qué camino tomar. Tal rigidez limitaría el flujo de sentimientos y comunicaciones circulando entre tu mente y tu cuerpo. Si tu cuello está tieso o te duele, también puede deberse a un síndrome de miositis tensional o a una contractura muscular, en cuyo caso deberías remitirte a la sección dedicada al dolor de espalda (pág. 130).

El cuello contiene asimismo la caja de resonancia de tu voz, razón por la cual está íntimamente relacionado con tu modo de expresión. Así, con el cuello tieso, se limita la capacidad de sentimiento que puede ser expresado desde tu interior.

- ¿Estás reprimiendo tus sentimientos?
- ¿Son tus sentimientos demasiado poderosos como para ser expresados?
- Cuando no puedes mover tu cuello libremente, significa obcecación y rigidez. ¿Qué te hará falta para aliviar tu cuello?
- ¿Sientes que alguien te está estrangulando emocionalmente?

Véase también: Respiración, Digestión.

Los hombros

Aquí es donde soportas el peso de tu mundo, de tu familia, de las tareas que llevas a cabo. *Responsabilidad* es una palabra que pesa mucho en esta parte de tu cuerpo, y otro tanto sucede con las obligaciones, el pago de la hipoteca, los niños enfermos y las suegras reclamando atenciones. Los problemas en los hombros pueden indicar también que estás eludiendo tus propios problemas: estás tan ocupado por tus obligaciones hacia los demás que apenas tienes tiempo para ocuparte de ti mismo.

Este área de tu cuerpo es el centro de tu actividad. Desde tus hombros, tu actividad y creatividad fluyen hacia tus brazos y tus manos, donde emergen en forma de lo que realizas en el mundo. Esto es aplicable tanto al trabajo que realizas como al modo en que vives tu vida, en definitiva, todo lo que haces con tu tiempo, con tus relaciones humanas, con tus sentimientos. Los hombros se ponen **tensos y rígidos** cuando no expresan sus verdaderas necesidades, cuando tienen que hacer algo que preferirías no tener que hacer. O también cuando te asustas o quisieras mantenerte en la seguridad que supone el no hacer nada.

Si estás haciendo algo que no te interesa mientras un deseo profundo queda encerrado en tu interior, tus hombros pueden estar reprimiendo este anhelo. ¿Puedes encontrar una forma de expresar lo que realmente quieres hacer? La tensión restringe el flujo de energía y de sentimientos. En el hecho de anteponer los sentimientos ajenos, tu propia actividad puede haber quedado asfixiada. Los hombros son el lugar donde "la generación de energía" queda bloqueada. Estudia qué pequeños cambios puedes llevar a cabo para empezar a desbloquear las energías reprimidas.

Los músculos se corresponden con la energía mental y, por consiguiente, esta energía se te manifestará en unos músculos de los hombros tensos o anudados, porque contienen demasiadas cargas y deseos reprimidos. La energía del corazón asciende por los hombros para proyectarse en tus brazos, abrazando y tocando, cuidando y compartiendo. Debiera ser una expresión suave, pero a menudo se presentan bloqueos a lo largo del camino, que generan dolor y rigidez –cuando abrazas a la persona equivocada o sientes que tus insinuaciones están siendo rechazadas o que te aterra compartir tus intimidades. Esto puede manifestarse a través de unos hombros sin movilidad (o capsulitis adhesiva), indicativos de la zona donde te está afectando una determinada frialdad emocional, tanto si procede de otro hacia tu persona o van de ti hacia alguien.

Los hombros se alzan por miedo y ansiedad. Si esto se mantiene durante cierto periodo de tiempo los músculos de los hombros quedan agarrotados en esta posición. A medida que se va desarrollando esta postura, la actitud que la acompaña hace otro tanto. Los hombros encorvados se muestran abrumados por las dificultades de la vida. También indican un deseo de proteger el corazón o el pecho cerrándose. Por otra parte, los hombros echados hacia atrás, sacando pecho, indican falsa energía, y a menudo ocultan sentimientos de miedo o de inseguridad con una falsa petulancia. Echar los hombros hacia atrás es también una manera de contener los sentimientos, especialmente aquellos que indican deseos de tocar y acariciar.

Diálogo cuerpo-mente: los hombros

Unos **hombros doloridos** pueden señalar que estás soportando demasiado peso en solitario.

- ¿Realmente quieres decir a los demás: «Por favor, cuídame, dedícame tus atenciones y tus mimos»?
- ¿Has estado soportando los problemas de otros durante demasiado tiempo?
- ¿Hay algo o alguien a quien debieras silenciar o ignorar?

Dolor, rigidez y tensión en los hombros indican una resistencia, quizás a las responsabilidades que sientes que deberías asumir, o ante las presiones que recibes para que hagas determinada cosa.

¿Te sería posible liberarte de alguna de tus responsabilidades de tal forma que no tengas tú que soportar todo el peso?

Los brazos

Los brazos sirven para la acción y para la expresión. Te permiten abrazar o empujar, tocar y acariciar, demostrar amor e rabia, expresar tus necesidades, abrir tu corazón o cerrarlo en postura defensiva. Los brazos abiertos están diciendo: «Aquí está mi corazón, ven y compártelo». Son la expresión de tu coraje y aceptación.

Cuando te cruzas de brazos, los cierras alrededor del corazón, levantando una barrera protectora entre tú y los demás. El mensaje es claro: «Alejaros, mantened las distancias, las intimidades no son bienvenidas». No hay nada más disuasorio que unos brazos cruzados, ¡son más explícitos que un cartel de "prohibido el paso" o con cualquier otra frase! Cada vez que te sorprendas cruzando los brazos, intenta abrirlos y observa lo que sucede y cómo te sientes. Intenta pasar unos momentos al día con los brazos abiertos y relajados.

Hace unos años, Ed y yo nos reunimos con nuestros editores. Nos debían un dinero y habíamos quedado para que nos pagaran. Sin embargo, cuando nos sentamos alrededor de la mesa, pude constatar que todos, incluidos nosotros dos, estábamos con los brazos cruzados. Comprendí que nunca obtendríamos el dinero de este modo. Por lo que empecé a abrir mis brazos cuando empecé a hablar, incluso los extendí y toqué el hombro del señor que se sentaba a mi lado. Al cabo de unos minutos, también él abrió sus brazos y empezó a relajarse. ¿Y…? ¡Pues sí, cobramos nuestro dinero!

Los brazos te permiten crear y comunicar, hacer que tus palabras y tus ideas se hagan realidad. Los hombros se prolongan en los brazos, extendiendo su energía creadora a la acción y al mundo. Los brazos manifiestan todos tus deseos interiores y tus anhelos.

- ¿Estás haciendo lo que querrías hacer?
- ¿Estás haciendo algo que no deberías hacer?

- ¿Estás extendiéndote o conteniéndote demasiado?

Los brazos también pueden ser armas. Pueden ser utilizados para atacar, negar, rechazar o repeler. Permiten apartar y arrastrar, pueden abrazar o sujetar. ¿Hay alguien a quien debieras apartar de tu vida? Los brazos levantan, soportan, transportan y sostienen, aunque a veces el peso sea excesivo y te duelan e incluso aparezcan erupciones o llagas. ¿No estarás llevando demasiado peso?

Diálogo cuerpo-mente: los brazos

Los brazos expresan al mundo la energía procedente de tu corazón mediante el abrazo, el tacto, las caricias, el compartir. Por consiguiente, los problemas con los brazos pueden señalar problemas o conflictos relacionados con la esfera más íntima y con la expresión de los sentimientos.

- ¿Estás reprimiendo tus sentimientos por miedo a que no sean aceptados?
- ¿Eres capaz de abrir tus brazos para abrazar a otras personas y compartir tu amor?
- Observa tu lenguaje corporal cuando cruzas los brazos y presta atención a lo que estás expresando de manera no verbal.
- Observa la relación entre miedo y amor, entre brazos abiertos y brazos cerrados.
- Observa esto mismo en los demás cuando hables con ellos.
- Intenta abrir tus brazos y observa cómo cambia tu actitud, incluso cuando te halles en una situación difícil.

Los brazos **débiles o cansados** implican una incapacidad de dejar que sentimientos y energía fluyan hacia fuera. Tal vez exista un sentimiento de impotencia a la hora de asumir el control o tomar decisiones, escasa habilidad para aferrarse a la vida o una gran timidez a la hora de expresar tus sentimientos reales.

- ¿Consideras erróneo el abrir tus brazos para obtener lo que deseas o necesitas, tanto emocional como físicamente?

Unos brazos **rígidos o doloridos** indican una resistencia a la actividad o a la expresión.

- ¿Estás reprimiendo tu capacidad de compartir?
- ¿Qué sentimientos están atrapados en tus brazos?

Un **brazo lesionado** indica que estás chocando contra una forma de resistencia, o que estás sufriendo maltrato por parte de alguien o de algo. Un **brazo roto** indica un nivel profundo de conflicto en tu actividad.

- ¿Qué cosas te ha evitado tener que hacer el tener un brazo roto?
- ¿Por el contrario, qué cosas te permite hacer?
- ¿Te evita tener que abrazar a alguien?
- ¿Te evita tener que ir a trabajar?
- ¿Te evita tener que cuidar a los demás?

Véase también: Huesos, Músculos

Los codos

Las articulaciones nos otorgan movimiento y agilidad. Si no pudieras flexionar los brazos, no podrías alcanzar la boca para alimentarte, no podrías abrazar contra tu pecho a nadie, no podrías tocar el violín , ni expresarte cuando hablas. Los codos te permiten abrir los brazos para abrazar tu mundo. Los codos confieren gracia a tus movimientos, pero también pueden ser utilizados como armas, o para abrirte paso con ellos en una aglomeración. ¿O fue a ti a quien apartaron de un codazo?

Diálogo cuerpo-mente: los codos

Los codos te permiten reaccionar con energía y vigor ("apretando los codos") pero también pueden expresar conflictos en relación a lo que estás haciendo.

- ¿Te sientes capacitado o suficientemente preparado?
- ¿Te autoafirmas con demasiada frecuencia?
- ¿Te estás volviendo inflexible en tus actitudes?

• ¿Tienes miedo a expresar la energía de tu corazón?

El **codo de tenista** es una inflamación de la articulación, pone de manifiesto que algo te irrita, te sulfura y te da rabia, relacionado con lo que estás haciendo.

• ¿Sientes resentimiento porque tú estás trabajando más duro que otra persona?
• ¿Te produce miedo abrirte al futuro, enfrentar lo que se avecina?

Las muñecas
Las muñecas están conectadas con el impulso de la actividad. Unas **muñecas rígidas o doloridas** limitan una gran gama de actividades, entre ellas conducir, comer, escribir o expresar tus sentimientos.

Diálogo cuerpo-mente: las muñecas

Cuando te duelen las muñecas alguna actividad se te está resistiendo, la estás evitando, deseando no tener que hacerla o quizás te sientas incapaz de hacerla. Un **esguince de la muñeca** implica un conflicto mental relacionado con tu actividad.

• ¿Sientes que estás bajo presión o realizando un esfuerzo excesivo?
• ¿Te sientes incapaz de llevar a cabo lo que se te haya pedido?
• ¿Sientes que sufres tensiones procedentes de distintas direcciones?

Una **muñeca rota** indica un nivel de conflicto muy profundo respecto a lo que estás haciendo, o hacia algo que te hubieran hecho a ti.

• ¿Qué se ha roto en tu interior?
• ¿Cómo afecta a tu actividad una muñeca rota?
• ¿Quisieras evitar hacer algo que te han pedido que hagas?
• ¿Te están deteniendo?

Véase también: Articulaciones

Las manos

Los niños desarrollan sus capacidades mentales trabajando con sus manos. En los adultos, cuando la actividad del cerebro disminuye, como sucede tras una embolia, también disminuye la habilidad manual. Las manos son las que te permiten crear y representan, por tanto, la manera que tienes de hacer todas las cosas y todos los sentimientos que experimentas al hacerlas.

Nos tocamos unos a otros con las manos. Tocar es fundamental para la vida. Sin tacto nos sentimos poco queridos e inseguros, incluso puede suceder que se detenga nuestro desarrollo. Según un estudio, los bebés separados de sus madres por una luna de cristal, de tal manera que podían verlas, escucharlas e incluso olerlas pero no tocarlas, tuvieron retrasos de crecimiento.

Nos conectamos gracias al tacto. Con el tacto alcanzas la sanación, te liberas de soledades y sufrimientos. ¿Echas de menos tocar y ser tocado? Los conflictos con las manos pueden estar indicando que anhelas abrirte y tocar, pero que miedos e inseguridades te coartan.

Las **manos rígidas** indican una actitud rígida o reacia respecto a tu actividad o la expresión de tus sentimientos. Las **manos doloridas** manifiestan que lo que estás haciendo te causa desasosiego o que algo que estás haciendo te hiere. ¿Alguien te está agobiando? La **artritis en las manos** indica a menudo una actitud excesivamente crítica respecto a lo que estás haciendo o a lo que te están haciendo a ti. El conflicto aparece cuando tu naturaleza te impulsa a manifestarte al exterior, pero la energía se vuelve hacia dentro ella sola.

Unas manos **excesivamente sudorosas** indican que estás nervioso, ansioso, incluso aterrado respecto a lo que estás haciendo. Las manos **muy frías** pueden indicar que estás retirando los sentimientos de tu actividad –quizás apartando de tus actos el amor y la implicación emocional– o que sientes miedo a participar o a implicarte.

Diálogo cuerpo-mente: las manos

Las manos son las que te preceden en tu relación con el mundo. Simbolizan cómo manejas tu vida y cómo te manejan a ti. Son la expresión hacia el exterior más poderosa de la energía del corazón; con las manos tocas, acaricias, expresas amor o formas un puño para manifestar tu desagrado.

- ¿Estás tocando a la persona adecuada? ¿De la forma correcta?
- ¿De verdad te gustaría darle un puñetazo a alguien?
- ¿Sientes resentimiento por haberle echado una mano a alguien que no te tendió su mano cuando necesitaste ayuda?

Están tus manos agarrotadas de angustia, desesperación o ira, quizás interpretando el movimiento que quisieras dirigir a alguien. Puedes dejar que las cosas "se te vayan de las manos" o bien puedes cogerlas con firmeza, tal vez con demasiada fuerza.

- ¿Sientes miedo de soltar algo?
- ¿Estás agarrando demasiado fuerte a alguien por miedo a que se marche?
- ¿Con qué fuerza te aferras a tu mundo?

Los dedos
Los dedos nos muestran dónde nos mostramos insensibles ante problemas menores o sutiles. El pulgar tiene que ver con el control y el poder, pero también con la ansiedad y el miedo. Tu dedo índice se estira para culpar a alguien, quizás sin reconocer tu propio grado de implicación.

Diálogo cuerpo-mente: los dedos

Los dedos, que son una extensión de tus manos, se aferran al mundo y a menudo se lesionan antes que otras partes de tu cuerpo.

- ¿No los estarás extendiendo demasiado?
- ¿Abres tus brazos de manera inapropiada?
- ¿O te mueves demasiado deprisa y con ello te pierdes los detalles que jalonan el camino?

Si tus dedos se están volviendo **curvados o torcidos**, observa sus movimientos y descubre hacia dónde quieren ir.

127

- ¿Qué está intentando decirte su movimiento?
- ¿Forman un puño? Y si así fuera, ¿intenta ese puño golpear a algo o a alguien?
- ¿Señalan tus dedos a lo lejos, como si estuvieran queriendo tocar nuevas áreas de experiencia?
- ¿Están orientados cada uno de ellos en distintas direcciones, como si hubieran perdido la unidad de acción?

La espalda

Cuando los animales pasaron de andar a cuatro patas a permanecer erguidos, todo el peso de la parte superior, que antes soportaban brazos y manos, pasó a descansar en la parte inferior de la espalda y la pelvis. Intenta inclinarte hacia delante y después vuelve lentamente a la primera posición forzando tu espalda: con este movimiento te conviertes en un ser humano. La columna vertebral es el pilar de tu ser, te confiere apoyo y fuerza, rectitud y dignidad. Contiene el sistema nervioso central y el sistema de riego sanguíneo central; por lo tanto, todos tus pensamientos, sentimientos, experiencias, respuestas e impresiones quedan registrados en ella. En un momento dado, más de cinco millones de adultos estadounidenses padecían de dolor de espalda crónico, con muchos millones de dólares gastados anualmente en el tratamiento médico y con otros muchos millones en pérdidas generadas por bajas productivas causadas por el dolor de espalda. Muchos problemas de espalda se originan por lesiones o problemas al levantar peso, pero si observamos atentamente descubriremos problemas psico-emocionales en el origen de la tensión, la debilidad o la contractura que precedieron a la lesión.

Partes superior, media e inferior de la espalda

Los asuntos relacionados con la supervivencia están conectados a la espalda: la responsabilidad de ganarse la vida, soportar tu propio peso, ser la "espina dorsal" de la familia o sostenerse en pie por ti mismo. Pensamientos como "nadie me apoya" o "me han dejado caer" pueden traducirse en dolor de espalda y debilidad. Puedes permanecer de pie por tus propios medios dignamente y caminar o encorvarte y desfallecer bajo el peso de tu carga. ¿Alguien te está metiendo mucha presión? ¿Te sientes sobrecargado?

Diálogo cuerpo-mente: partes superior, media e inferior de la espalda

La parte superior es el reverso del corazón. Así como la parte delantera parece amable y simpática, la espalda es el lugar donde la ira reprimida, la rabia, el resentimiento y los sentimientos de culpa, vergüenza o miedo se acumulan. Incluso las personas quedan acumuladas en este lugar, es decir los recuerdos o sentimientos relacionados con alguien que quisieras apartar, negar o ignorar. ¿Le estás dando la espalda a algo o a alguien?

La parte superior de la espalda está conectada con la expresión mediante la actividad –la energía se mueve hacia arriba desde el corazón hasta los pulmones y baja por los brazos- y con cualquier obstáculo a la expresión. Cuestiones relacionadas con la plenitud, los sueños perdido o los compromisos llenos de resentimiento se localizan aquí.

- ¿Te has comprometido tanto que te estás "deslomando" o quedando sin fuerzas? Los sentimientos que no se expresan pueden deformar los músculos o los huesos.

Como si fuera el eje de un balancín, la **parte media de la espalda** mantiene el equilibrio en el centro del cuerpo. Nos permite doblarnos y movernos en distintas direcciones, representa nuestra habilidad para ser flexibles en el plano psico-emocional. Las dificultades localizadas aquí reflejarían rigidez interior o autocontención excesiva debidas al miedo o a la incapacidad de moverse al ritmo de los acontecimientos.

- ¿Dónde sientes tensión o rigidez? Es la zona que afecta a la toma de decisiones. Problemas en este área indican que estás atascado en la indecisión, atrapado entre tus propias necesidades y las demandas de otras personas.
- ¿Quieres afirmarte más y dar a conocer tus necesidades? El resentimiento también se localiza en el centro de la espalda. ¿Cuántas veces nos "partimos el espinazo" para ayudar a alguien, esperando que nos corresponda, y descubrimos que su ayuda brilla por su ausencia?
- ¿Tienes tendencia a dejar que te pasen por encima?

129

La parte central de la espalda se corresponde con el plexo solar y el tercer chakra. Es un área de poder. Puedes usar ese poder para dominar y controlar, o puedes emplearlo para mejorar tu sentido del yo, tu confianza interior. Una falta de armonía en esta parte de tu cuerpo puede indicar problemas de debilidad, a menudo desencadenados por la búsqueda de tu lugar en el mundo. La ilusión y la promesa del poder son muy seductoras y una vez saboreadas sus mieles, será muy difícil prescindir de ellas. No obstante, la energía localizada en este lugar está muy vinculada a la corrupción y la manipulación.

La **parte inferior de la espalda** expresa todo el peso de la responsabilidad de nuestra condición humana. Soporta el peso desde arriba, igual que tú sostienes el peso de la responsabilidad de tu mundo. Si nadie nos ayuda con la carga, de nada sirve tanto apoyo, esta parte de la espalda puede acabar cediendo.

- ¿Has intentado pedir ayuda?
- ¿Alguien se está convirtiendo en un "dolor de espalda" porque produce aún más trabajo cuando lo que necesitas es su ayuda?
- Esta parte de la espalda nos mantiene rectos. Cuando te duele, ¿sientes abatimiento en algún sentido? Cuando permanecemos de pie, erguidos, nuestro abdomen queda expuesto y desprotegido, razón por la cual tenemos tendencia a encogernos para proteger este área tan delicada. ¿Te sientes particularmente vulnerable en ese lugar?
- ¿Quisieras hacerte un ovillo y desaparecer?

Esta región también está relacionada con la supervivencia, la seguridad y la capacidad de mantenerse por los propios medios. Si sientes inseguridad –quizás por que te sientas incapaz de satisfacer las expectativas ajenas puestas en ti–, esa presión se notará especialmente en la parte inferior de tu espalda.

- ¿Tienes dudas respecto a tu capacidad de mantenerte a ti mismo?
- ¿Te sientes aislado?
- ¿Estás intentando hacer demasiado? Al igual que los nervios recorren las piernas en sentido descendente, desde la parte inferior de la espina dorsal,

los problemas en este lugar pueden generar dolores o entumecimientos en los pies y en las piernas, afectando a tus movimientos hacia delante.

El dolor de espalda

Somos mayoría quienes pensamos que los dolores de espalda se deben a problemas estructurales, como una hernia de disco. A pesar de que éstos pudieran estar en la causa, numerosos estudios demuestran que no siempre es así. El *New England Journal of Medicine* ha publicado un estudio en el que se demostraba que una amplia mayoría de personas con espaldas sanas, sin dolores, padecía alguna clase de defecto estructural, como una hernia de disco, mientras que mucha gente que padecía de dolor de espalda crónico no mostraba anomalías. Dicho en otras palabras, un defecto estructural no es necesariamente un motivo de preocupación, incluso en el caso de que se hubiera producido una lesión, la espalda se cura por regla general bastante rápidamente.

Escribe la doctora Christiane Northrup: «Mucha gente con dolor de espalda visita a varios médicos que le recetan descanso, fármacos y el empleo de una gran variedad de dispositivos para proteger su espalda. La industria dedicada a la protección de la espalda es ahora tan boyante que existen multitud de empresas dedicadas a vender de una gran variedad de sillas, suministros y otros dispositivos diseñados para ayudarnos a proteger nuestras espaldas. También se recomienda la cirugía con frecuencia. Tal vez con demasiada frecuencia, porque esto puede provocar un agravamiento, dado que el problema subyacente no recibe tratamiento».

Al parecer, la mayoría de los dolores de espalda no están causados por problemas en las vértebras, sino por tensiones musculares y espasmos. Esto debería ser tenido en cuenta: es muy doloroso. Tales tensiones musculares obedecen a tensiones emocionales y cuanto más profundamente se explore esta tensión emocional, más posibilidades habrá de descubrir la historia subyacente a este dolor. Puede tratarse de una historia de rabia, de miedo o de agotamiento, o también de intentar demostrar algo a alguien, de una negación o de una falta de perdón. Sea lo que fuere, ahora es un dolor de espalda, porque esa frustración quedó bien escondida. Y además, duele mucho.

Mientras revisaba este libro, me dolía mucho la espalda, ya que había padecido durante un año una ciática originada por un intenso espasmo muscular. No me sorprendió. Durante los cinco años anteriores nos habíamos mudado cuatro veces de casa, la última vez desde Inglaterra a los Estados Unidos. Mi padrastro se había desarrollado demencia senil y tuvo que ser ingresado en una residencia durante un año hasta que murió, razón por la cual quise estar más cerca de mi madre y darle nuestro apoyo. Otro miembro de la familia había sufrido una crisis nerviosa. Tuvimos que hacer la mudanza con un montón de trabajo y yo estaba exhausta. Demasiadas cajas, demasiados dramas emocionales. Necesitaba estar tranquila y mi espalda se aseguró de que así fuera.

A medida que fui encontrando tierra firme y soltando las capas profundas del estrés emocional, los músculos de mi espalda se relajaron. Durante el proceso de sanación me sometí a numerosos tratamientos de los tejidos profundos y pude arrancar de raíz conflictos emocionales con miembros de mi familia, miedos al abandono, problemas de vulnerabilidad, de debilidad y motivos de angustia profunda. Al igual que los músculos tensos retienen las tensiones emocionales, esas emociones pueden ser "experimentadas de nuevo" cuando dichos músculos se relajan.

Este síndrome de tensión muscular fue identificado y denominado **síndrome de miositis tensional** por el doctor John Sarno. Observó hasta qué punto los músculos tensos y las emociones se reflejan mutuamente. De la misma manera que apretamos la mandíbula para retener las lágrimas, tensamos los músculos del estómago, de la espalda, de las nalgas para retener o sujetar otras emociones. Esto es un ejemplo fundamental de cómo tu cuerpo habla por tu mente, de cómo el estrés encuentra su expresión mediante el estrés muscular, y aunque pueda quedar inadvertido durante un tiempo, incluso años, acaba manifestándose físicamente. Esto es precisamente lo que sucede con la tensión emocional reprimida. Si no puedes soltarla, o ni siquiera te has dado cuenta de que la tensión emocional estaba ahí, esa tensión deberá encontrar la manera de hacerse oír por medio de tu cuerpo.

Estudios científicos han demostrado que las personas que padecen dolor de espalda crónico inconscientemente tensan los músculos de la espalda cuando están alteradas emocionalmente. Cuando los músculos permanecen en tensión durante mucho tiempo –que es tanto como decir que los problemas emocionales se han ido asentando sucesivamente– suelen doler mucho. Cuando añadimos a la tensión creada por el dolor, el miedo a lo que podía haber sucedido, acabamos inmersos en un círculo vicioso de dolor.

«Cuando estamos sometidos a un estrés emocional, nuestros músculos se ponen tensos –afirman los doctores Siegel, Urdang y Johnson en *Back Sense*–. Esta tensión eventualmente se traduce en espasmos musculares extremadamente dolorosos o en dolores sordos. Cuando este dolor es persistente, nos volvemos iracundos o nos sentimos frustrados. Tales sentimientos tensan aún más los músculos, provocan más dolor, con lo que entraríamos en un círculo vicioso.»

Los problemas se pueden ir gestando y desarrollando durante años sin que te des cuenta. Por ejemplo, cuando experimentas un *shock* o un estrés post-traumático, éste se suele depositar en la columna vertebral. Puede ser que no te afecte en absoluto. Pero si vuelves a pasar por una experiencia tan traumática o una dificultad similar, esa energía se concentrará también en la columna vertebral y tu recuperación será más dificultosa. Eventualmente, un incidente menor puede también desencadenar otro colapso. A medida que se van acumulando las experiencias dolorosas o difíciles, afectan a los músculos y debilitan el flujo de energía, produciendo dolor en algunos casos. Este dolor es la respuesta directa al dolor psico/emocional que guardas en tu subconsciente.

La sanación del síndrome de miositis tensional se consigue mediante la identificación del papel emocional que el estrés desempeña, particularmente la rabia y el miedo, buscando fórmulas para soltar y sanar, para conseguir una relajación profunda de la tensión muscular y también reanudando la actividad física, por ejemplo caminando, de tal manera que los músculos se suelten y relajen.

Véase también: Dolor, Ciática.

Diálogo cuerpo-mente: el dolor de espalda

Dado que la espalda está fuera de nuestro alcance y es poco visible, resulta el lugar ideal para colocar emociones ocultas y reprimidas o problemas que no quieres afrontar. Dado que tú no los ves, ¿cómo los van a poder ver los demás? Por eso es frecuente que se acumulen capas de rabia subconsciente en los músculos de tu espalda.

- ¿Hay algo que hayas hundido profundamente en tu interior y que necesites asumir y aceptar?
- ¿Estás rechazando tus sentimientos, especialmente los de rabia, dolor o culpa?
- ¿Comentas que tu espalda "te está matando", como si ella fuera culpable de algo, cuando sería más apropiado decir que algo que has metido en tu espalda es la causa de tu mal?
- ¿Qué tendrías que hacer para que tu espalda dejara de "matarte"?
- ¿Hay algo disuadiéndote de moverte hacia delante?

Si padeces algún tipo de dolor de espalda, plantéate las siguientes preguntas:

- ¿Estás intentando hacer demasiado o te has propuesto hacerlo todo tú solo porque eres incapaz de pedir ayuda?
- ¿Sientes que no tienes apoyo o que alguien te ha dejado tirado?
- ¿Te produce miedo lo que está por venir en un futuro cercano?
- ¿No estará indicando tu columna vertebral tiesa una rigidez emocional en tu interior?
- ¿Qué clase de estrés psico-emocional se manifiesta como estrés en tu espalda?

Por medio de la espina dorsal y el sistema nervioso central, todas y cada una de las partes de nuestro cuerpo quedan conectadas en red. Se trata del armazón que sujeta todo el esqueleto. Los problemas en la médula espinal están por tanto relacionados con los problemas básicos que afectan a todas las áreas de tu vida. Problemas de músculos dorsales, tales como rigidez, expresan resistencia y lucha interior. Tal vez existan resistencias ante lo que se avecina en tu vida o sientas que no podrás hacerlo todo si no recibes más ayuda. Si se trata de un problema de postura, tienes que vigilar tu manera de permanecer en pie en este mundo.

- ¿Te mantienes bien recto o tiendes a encorvarte?
- ¿Necesitas enderezar tu vida?
- ¿Te abruma el tener que soportar el peso psicológico o emocional de otras personas?

Una **hernia discal** tiene mucho que ver en primer lugar con sentimientos reprimidos, dado que el peso de la columna presiona en la sustancia gelatinosa que rodea el disco y hace que se produzca un **prolapso**. Los discos son como amortiguadores. Sometidos a una presión inadecuada se aplastan y sobresalen de su línea.

- ¿Te sientes presionado para cumplir las expectativas de alguien?
- ¿Has estado sobrecargándote de presión, tal vez para parecer alguien fuerte y recto y no tener que mostrar tus verdaderos sentimientos?
- ¿Es demasiado pesada de sobrellevar la carga de tu responsabilidad?
- ¿Sientes que careces de apoyos?

Una **espalda rota** indica una profunda divergencia, un conflicto profundo con tu meta o lugar en la vida, un tremendo conflicto interior que compromete tu capacidad de seguir avanzando.

- ¿Estás intentando seguir por dos caminos distintos a la vez?
- ¿Te sientes carente de apoyos, completamente solo, léase abandonado?
- ¿Qué conflicto tan grande afrontaste que acabó por romperte la espalda? ¿Qué cosas te permite hacer esta espalda rota y qué otras te evita tener que hacer?

Véase también: Huesos, Músculos, Nervios, Dolor.

Las nalgas

Aunque parezcan blandas y mullidas, las nalgas o glúteos son a menudo los músculos más prietos y tensos del cuerpo, por eso puedes ocultar ahí cualquier tensión o nerviosismo que pudieras experimentar "sentándote encima de ellos", literalmente. Aunque esta tensión permanezca oculta a la vista de los demás, sus efectos podrán sentirse por todo el cuerpo. Unos glúteos permanentemente apretados desequilibran tu postura causando trastornos de columna y dolor de espalda. Igualmente pueden afectar al funcionamiento de los intestinos, provocando estreñimiento o el síndrome de colon irritable. Profundos entramados de poder y control también pueden estar localizados aquí.

Diálogo cuerpo-mente: las nalgas

Sólo por unos instantes, ahora mismo, comprueba los músculos de tu espalda. ¿Están relajados? ¿Están tensos y contraídos? Si fuera éste el caso, relájalos concienzudamente y presta atención a la diferencia en tu actitud.

- ¿Sobre qué te has sentado, qué mantienes reprimido o tratas de mantener sujeto?
- ¿Qué energía permanece retenida en tu espalda?
- ¿Te estás sentando sobre sentimientos de inseguridad?
- ¿Estás sentándote sobre la necesidad de apoyo y reconfort?

El área de las nalgas también tiene que ver con la eliminación y la liberación. Haber aprendido desde bebé a usar solitos el orinal es algo que nos marca para toda la vida, sobre todo en la capacidad de sentirnos relajados y ser espontáneos, que es lo opuesto a estar en tensión y contenidos. Dado que la única área de control personal para los más pequeños es el alimento, tan sólo pueden decidir que no quieren comer o que no hacen sus necesidades. Las cuestiones relativas al poder y al control están pues muy a menudo guardadas aquí.

- ¿Te asusta la espontaneidad, el dejarte ir?
- ¿Necesitas tener el poder y controlar?
- Las tensiones aquí suelen estar relacionadas con tus padres y sus experiencias. ¿Sientes que tienes que hacer lo que tus padres quieren?
- ¿Interfieren tus padres en tu capacidad de tomar decisiones?
- ¿Son tus padres para ti una "patada en el trasero" por lo agobiantes?

Este área tiene también mucho que ver con la sexualidad y la intimidad. Puede albergar miedos y tensiones que pueden mantener en tensión estos músculos. También se localizan aquí cuestiones relacionadas con el sentimiento de arraigo y protección en el mundo, con el apoyo y con la seguridad.

Véase también: Músculos, Estreñimiento.

El pecho

El pecho alberga los órganos que nos dan vida –corazón, pulmones, hígado y estómago- y que hacen que esta parte del cuerpo sea la más vital. (Véase el Capítulo 15, dedicado al pecho femenino.) El pecho representa tu imagen pública, fuerte y poderosa, o débil y retraída. Es el lugar que señalamos cuando hablamos de nosotros mismos, el lugar que habitualmente designamos como "yo". No señalamos la barriga o la cabeza y decimos "yo", señalamos a nuestro corazón.

El corazón es el centro de los sentimientos de tu persona: aquí se atesoran las profundidades de la pasión, el amor, el dolor y el perdón. Cuando te enamoras, lo haces con el corazón, no con la cabeza. Las disfunciones en el pecho suelen poner de manifiesto problemas relacionados con los sentimientos para con tu propia persona, como problemas profundos de autoestima o de ego.

Un **pecho hinchado** para que parezca más poderoso y mayor de lo que es oculta con frecuencia dudas profundas e inseguridades, como puede ocurrir con el porte de los militares. Éstos son adiestrados para que aprendan a echar los hombros hacia atrás y sacar pecho en una postura que sugiere una falsa soberbia, como un pájaro que se pavoneara para impresionar a su pareja. Este pecho hinchado recrea una imagen de fuerza y poder, aunque a menudo es sólo una armadura protectora que oculta un vulnerabilidad interior.

Un pecho **cóncavo o debilucho** denota una falta de identidad propia, como si todavía no hubieras acabado de encontrarte a ti mismo, como si la palabra "yo" aún no estuviera formada del todo. Puede ser que haya una timidez emocional, inseguridad en la expresión y una necesidad de ser reconfortados. Esta postura es indicativa de una actitud deprimida, triste o desamparada, aunque puede ser sustancialmente corregida mediante la respiración profunda. La respiración no sólo es vital para la vida, también es única para liberar tensiones y liberar el estrés interno. Cuando respiras profundamente, abres tu pecho y puedes abrir tu corazón sin miedo.

Diálogo cuerpo-mente: el pecho

Comprueba estas ideas por ti mismo:

- Experimenta con el lenguaje corporal de tus hombros y tu pecho encogiendo los hombros, como si quisieran rodear tu pecho. Observa cómo van cambiando tus sentimientos, cómo empiezas a sentir tristeza, depresión y desesperanza en esta postura.
- Ahora echa hacia atrás tus hombros e hincha tu pecho como un ave que se pavonea y verás como esto te genera una sensación de petulancia y poderío.
- Deja ahora que tus hombros se relajen, mantenlos abiertos y respira desde el centro de tu pecho durante unos instantes, sintiendo tu corazón abrirse en cada inspiración. Comprobarás que esto te aporta sentimientos de paz y tranquilidad, e incluso de amor.

La caja torácica

Las costillas rodean y protegen los órganos situados dentro el pecho, son como unos centinelas que guardan nuestra vida interior. Si te **rompiste o luxaste** alguna costilla, deberías preguntarte si "has bajado la guardia" y permitido que alguien se te acercara más de lo que a ti te hubiera gustado, o tal vez si te has sentido vulnerable y expuesto. En efecto, la base del esternón (hueso central del pecho) es un lugar propenso a la tristeza, conectado con tu corazón emocional.

Diálogo cuerpo-mente: la caja torácica

Las costillas tienen relación con las fronteras y las limitaciones.

- ¿Tienes claras tus fronteras, respecto de lo lejos que quieres llegar y respecto a lo que puedes dar?
- ¿Eres de los que quieren gustar a todo el mundo pero fracasan a la hora de gustarse a sí mismos, pese a que suelen sobrevalorar sus propias capacidades?
- ¿Tendrías que ser más respetuoso de tus propios sentimientos y evitar así que te minusvaloren o utilicen?

El diafragma

Es un músculo ancho y plano situado en el pecho, debajo de los pulmones: el diafragma es esencial para la respiración. Te permite respirar profundamente llenándote de vida y, cuando exhalas el aire de la respiración, soltar tensiones y estrés. Un diafragma rígido, que causa **respiración superficial o entrecortada**, generará un bloqueo entre las zonas superiores, las del pensamiento y la actividad mental, y las zonas inferiores, las de la emoción, la intuición y la energía sexual.

Dificultades en el diafragma señalan resistencia o miedo a mostrar tus sentimientos más profundos. Marcando aquí una línea, puedes mantener tus cuestiones más íntimas y personales separadas del resto del mundo. Las cuestiones relativas al poder y al control también se localizan aquí, sobre todo las del control sobre los demás. La respiración profunda del vientre relaja el diafragma, difumina la necesidad de control y libera cualquier sentimiento bloqueado.

El abdomen

Dentro de esta zona se sitúa el intestino, los riñones y los órganos reproductivos, recubiertos por la envoltura de los músculos, que aprietan desde las costillas hasta los huesos del pubis que protegen la parte delantera del cuerpo. Es un centro de sentimientos de primer orden, por lo que **mantener los músculos del abdomen firmemente apretados** demuestra sentir vulnerabilidad o miedo a la intimidad y constituye un método eficaz para mantener a raya a cualquiera que pudiera acercarse demasiado. Indican un miedo a sentir, dado que las tripas son un eje de las emociones. Apretando estos músculos puedes rechazar los sentimientos que hay detrás de ellos. Por el contrario, **unos músculos abdominales relajados y blandos** implican falta de rectitud y de dignidad, insatisfacción interior y añoranza, o también falta de cuidados hacia uno mismo y de autoestima. Denotan cierta indolencia, una actitud de "qué más da", que enmascara una insatisfacción o infelicidad profundas o un profundo deseo de ser objeto de atenciones.

En medio del abdomen se sitúa el **plexo solar**. Este área equilibra las dos mitades de tu cuerpo –la introvertida y la extrovertida– localizadas en las mitades superior e inferior de tu cuerpo. El pecho y la parte superior están más centrados en la "Yo" y en las cuestiones personales, mientras que la pelvis y las partes inferiores reflejan inquietudes sociales y deseo de compartir (como el sexo y el tener hijos).

Nuestro plexo solar alberga un gran poder. Los chinos hablan de un punto situado pocos centímetros debajo del ombligo como el centro del *chi*, o fuerza vital, al que llaman *hara*. Centrando tu consciencia en este punto, te adentras en un manantial de energía extraordinario. Esta fuente de poder no tiene que ver con el poder ejercido sobre los demás, sino que conecta con tu poder personal o fuerza interior. Los practicantes de artes marciales, como el kárate o el haikido, obtienen su fuerza y concentración focalizando su consciencia en este punto. Si tu *hara* es poderoso y equilibrado, nadie podrá derribarte.

Descubre tu abdomen

Dedica ahora un momento a ponerte en contacto con tu *hara*.

Permanece de pie, mantén tu torso recto.
Mantén tus pies separados unos centímetros, con los brazos colgando a ambos lados. Respira hondo y suéltalo.

Sintoniza con el *hara*.
Concentra tu atención en un punto situado tres centímetros debajo del ombligo. A medida que vas respirando, imagina que estás respirando en este área. Tus respiraciones serán largas, profundas. Permite que tus músculos abdominales se suelten y tu abdomen se expandirá a cada respiración.

Observa tus sensaciones.
Observa la creciente sensación de poder sereno y de armonía interior.

Mantén el ejercicio.
Sigue respirando hondo durante unos cuantos minutos.

Pelvis y caderas
Aportándote equilibrio y estabilidad, la pelvis forma el pivote entre las mitades inferior y superior de tu cuerpo, equilibrando el dominio de la acción

y la creación, situado en la mitad superior, con el mundo de la dirección y el movimiento, localizados más abajo. En este área se concentra una ingente cantidad de actividad. Aquí hacemos el amor, damos a luz, digerimos nuestro alimento y eliminamos lo que ya no queremos, actividades relacionadas todas ellas con la supervivencia, la seguridad, la comunicación y las relaciones humanas.

La pelvis alberga el principio de la energía en movimiento que desciende de nuestras caderas hacia las piernas y los pies. Mientras que los pies representan la energía moviéndose en el mundo, las caderas representan tus sentimientos respecto al movimiento que estás siguiendo o estás a punto de seguir en tu interior. El miedo a este movimiento, como podría ser el dolor de sobrevivir tras la pérdida de un ser querido, las preocupaciones derivadas de un cambio de domicilio, la dificultad quizás de encontrar un lugar hacia donde moverse o incluso saber hacia dónde dirigirse, se manifestarían en este área. Las caderas son huesos con cierta tendencia a romperse en las personas mayores, que suelen ser propensas a sentirse temerosas ante el futuro inmediato.

Dado que las caderas son el centro del movimiento, también simbolizan tu capacidad de dejar atrás el pasado y acceder a nuevos espacios. La naturaleza está en estado de cambio permanente y, por tanto, cuando rechazas el cambio estás rechazando al propio flujo de vida. No obstante, el cambio no siempre es fácil. Jubilación, divorcio, encontrar otro empleo... pueden ser motivos de temor.

Las caderas son el lugar preferente para **ganar peso**, por mucho que culpemos de ello a las leyes de la gravedad. Por otra parte, este área alberga los genitales y el aumento de peso está a menudo relacionado con el deseo subconsciente de mantener a raya toda intimidad sexual. Debajo de sucesivas capas puede haber recuerdos ocultos o sentimientos reprimidos guardados donde no puedan ser vistos. Si tienes sobrepeso, explora tus sentimientos sexuales. Encuentra los lugares que requieren sanación.

Dado que esta parte es el área del nacimiento, la pelvis tiene mucho que ver con las relaciones con tus padres y muy especialmente con tu madre. Al igual que los hombros, la pelvis es un lugar donde soportas el peso de tu mundo y donde la mujer lleva a su hijo. A medida que nos vamos haciendo mayores, también podemos tener la sensación simbólica de que aquí es donde llevamos a nuestros padres, al habernos convertidos en unos

141

padres para ellos. O por el contrario podemos experimentar en este área la sensación de ser emocionalmente incapaces de valernos por nosotros mismos. Con el paso de la infancia a la edad adulta, el movimiento nos aleja de nuestros padres para llevar una vida independiente. Muy a menudo, este movimiento acarrea problemas emocionales o presiones familiares, por lo que este área puede reflejar estos conflictos interiores.

Diálogo cuerpo-mente: la pelvis y las caderas

Los problemas en el área de las caderas indican una incapacidad de liberarse del pasado, o la sensación de ser incapaces de valernos por nosotros mismos. **Rigidez o dolores** en las caderas indican que la perspectiva de cambio te genera el deseo de mantener las cosas como han sido hasta la fecha, hasta que, eventualmente, te quedes inmóvil.

- ¿Tienes una sensación de que el suelo que pisas no te sostiene?
- ¿Algo te preocupa o te causa temor?
- ¿Estás a punto de jubilarte y sientes miedos respecto a si encontrarás un sentido a tu vida sin trabajar?
- ¿Estás angustiado por cómo te las arreglarás en el plano económico?

El área de las caderas contiene también tu sexualidad, vinculada a la intimidad y la confianza en una relación. Las **relaciones íntimas** pueden suscitar muchas dudas e incertidumbres, que desembocan en rupturas de la comunicación.

- ¿Tienes miedo a que alguien se acerque demasiado?
- ¿Te han producido un vacío de energía en este área traumas del pasado?
- ¿Quieres seguir tu propia dirección, apartarte de una relación?

Véase también, Huesos, Intestinos, Genitales.

Las piernas

Las piernas son las responsables de nuestro movimiento en el mundo, de la dirección que sigamos. De nuestra capacidad para permanecer de pie, caminar, correr, bailar y movernos. Las piernas nos llevan hacia delante en la vida, nos permiten desplazarnos por el mundo. Asimismo, nos confieren estabilidad y nos conectan con la tierra que pisamos, cada paso que damos nos confirma que el suelo nos soporta y sostiene, de ahí la sensación de desorientación y la sacudida en la consciencia cuando tropezamos: es como si el mundo hubiese dejado de comportarse como debiera.

Cuando el suelo que pisas o la dirección que sigues te resultan inseguros o plagados de conflictos, esto se trasluce en tu manera de caminar. Hay mucha diferencia entre alguien que va dando pasitos cortos, inseguros, y alguien que da zancadas largas, con aplomo. Hay personas que tropiezan y trastabillan al caminar, otras se mueven con soltura y gracia. Pídele a un amigo o amiga que te observe al caminar y que te diga cómo lo haces: verás en qué medida tu vida queda reflejada. También descubrirás si tropiezas o trastabillas al caminar.

Diálogo cuerpo-mente: las piernas

Unas piernas fuertes te confieren el poder y la estabilidad para sostenerte por tus propios medios. Ahora bien, unas piernas **demasiado musculadas o desarrolladas** pueden estar tan firmemente ancladas al suelo que resultará difícil moverse con ligereza y soltura, comprometiendo la espontaneidad.

- ¿Estás aferrándote a algo con demasiada firmeza?
- ¿Te aterran los cambios?
- ¿Te han levantado la camisa demasiadas veces?

Unas **piernas débiles o poco desarrolladas** indican inseguridad.

- ¿Sientes inseguridad respecto a cuál es tu lugar en el mundo?
- ¿Te agobian los problemas de sociabilidad?
- ¿Te supone un mal trago estar solo?
- ¿Te asusta comprometerte?

Los problemas relacionados con el pasado suelen estar reflejados en los **muslos**. Entre éstos se encuentran problemas con tus padres, recuerdos

143

traumáticos de la niñez, la rabia o el resentimiento. Igualmente, este área está íntimamente relacionada con la sexualidad y las relaciones íntimas, con lo que inicialmente aprendimos a través de las actitudes de nuestros padres. Al igual que sucede con los brazos, el lenguaje de las piernas puede ser rotundo o bien débil, en función de su fisionomía. Cuando cruzamos las piernas, estamos protegiendo nuestros órganos sexuales, mientras que abrir los muslos significa que estamos abiertos a eventuales relaciones sexuales.

Cuando existen miedos o resistencias, éstos se localizan en los **muslos** o en el **exceso de tejido graso**, cuando hay exceso de grasa, como si fueran un muro defensivo que ocultara tus verdaderos sentimientos. Las mujeres desarrollan a menudo sobrepeso en este área tras la maternidad.

• ¿Han cambiado tus relaciones sexuales?
• ¿El hecho de haber tenido hijos hizo que regresaran dolorosos recuerdos de tu propia infancia?
• ¿Te empecinas en que las cosas permanezcan igual?
• ¿Te inspira temor el porvenir?

La voluntad de movimiento empieza en los muslos y va bajando hacia los pies, por lo que la **parte inferior de las piernas** es donde más se manifiesta esta energía. Dicho con otras palabras, esta área representa tus sentimientos en relación a la dirección que vas a seguir, al movimiento inminente. Esta zona también tiene que ver con tu estatus y tu posición social.

• ¿Preferirías seguir una dirección distinta?
• ¿Sientes inseguridad o incertidumbre respecto a la dirección que estás siguiendo?

Unos **músculos de las pantorrillas muy rígidos** implican un apego excesivo al pasado y resistencias ante lo que nos depara el porvenir. O tal vez te sientas carente de apoyos y te agarras con fuerza para asegurarte de que seguirás sosteniéndote en pie.

• ¿Intentas mantener todas las cosas tal y como están?
• ¿Te atemoriza el futuro?

Moretones en las piernas indican que estás chocando contra algo o que vas por la dirección inadecuada y que deberías reorientar tu camino.

* ¿Qué clase de obstáculos bloquean tu camino?
* ¿Sientes pavor por lo que te depara el destino?

Una **pierna rota** indica conflictos en el nivel más profundo, respecto a dónde te diriges o que tal vez indique que sería preferible seguir por otra dirección.

* ¿Te sientes dividido?
* ¿Te sientes incapaz de mantenerte de pie por tus propios medios?
* ¿Has perdido tu estatus?
* ¿Sientes que careces de apoyos?
* ¿Qué le sucede a tu movimiento en el mundo?

Véase también: Huesos, Músculos, Espalda, Pelvis.

Las rodillas

Las rodillas nos permiten movernos, bailar, correr y mantenernos de pie. Están por consiguiente relacionadas con el orgullo, la obstinación, la autojustificación, la arrogancia y el ego, pero también con la entrega, la compasión y la humildad. Intenta caminar sin doblar las rodillas y verás qué arrogante postura adoptas al caminar. Al doblar las rodillas puedes soltar y expresar tus sentimientos. Demasiado orgullo hará que te desequilibres. Recuerda: ¡el orgullo anticipa la caída! La arrogancia nos hace estirados y desagradables, mientras que la entrega nos permite inclinarnos y movernos con dignidad.

El lenguaje de las rodillas resulta patente cuando nos arrodillamos, lo que constituye un acto de capitulación ante un poder o autoridad superior. Las rodillas te permiten doblarte, conceder, dar y, muy especialmente, obsequiar, ser humilde. Cuando te arrodillas renuncias a tu ego y abrazas la humildad; sin esta cualidad, serías obstinado, inflexible, arrogante, te justificarías siempre en todo. Pero cuando tus rodillas se doblan en seguida, temblando y entrechocando de miedo, necesitas levantarte y reivindicar tu lugar en el mundo, desarrollar más tu autoestima y la confianza en ti mismo.

145

Las rodillas son como unos amortiguadores: absorben los tensiones que genera desde arriba el peso de tu cuerpo, así como las irregularidades del terreno que pisas debajo. Las rodillas son unas porteadoras de primera, aunque pueden resentirse si el peso que transportan resultara ser excesivo. Puede que este peso no sea físico: también el peso psico-emocional llega a ser muy cargante.

Diálogo cuerpo-mente: las rodillas

El **líquido en las rodillas** indica una retención de la energía emocional, en particular una resistencia a rendirse, o puede ser que haya demasiadas emociones a soportar y que ese peso se sostenga con las rodillas.

Una **rodilla inflamada** indicaría que algo o alguien te están irritando o enfureciendo… ¡y tú no te vas a rendir!

Una **rodilla dislocada** señalaría resistencia a ceder el paso. La rodilla no puede soportar más presión y se colapsaría de tal modo que no podrías seguir de pie. Dislocarse significa perder.

- ¿Qué terreno has perdido y qué deberías hacer para recuperarlo?
- ¿Cómo podrías recuperar tu equilibrio y tu dignidad?

Véase también: Articulaciones, Huesos.

Los tobillos

Los tobillos permiten que todo tu cuerpo permanezca de pie y que camines, un logro extraordinario teniendo en cuenta su estrechez y fragilidad. Si un tobillo te falla, todo tu cuerpo cae a tierra. Apoyo es aquí la palabra clave, puesto que los tobillos reflejan ese apoyo del que dependes, y no sólo el apoyo de los demás, sino también el apoyo interno que tu cuerpo ha construido para ti.

Este sistema interior se conforma con las creencias psicológicas y emocionales que dan sentido y finalidad a tu vida –el apoyo emocional de tus seres queridos y las convicciones religiosas o espirituales. Si cualquiera de estos apoyos fallara, fuera cuestionado, nada te sostendría ya de pie. Esto sucede cuando experimentas un shock o trauma extremo.

Diálogo cuerpo-mente: los tobillos

Dado que los tobillos son esenciales a la hora de mantenerte en pie, tienden a bloquearse cuando tu sensación de tener un sostén, un apoyo, se desvanece.

- ¿Han sido puestas en tela de juicio tus creencias?
- ¿Has perdido tu sistema de apoyo?
- ¿Te sientes como un náufrago a la deriva sin tierra firme bajo los pies?

Los tobillos te permiten también moverte con mayor flexibilidad, pero al igual que las rodillas son puntos que sostienen peso, razón por la cual los problemas localizados aquí se deben a sobrellevar un exceso de peso, tanto si se trata de un peso físico como si es peso psico-emocional.

- ¿Te abruma el peso de las dificultades o de los sentimientos?
- ¿No podrías aligerar tu carga?

Las **fracturas o los esguinces de tobillo** indican falta de flexibilidad respecto a la dirección que estás siguiendo. El esfuerzo es excesivo y el querer seguir varias direcciones a la vez provoca que la energía se doble o se tuerza.

- ¿Sientes que te están estirando desde y hacia direcciones diferentes?
- ¿Deberías cambiar la dirección que sigues?
- ¿Qué debería ser desatado, desanudado o redireccionado?
- ¿Tu sistema de sostén ha sido cuestionado o desmontado?

Unos **tobillos hinchados** indican una retención de energía emocional, un bloqueo emocional o resistencias interiores por liberar.

Un **tobillo roto** indica un conflicto profundo con la tierra sobre la que estás de pie y sobre la que te apoyas para seguir caminando.

- ¿Necesitas ir en una nueva dirección y te resistes a realizar el cambio?
- ¿Estás poniendo en tela de juicio tus creencias más profundas?

- ¿Qué está entorpeciendo tu capacidad de sostenerte por ti mismo?
- ¿Qué te permite hacer ese tobillo roto?
- ¿Qué te evita tener que hacer ese tobillo roto?
- ¿Has encontrado por fin tu punto de inflexión y ya no soportas a algo o a alguien?

Véase también: Articulaciones, Huesos, Piernas.

Los pies

¡Parece mentira que unas extremidades tan pequeñas puedan sostener a una persona tan grande! Me impresiona ver como a diario nuestros pies realizan su cometido sin apenas quejarse. Los pies son admirables por la forma en que comunicas con el resto del cuerpo a través de ellos. Nervios y meridianos empiezan y acaban aquí; presionando los puntos de reflexología estimulas todos y cada uno de tus órganos.

Los pies te sostienen y te transportan, con ellos te adentras en el mundo proyectando tu energía motriz hacia fuera. Decimos que avanzamos con "pie firme" cuando afrontamos las cosas con valor y determinación. Del mismo modo hablamos de "empezar con buen pie", cuando nos iniciamos algo del mejor modo o, por el contrario, que "metemos la pata" cuando cometemos algún error.

Si tu dirección no está definida o no tienes claro hacia dónde vas, puede ser que camines con los pies metidos hacia adentro porque no sabes qué camino seguir, o inclinados hacia fuera, como si todas las direcciones te parecieran iguales. La primera opción es la introvertida y la segunda, la de la extroversión.

Tus pies también indican cómo te sientes respecto a la dirección que sigues. Si, por ejemplo, sintieras miedo ante lo que está por venir, tal vez por la edad, la enfermedad, las inseguridades emocionales o financieras, **los dedos de tus pies pueden agarrotarse o podrías padecer dolores** que te impidieran caminar con facilidad. Todo ello limita tu movimiento hacia delante, como si intentaras detener la llegada del futuro.

Unos pies fríos indican que la sangre no fluye libremente y la sangre se corresponde con la circulación del amor, lo que implicaría que estás dando un paso atrás o retirándote de una situación emocional, o que tienes serias dudas respecto al camino a seguir. Los **pies excesivamente sudoro-**

sos indican nerviosismo o exceso de emoción respecto a la dirección a seguir. Los pies hinchados señalan que estás almacenando sentimientos de miedo y de frustración respecto a esa dirección, o que el peso de tus emociones es excesivo para ti. Si tienes **la planta de los pies descamada**, esto indicaría que tienes que soltar viejos esquemas mentales para que puedan emerger nuevos rumbos.

El arco de los pies se corresponde con el plexo solar o eje central del cuerpo, el lugar de equilibrio entre la parte más introvertida y autocentrada de tu ser con la parte más social o extrovertida. Los **pies planos** denotan ausencia de fronteras entre tu vida privada personal y tus actividades públicas, así como cierta sensación de desarraigo y desasosiego, como si te movieras por la superficie terrestre sin echar raíces. Los **pies cavos o arqueados** suelen significar lo contrario, es decir que las fronteras entre lo público y lo privado son tan firmes que ambos mundos difícilmente coinciden, como si tuvieras una doble vida, algo que eventualmente pudiera dar "pie" a que los demás te consideren poco sociable o individualista.

También pudiera darse el caso de que caminaras demasiado rápido o con zancadas demasiado largas, con lo que tus dedos de los pies acabarían lesionados o se hincharían. Los **dedos de los pies**, al igual que los de las manos, tienen que ver con los asuntos menores, más inmediatos, razón por la cual debieras prestar atención a los detalles en tu deseo de seguir avanzando. Los dedos de los pies también son los primeros en propulsarnos hacia delante, son los que comprueban la temperatura del agua antes de zambullirnos, lo que les hace susceptibles de sufrir aplastamientos o golpes cuando nos propulsamos demasiado deprisa o en la dirección equivocada. Los que caminan **de puntillas** por la vida pueden tener miedo a que su presencia sea percibida y a mostrar su verdadera naturaleza.

Los **juanetes** se localizan en los laterales del dedo gordo y normalmente están provocados por el uso de calzado inadecuado. Al margen de ello, indicarían que permites que los demás tomen decisiones por ti en vez de asumir las responsabilidades que te competen… ¡como comprarte un par de buenos zapatos! Los juanetes también apareces cuando mantienes una relación en la que tu capacidad de decisión está sometida a alguien, dado que el dedo gordo del pie está relacionado con cuestiones referentes a la autoridad y el poder personal.

7. Partes móviles
Los huesos, las articulaciones y los músculos

El conjunto de partes móviles –huesos, articulaciones y músculos– conforman el marco dentro del que vivimos. Es la estructura que nos permite movernos, que nuestros pensamientos, ideas, creencias y sentimientos encuentren su cauce de expresión; es quien determina cuando caminas con paso firme y alegre o vas arrastrando los pies. De la misma forma en que las emociones afectan a tu estado físico, el movimiento físico ayuda a levantarte el ánimo. El ejercicio crea un sentimiento vibrante y positivo; en cambio, la falta de ejercicio hace que nuestra energía se acabe muy pronto, provoca aletargamiento y depresión.

Los huesos
Gracias a los huesos puedes ser independiente y encontrar tu lugar en el mundo. Este armazón se forma desde nuestra primera infancia. ¿Recuerdas los vasos de leche que tuviste que beber para fortalecer tus huesos? Y de manera análoga a cómo los huesos conformaron la base de tu ser, tu familia y la seguridad de tu hogar construyeron tus cimientos durante la infancia. Tanto es así que el esqueleto alberga sentimientos de seguridad, de confianza, de pertenencia, pero a su vez problemas reprimidos de malos tratos, de inseguridades o de supervivencia. Estas cuestiones están vinculadas al primer chakra y a los tejidos duros (véase el Capítulo 3).

La médula de los huesos te alimenta con minerales esenciales, sales y nutrientes, y te proporciona las cruciales células inmunitarias, mientras que los tejidos duros externos conforman esa estructura poderosa y resistente sobre la que construimos todo nuestro ser. Los huesos son la forma de energía más densa de nuestro cuerpo físico. Al igual que las rocas en la tierra, sostienen y soportan. Permiten que los músculos se muevan, y los músculos a su vez hacen que circulen los fluidos y aporten vida a todo el cuerpo.

Podemos vivir con una cantidad reducida de músculos y de fluidos, pero no podemos vivir sin huesos. De manera análoga, tampoco podemos estar vivos del todo sin conectar con la parte más profunda de nuestro ser psíquico-espiritual, sin la inspiración y el impulso que da sentido a la vida. Al igual que los huesos sostienen tu ser físico y dan vida a tus músculos y fluidos, tus creencias primordiales te confieren fuerza y apoyo en todo momento y se reflejan en tu estilo de vida, tu conducta y tus relaciones. Por consiguiente, en los problemas en los huesos se transluce un conflicto con el núcleo profundo de tu ser.

Osteoporosis

La osteoporosis provoca pérdida de masa ósea, resultando de ello unos huesos frágiles y quebradizos. Por causa de los cambios hormonales, esta patología es muy frecuente en las mujeres tras la etapa de menopausia. La osteoporosis implica un adelgazamiento de la fuerza vital que circula por los huesos, tal vez a causa de un sentimiento de rendición, o sentimientos de desesperanza o desamparo.

Diálogo cuerpo-mente: la osteoporosis

Tras la menopausia, especialmente si coincide con la marcha de los hijos del hogar, algunas mujeres pueden creer que su razón de vivir ha desaparecido. Esto genera el impulso de encontrar un nuevo rumbo, un nuevo objetivo vital.

- ¿Te sientes falta de objetivo vital ahora que tu potencial de maternidad ha desaparecido?
- ¿Sientes que has perdido tu feminidad y tus capacidades como mujer?
- ¿Han desaparecido tus sueños y tus anhelos?
- ¿Has encontrado un rumbo propio, sólo para ti, que no guarde relación con tu papel de madre o esposa?

La resistencia de tus huesos es puesta a prueba, lo mismo que la fuerza de tu núcleo emocional, de tu objetivo vital interior. Los huesos están conectados al espíritu, razón por la cual tienes que elevar tu espíritu, ponerlo en acción, en vez de permitir que se marchite.

- ¿Te ves capaz de aportar más ánimo y energía a tu vida?

Huesos rotos

Las cuestiones relacionadas con los huesos tienen que ver con cuestiones de tu núcleo interior y, por tanto, un hueso roto indica un profundo conflicto interior, una fractura en varios pedazos. Por ejemplo, un tobillo roto o una pierna fracturada indican que el conflicto obedece al rumbo que quieres seguir. Como si te propulsaran en dos direcciones opuestas a la vez, o como cuando el terreno que pisas no te sostuviera tan sólidamente como necesitarías. Un brazo roto apunta a que existe un profundo desacuerdo con lo que estás haciendo y con la forma en que expresas tus sentimientos. ¿O tal vez lo que suceda sea que estás haciendo o dando demasiado? ¿No habrás alcanzado un punto de inflexión? ¿O es porque sigues una dirección determinada mientras anhelas seguir por otra distinta? ¿Han quedado divididas tus lealtades? ¿Te sientes quebrado, fracturado, dividido o hecho polvo?

Diálogo cuerpo-mente: huesos rotos

Un hueso roto significa que tienes que dejar de hacer lo que has estado haciendo. Haz una lista detallando en qué modo esta fractura ha cambiado tu día a día y tus relaciones.

- ¿Qué es lo que ya no puedes hacer?
- ¿Realmente querías hacer aquello?
- ¿Qué tendrías que hacer en vez de hacer aquello?
- ¿Es eso lo que realmente tienes que hacer?
- ¿Cómo ha afectado ese hueso roto a quienes te rodean?
- ¿Qué cuestiones cruciales en tu interior han entrado en conflicto?
- ¿Necesitas detenerte y replantearte tu rumbo o tu conducta?

Un hueso roto por lo general nos obliga a descansar y a pedir ayuda. Pero quizás lo que realmente necesitas es que te cuiden y te dediquen más atención. Disfrutar de un descanso proporciona la ocasión ideal para estudiar en qué medida necesitamos más fuerza y flexibilidad.

Articulaciones

El lenguaje cuerpo-mente es transparente en este particular; las articulaciones te permiten expresarte libremente, su función consiste en articular tus pensamientos y sentimientos con tus acciones. Gracias a las articulaciones puede correr y saltar, abrazar y acariciar, golpear y empujar, pintar y tocar el piano, te permiten moverte con facilidad o aparatosamente, con gracia o patosamente. Los problemas en las articulaciones tienen que ver con la expresión de tus sentimientos mediante tus movimientos, por eso traslucen cualquier conflicto que experimentes en relación con esos mismos sentimientos.

Intenta caminar con las piernas rígidas o sin doblar los tobillos, hablar o abrazar sin doblar los codos y enseguida verás cómo estas articulaciones hablan por tu mente. Las **articulaciones agarrotadas** reflejan rigidez interior, reticencias ante la idea de compartir, tendencia a encerrar bajo llave tus verdaderos sentimientos. ¿Cuándo empezaron a ser tus pensamientos tan rígidos o tan inconfesables como para no poder compartirlos? Dado que el propósito principal de las articulaciones es moverse, unas articulaciones rígidas e incapaces de doblarse habrían perdido su sentido y significado.

Diálogo cuerpo-mente: las articulaciones

Para tratar dolores o agarrotamientos en las articulaciones, formúlate las siguientes preguntas:

- ¿Crees que tus sentimientos son inapropiados para compartirlos?
- ¿Te sientes incomprendido?
- ¿Qué se ha vuelto inflexible o rígido en tu interior?
- ¿En qué momento perdiste tu sentido de la vida, tu rumbo o tu capacidad para seguir la corriente?
- ¿Qué o quién te está produciendo rabia, irritación o contrariedad?
- ¿Crees que podrías ser más tolerante, flexible y expresivo?

Inflamación de las articulaciones
Las dificultades más comunes con las articulaciones son las inflamaciones que indican sentimientos de rabia en caliente, que intentan encontrar su cauce de expresión.

Diálogo cuerpo-mente: inflamación de las articulaciones

Dado que la inflamación está vinculada al movimiento, la expresión y la comunicación, indicaría que hay una resistencia o conflicto con lo que está sucediendo, una acumulación de emociones de rabia o irritación, o bien cierta incapacidad para decir lo que realmente quieres decir.

- ¿Qué te produce tal dolor o inflamación?
- ¿Qué te genera tanto calor o te enciende por dentro?
- ¿Qué cosa te resulta tan irritante que limita tu expresión?

Cuando las articulaciones duelen o están inflamadas, los sentimientos sin expresar son a menudo de crítica, de irritación o de inflexibilidad, razón por la cual deberás liberar la causa que los originó.

- ¿Qué debes hacer para soltar estas articulaciones?
- ¿Más perdón? ¿Mayor aceptación o más amor a tu propia persona?

Rigidez en las articulaciones
Si tus articulaciones se están volviendo rígidas o eres incapaz de moverlas, pregúntate en qué punto se volvieron tus pensamientos rígidos o inflexibles, críticos o desdeñosos. Las articulaciones rígidas se vuelven inútiles –pierden su principal cometido, que es la libertad de movimientos- y, del mismo modo, se pierde la relación entre emoción y expresión. Unas articulaciones rígidas denotan que no estás expresando tus sentimientos profundos, que hay una carencia de libertad, un aferramiento a viejas formas de ser.

Osteoartritis
La artritis es una enfermedad degenerativa de las articulaciones y la osteoartritis es una de sus formas más comunes. Cuando se desarrolla, los cartílagos se deterioran y endurecen y pueden aparecer aristas en los huesos, a veces produciendo dolor y deformaciones. Es bastante habitual en las personas mayores, resultado del desgaste de los años, mientras que en las personas más jóvenes se debe a malformaciones en las articu-

laciones o daños estructurales causados por actividades inapropiadas.

La inflamación obedece a una acumulación de pensamientos tóxicos, como la rabia, la irritación o la frustración, tanto si se dirigían hacia ti mismo como hacia los demás. Además de un deterioro de las mismas, se produce una lenta erosión de la capacidad de moverlas y, en consecuencia, de la capacidad de compartir, expresar y emocionarse. Es como si nos volviéramos menos receptivos, expresivos, atentos o tolerantes. La artritis aparece a menudo asociada a una actitud especialmente crítica (inflexible e implacable), a la amargura y el resentimiento (lo cual produce rigidez y dolor), así como a aquellas actitudes que erosionan tu autoestima y tu alegría de vivir.

La osteoartritis se produce sobre todo en las articulaciones que soportan pesos y en las manos, razón por la cual también pueden darse aquí problemas de resentimiento hacia el peso que soportas, hacia tus responsabilidades y hacia cómo tu vida privada se va erosionando lentamente por el desgaste de tus obligaciones.

Diálogo cuerpo-mente: osteoartritis

Si padeces osteoartritis es importante preguntarte qué es lo que te causa tanta irritación o amargura. Culpar a los demás no es la respuesta, porque en su interior subyacen causas más profundas.

- ¿Sientes que has perdido el control sobre tu vida?
- ¿Quieres recuperar el control?
- ¿Deseas que alguien asuma el control por ti?
- ¿Sientes una frustración o irritación tan profundas que te están limitando la capacidad de expresar gratitud y afecto?
- ¿Te desagrada la espontaneidad y te cuesta relajarte?
- ¿Te resulta difícil el hecho de recibir?

La artritis denota problemas de control, porque vas perdiendo el control sobre tus articulaciones.

- ¿Te cuesta no ser dominante o dejar de pedir atención?

- ¿Te sientes controlado por algo o por alguien?
- ¿La vida te está volviendo malhumorado o resentido?
- ¿Qué te produce tanto cansancio?
- ¿Qué puedes hacer para soltar algunas de las tensiones que hay en tu vida?

Artritis reumatoide

La artritis reumatoide es una enfermedad autoinmune, que se desarrolla cuando tu sistema inmunitario ataca las articulaciones por culpa de un factor reumatoide anormal en la sangre. Afecta a todo el cuerpo, pero incide particularmente en las manos, las muñecas, los pies, los tobillos y las rodillas. Las rodillas pueden hincharse, inflamarse y doler mucho. Esto significa que el movimiento y la expresión se vuelven muy limitados a medida que las articulaciones se tornan rígidas y dolorosas. Los síntomas cuerpo-mente indican que puede haber rabia reprimida. Muchas personas que padecen esta dolencia fueron muy activas antes de padecerla, como los atletas que ya no pueden canalizar su energía a través del deporte, pero eso no solucionó sus problemas subyacentes, porque cuando se retiran de la competición no saben hacia dónde dirigir esos sentimientos de contrariedad.

Diálogo cuerpo-mente: artritis reumatoide

Que el factor reumatoide radique en la sangre, indica que las emociones tienen mucho que ver, en especial la expresión del amor. Una dificultad autoinmune implica que tu propio sistema inmunitario te está atacando, y no un antígeno externo.

- ¿Cómo te has llegado a convertir en tu propio enemigo?
- ¿Te estás negando sentimientos de amor, cariño y ternura y, por el contrario, te estás volviendo extremadamente crítico e intolerante, despreciando los sentimientos que anidan en tu corazón por parecerte éstos sin importancia?
- ¿Estás atrapado en un modelo negativo o ultra crítico?
- ¿Sientes resentimiento o amargura hacia algo o hacia alguien?

- ¿Notas carencias de expresividad y, al sentirte cohibido, eres incapaz de expresarte de la forma en que te gustaría hacerlo?
- ¿Crees que te estás destruyendo con sentimientos de culpa o vergüenza?
- ¿Tienes tendencia a carcomerte por dentro a base de excesiva autocrítica o por falta de autoestima?
- Dada su condición, las personas que padecen artritis a menudo tienen los puños cerrados… ¿expresa ese puño cerrado ganas de golpear a algo o a alguien?
- ¿Está reemplazando al amor el odio?

El movimiento es esencial, especialmente cuando fluye y permite que los cambios se produzcan. La vida es movimiento y cuanto mayor sea tu estancamiento, menor será tu vitalidad. No obstante, lo más importante es encontrar tu corazón y expresar tus sentimientos, compartir tu amor. De esta manera, acabarás siendo tú mismo tu mejor amigo.

Véase también: Autoinmune.

Bursitis

La bursitis es una inflamación de las cápsulas de líquido sinovial de las articulaciones, normalmente en los codos y en las rodillas. Puede producirse por desgaste, como sucede con las "rodilla de monja" y el "codo de tenista".

Diálogo cuerpo-mente: bursitis

El excesivo desgaste no es la única causa de la bursitis.

- ¿Existe algún resentimiento por tener que trabajar y no recibir el apoyo que necesitas?
- ¿Estás haciendo algo erróneo o siguiendo una dirección que consideras equivocada, lo que te provoca rabia y resentimiento?
- ¿Sientes que no te aprecian?

Dislocación

Dislocar significa cambiar de lugar. Habiendo perdido tu lugar no puedes moverte hacia delante, hay miedo e incertidumbre respecto a la forma de proceder adecuada.

Diálogo cuerpo-mente: dislocación

Dislocarse un hueso indica que te sientes desplazado, que has perdido contacto con tu centro o tu núcleo, o tal vez que hayas perdido tu lugar en el mundo. También denota dificultades a la hora de expresar tus sentimientos.

- ¿Te sientes desplazado por algo?
- ¿Te provoca confusión o incertidumbre la dirección que estás siguiendo?
- ¿Sientes que te han expulsado?
- ¿Qué necesitarías para volver a centrarte, para volver a encauzarte?

Gota

La gota es producida por una acumulación de ácido úrico en las articulaciones, con frecuencia en el dedo gordo del pie. El ácido úrico suele eliminarse con la orina, que es la forma que tiene el cuerpo de liberarse de emociones que considera finiquitadas o cree que ya no necesitará, de tal manera que no intoxiquen al cuerpo. Si no sueltas esas viejas emociones se quedarán atoradas, se solidificarán y cristalizarán, provocando rigidez e inflexibilidad.

- ¿Te sientes bloqueado al seguir tu actual dirección?
- También significa que hay rabia en ti, dado que las articulaciones se enrojecen e inflaman, llenas de emociones ardientes. ¿Podrías localizar esa emoción? ¿Qué es lo que te está bloqueando?
- Cuando te aferras al pasado, eres incapaz de moverte hacia delante. ¿Existen problemas del pasado que siguen siendo muy importantes para ti?

Músculos

El tejido blando del cuerpo se encuentra en los músculos, en la carne, en la grasa, en la piel, los nervios y los órganos. Así como el tejido duro de tus huesos está profundamente asociado a tus creencias fundamentales, el tejido blando refleja estas creencias en la actividad mental y los esquemas psicológicos. Recuerda: «Dime como piensas y te diré en quién te convertirás y en función de en quien te hayas convertido, se verá cómo pensabas.» Los recuerdos del pasado, los conflictos, los traumas, las experiencias y los sentimientos se sitúan todos en el tejido blando, al igual que las ansiedades reprimidas, los miedos, las culpas, los niveles de autovaloración y autoestima, la alegría, la vibración. Todos ellos se reflejan en el estado de distintos órganos, de la carne y, especialmente, de los músculos. A medida que vas cambiando, el tejido blando va reflejando ese cambio, tanto si lo hace tensando o reblandeciendo los músculos, ganando o perdiendo peso, o acumulando depósitos de grasa, desórdenes nerviosos, erupciones cutáneas o deterioro orgánico.

Los músculos absorben y responden a las tensiones y a las emociones. Si no se relajan lo suficiente tras una situación de estrés, las tensiones se acumulan y producen daños mayores y más duraderos. Si esto se prolonga en el tiempo, los músculos se estabilizan y acaban por fijarse en esta forma restrictiva. Es ahí donde "guardas" los problemas, las emociones y los traumas. La rabia petrificada, el miedo o el dolor crean una especie de armadura que bloquea y almacena sentimientos, fijando la musculatura en esa posición. De tal manera que una actitud depresiva o temerosa se construye con la estructura física, que a su vez sostiene aquella actitud mental. Para poder liberarte, tendrás que trabajar los dos aspectos, para soltar tanto la estructura física como el condicionamiento psicológico.

Los músculos posibilitan el funcionamiento de todo el sistema orgánico, es decir la circulación, la digestión, la respiración y los impulsos nerviosos. Su libertad de movimientos es esencial para disfrutar de un óptimo estado de salud. Cuando tus músculos están agarrotados, ya sea por la tensión, la contracturas o la falta de tono muscular, tu energía no estará en condiciones de circular fluidamente y puede que te afecten los problemas asociados. La descarga del estrés y la expresión de las emociones son esenciales para el bienestar muscular. El ejercicio también es de vital importancia, porque no sólo nos libera de la tensión muscular, también nos libera de las tensiones psico-emocionales.

Rigidez muscular

La rigidez muscular puede aparecer tras la práctica de un ejercicio muy duro. Al día siguiente se genera un exceso de ácido láctico en los músculos. La única solución es volver a hacer algo de ejercicio para que el ácido láctico fluya. Pero la rigidez también puede deberse a la falta de ejercicio, especialmente entre las personas mayores. Aquí denotaría modelos de pensamiento rígidos y cansancio, obcecación y actitudes recalcitrantes.

Diálogo cuerpo-mente: rigidez muscular

La rigidez muscular indica el deseo de que las cosas permanezcan tal y como están, aferrándonos al pasado. Y una incapacidad de doblarse o adaptarse. No ser capaces de doblarnos significa que nos hemos vuelto rígidos y, en consecuencia, frágiles.

- ¿No crees que deberías soltarte un poco más, mejorar en espontaneidad, en capacidad lúdica, en capacidad afectiva?
- ¿Qué sentimiento te produce tanta rigidez?
- ¿A qué te estás aferrando o qué necesitas soltar?

Dolor muscular

La reacción normal ante el dolor es tratar de eliminarlo. Pero el dolor nos está diciendo algo. Es tu subconsciente hablándote claro y alto, diciéndote que un sentimiento o un problema está siendo reprimido o generando resistencias, y creando tensión. Actitudes mentales o tensiones emocionales afectan el flujo de la energía por la musculatura y generan dolor o limitan nuestros movimientos. El dolor muscular suele indicar que el dolor psicológico –la rabia, el miedo, la inseguridad, la culpa o el auto-castigo- se están expresando por medio de nuestro cuerpo. Esto significa que existe un dolor o anhelo de algo o de alguien, un profundo deseo de movimiento o de cambio, pero también una resistencia ante tal movimiento. El dolor físico también puede constituir una maniobra de distracción para no tener que lidiar con sufrimientos psico-emocionales profundos.

El dolor tiende a limitar o restringir el movimiento, sobre todo cuando te dicen que tienes que permanecer inmóvil. Ahora bien, el movimiento posibilita la expresión de las emociones. Al no poder moverte, tus emociones –que a menudo son las mismas que se expresan mediante el dolor– también quedan inmovilizadas y bloqueadas. El ejercicio, siempre que sea posible, es esencial. Mantener en movimiento los músculos y las articulaciones no sólo nos ayudará a sanar, también nos ayudará a que nuestros sentimientos sigan fluyendo.

El dolor puede acabar consumiéndonos, es fácil perder la noción de quién eres, de la persona que eras al margen del dolor. Y también es fácil quedar atrapados en un ciclo vicioso de dolor, dado que el dolor crea resistencia y la resistencia crea dolor. La respiración se puede emplear para calmar el dolor, para reblandecer y soltar inhibiciones o resistencias. Numerosos hospitales ofrecen ya servicios de tratamiento del dolor con terapias basadas en la relajación, la meditación y la respiración.

Diálogo cuerpo-mente: dolores musculares

Escucha detenidamente lo que tu dolor te está diciendo:

- ¿Cuál era el movimiento que realmente querías hacer?
- ¿Se deriva algún beneficio de tu dolor, como atenciones adicionales?
- ¿Puedes encontrar el dolor interior que subyace bajo el dolor físico?
- Procura descubrir lo que tu cuerpo te dice entrando en tu dolor, en vez de rehuirlo.
- Utiliza tu respiración para ayudarte: respira profunda y suavemente en el área que quieras relajar a medida que reblandeces y sueltas resistencias. ¿Qué dolor interior se está expresando ahí?
- ¿Qué es lo que realmente te produce el dolor?
- ¿Qué necesita hacer tu cuerpo para liberarse de la tensión?
- ¿Necesitas gritar, llorar, cambiar de rumbo o abrazar a alguien?

Véase también: Dolor de espalda, Dolor.

Calambres

Los calambres aparecen cuando un músculo se tensa demasiado y genera un espasmo. Al margen de la intensidad del dolor, esas contracciones pueden tan simples como un mero calambre en los músculos de la pantorrilla o tan complejas como las de un síndrome de miositis tensional (véase el capítulo 6, Dolores de espalda), una dolencia de la espalda que produce espasmos intensos y muy dolorosos.

Diálogo cuerpo-mente: calambres

Un calambre supone una limitación o impedimento de la plena expresión. Esto denotaría que un agarrotamiento mental o el hecho de retener a algo o a alguien hace que desees aferrarte.

- ¿Tienes miedo a lo que sucedería si soltaras?
- ¿Sientes temor ante lo que está por venir?
- ¿Puede ser que desees encogerte ante el porvenir?
- ¿Sientes ansiedad por lo que estás haciendo?
- Localiza una zona que esté contraída o tensa y respira en su interior para liberarla de la presión. ¿Qué clase de contractura psico-emocional necesitas soltar para sentir una mayor libertad de movimiento?

Esguinces y distensiones
Las contracturas musculares denotan que la energía fluye por direcciones opuestas y, como resultado de ello, los músculos se retuercen y agarrotan. La causa a menudo es una caída, lo que indica que debemos prestar más atención al camino que tenemos delante, a los detalles o ser realistas y asumir que no podemos seguir dos caminos a la vez.

Diálogo cuerpo-mente: esguinces y distensiones

Esguinces y distensiones se producen cuando el músculo trabaja más allá de sus límites y no puede soportar la presión. Lo cual nos demuestra que tenemos límites y que debemos respetarlos.

- ¿Qué te produce crispación emocional?
- ¿Qué debería aclararse y desenredarse?
- ¿Sientes que alguien o algo te está forzando a ir más allá de tus límites?
- ¿Sientes que te empujan o que te presionan?
- ¿Existe alguna rigidez mental que no puedas afrontar?
- ¿Estás intentando complacer a todos y en ese recorrido te ignoras a ti mismo? ¿Hay algo que requiera ser dilucidado?

- Si se localiza en los tobillos, ¿es el terreno que pisas demasiado inconsistente como para sostenerte?
- ¿Te está creando conflictos y confusiones el rumbo que estás siguiendo?
- ¿O acaso estás intentando seguir dos direcciones a la vez?
- Si se tratara de la muñeca, ¿estás haciendo lo correcto o más bien te crea incertidumbre tu forma de actuar?
- ¿Cómo podrías liberarte de las tiranteces existentes en tu vida?

Véase también: Muñecas, Tobillos

Desgarros en músculos y tendones

De manera similar a lo que sucede con esguinces y distensiones, los desgarros musculares y de tendones señalan que el músculo se ha forzado hasta el punto de desgarrarse. Esto denota un conflicto mental que está generando un doloroso agarrotamiento interior, tal vez un conflicto de valores o la necesidad de tomar decisiones que pudieran causar fisuras.

Diálogo cuerpo-mente: desgarros en músculos y tendones

Los tendones conectan los músculos con los huesos y nos permiten por tanto la expresión de actitudes y predisposiciones: tendones rígidos indican una predisposición a la rigidez.

Los desgarros en los tendones indican que estamos sufriendo tensiones en muchas direcciones a la vez.

- ¿Algo te está desgarrando?
- ¿Qué tienes que hacer para volver a armonizar las distintas partes?

Hernias

Una hernia es una debilitación de la pared muscular que hace que un órgano o tejido graso se salga del lugar que le corresponde. Las **hernias de hiato** se producen cuando el estómago queda atrapado encima del diafragma (músculo plano que separa el pecho del abdomen) a causa de un so-

163

breesfuerzo o lesión. Las **hernias inguinales** aparecen en las ingles y son las más comunes, especialmente en los hombres, y se forman cuando una sección del intestino sobresale por un hueco de la pared muscular formando una bolsa. El levantamiento de grandes pesos, los esfuerzos o los espasmos de tos muy fuertes pueden provocarlas.

Una hernia indica una debilitación o colapso de la energía psico-emocional, debidos con frecuencia al intento de asumir demasiadas cosas a la vez y acabar derrumbándose bajo tanto peso, o a un sobreesfuerzo por intentar hacerlo todo bien rebasando nuestros propios límites (quizás a causa de la culpa o la rabia) o tal vez porque te sientes débil por motivo de miedos internos y ansiedades, que agotan tus reservas de energía. Esto tiene mucho que ver con los esquemas de pensamiento cargados de ansiedad o con los estados mentales atemorizados. Cuando esto ocurre, los intestinos puede sobresalirse de su contenedor: perdemos el control psicológico, la fuerza, el valor.

Algunos bebés nacen con hernias causadas por el descenso de los testículos. Esto suele solventarse en la infancia. Si sucediera más adelante, convendría plantearse si aún quedan problemas originados en la infancia en el horizonte, o si un cambio en las condiciones de vida ha hecho reaparecer miedos o inseguridades.

Diálogo cuerpo-mente: hernias

Una hernia puede indicar que algo en tu interior que expresarse está siendo reprimido. Esto supone un sobreesfuerzo del músculo, que implosiona en vez de explosionar.

- ¿Necesitas contenerte de alguna manera?
- ¿Estás resistiéndote al control de otra u otras personas?
- Una hernia también implicaría que estás empujando hacia el exterior una parte de tu ser. ¿Qué parte es?
- ¿Qué deberás hacer para recuperar esa parte de tu ser?

8. El centro de control
El sistema nervioso

El sistema nervioso es el que transmite la información, además de ser el centro de control del movimiento que determina la coordinación de tu cuerpo. Tiene dos sistemas de trabajo: el sistema nervioso automático, que mantiene funciones automáticas, como el ritmo cardíaco, la digestión o la respiración, y el sistema nervioso central, que transmite información a todas las células del cuerpo. El cerebro es el centro de control principal. El lado izquierdo del cerebro es predominantemente lineal, racional, lógico, su capacidad de razonamiento es fulgurante y se corresponde con la parte derecha del cuerpo, mientras que el lado derecho del cerebro es visual, creativo, sensitivo, irracional y se corresponde con la parte izquierda del cuerpo (véase el Capítulo 3).

La información se transmite de varias maneras. Primero, mediante un sistema de comunicación eléctrico desde donde se envían señales de entrada a lo largo de los circuitos nerviosos, con neurotransmisores saltando de una neurona a otra. El funcionamiento del cerebro, la actividad mental, la conducta y el sistema nervioso central se monitorizan mediante miles de millones de neuronas o células nerviosas, vinculadas entre sí mediante la sinapsis. Después están los neuropéptidos o mensajeros químicos que transmiten la información directamente por medio de células receptoras y sustancias de enlace conocidas como ligandos.

Los neuropéptidos se agrupan en forma de racimo en el sistema límbico –la parte de nuestro cerebro que rige las emociones–, en el corazón, en los intestinos, en el sistema inmunitario y a lo largo de los nervios. Conectan con las células receptoras, que se cuentan por cientos en la superficie exterior de cada célula –en un efecto de llave y cerradura– y la información se transmite mediante el receptor a la célula. Dicho con otras palabras, los neuropéptidos forman un lenguaje intercelular que comunica con cualquier otro sistema, transmitiendo constantemente información. Y lo que es aún más importante: son los neuropéptidos quienes relacionan el sistema límbico con el resto del cuerpo, quienes transmiten tus emociones traducidas en mensajeros químicos.

El sistema nervioso, por tanto, es algo más que una serie de sistemas de transmisión que te permiten saber que algo está demasiado caliente para tocarlo. Los nervios recogen información del cuerpo físico y lo transmiten al cerebro, reciben de éste una respuesta y la devuelven al cuerpo. Pero también reciben de tu cerebro emociones, pensamientos y sentimientos para transmitirlos a las células correspondientes. Todo esto es comunicación: comunicación entre tu cuerpo y tu mente, pero también comunicación entre tú y el mundo exterior.

Al igual que en una centralita telefónica, muchas comunicaciones se realizan simultáneamente, cruzándose e intercambiándose unas con otras. Un fallo en cualquier área puede afectar a las demás, produciendo un bloqueo o fallo del sistema. A la luz de lo anterior, podremos contemplar eventualmente los desórdenes nerviosos como un apagón o modificación en el flujo de la comunicación. El miedo, el pánico, la vergüenza, la rabia o el odio: todo esto va alterando el funcionamiento normal del sistema nervioso central y conlleva la debilitación del estado neurológico. Paralelamente, la alegría, la felicidad, la afectividad y el perdón pueden mejorar tu bienestar y permitirte disfrutar de un sistema nervioso saludable, tranquilo y equilibrado.

Los nervios también se encargan del movimiento físico, al igual que los músculos y las articulaciones. Sin una comunicación plena, el mensaje de conducta o de movimiento no llegará a su destino. El área que falla puede estar en el cerebro, como sucede con la esclerosis múltiple, un mal que afecta a la envoltura del nervio y hace que el mensaje quede distorsionado, o en el cuerpo, como sucede en los pinzamientos nerviosos o las terminales nerviosas dañadas. Si el movimiento es irregular y el flujo de energía queda distorsionado, puede presentarse el estrés subsiguiente e incluso la necesidad de colapsarse por un tiempo, pero también pueden presentarse depresiones, pérdida del sentido de la vida, actitudes apáticas o profundos temores ante lo que nos espera en la vida. Esto es especialmente observable entre la gente mayor, cuando son trasladados de su hogar a una residencia. Tras su traslado suele sobrevenirles un colapso parcial o un leve ataque, que denotan su miedo a enfrentarse al futuro inmediato.

Descubre los nervios

El sistema nervioso responde ante cualquier pensamiento o sentimiento.

- Descúbrelo observando cómo cambian tus respuestas físicas según tu estado de ánimo o las circunstancias.
- Descubre dónde guardas o expresas la tensión nerviosa en tu cuerpo, tal como vimos con el sufrimiento o los dolores, con el debilitamiento o la rigidez.
- Observa qué ocurre con tu respuesta nerviosa cuando te relajas o repites afirmaciones positivas. ¿Disminuyen el dolor y la rigidez?

Dolor

El dolor en cualquier lugar del cuerpo indica que algo está fallando. Puede deberse a que estás haciendo un esfuerzo excesivo, yendo por la dirección errónea, intentando hacer demasiado en solitario o reprimiendo excesivos conflictos psico-emocionales. La reacción normal ante el dolor es intentar desembarazarse de él, detenerlo o aliviarlo. No obstante, el dolor es indicativo de que algo falla, pero también expresa que tienes que escuchar a tu corazón y prestar atención a lo que tenga que decirte.

Invariablemente, el área del dolor físico representa un dolor psico-emocional. Cuando te pares y escuches, podrás evitar futuros dolores. Por ejemplo, un dolor de espalda puede haberse originado por un sobreesfuerzo al levantar un peso excesivo. Pero debajo de este sobreesfuerzo puede haber capas de resentimiento porque nadie te ayuda, porque siempre tienes que arreglártelas solo. Y debajo de esto, también puede haber un sensación de soledad emocional, un anhelo de recibir atenciones, un temor ante el porvenir, o tal vez ese niño que llevamos dentro esté intentando demostrarle a sus padres, que no le prestan suficiente atención, su autosuficiencia. Resulta muy fácil echarle la culpa de nuestro dolor al accidente, dado que enfrentarse al dolor interior es más complicado. Sin embargo, ambos aspectos están estrechamente relacionados. Descubrir el dolor o el daño interior equivale a recorrer buena parte del largo trayecto para liberarnos del dolor físico.

Donde haya dolor habrá resistencias: resistencia al dolor físico, resistencia a las limitaciones que impone el dolor, resistencia a las circunstancias de tu vida, así como a los dolores adicionales desencadenados por esta resistencia. Resistencia es la cuestión clave aquí: suceda lo que suceda, te has de enfrentar a ello de una u otra manera. Esto te conduce a silenciar el dolor o eliminarlo, pero el dolor –tanto el físico como el emocional– no se marcha así por las buenas: requiere que lo trates porque, en caso contrario, reaparecerá por diferentes cauces.

Una de las maneras de tratar el dolor es rendirse a él, entregarse, sentirlo realmente, ablandarlo, encontrar su núcleo y meterse en su interior. Empaparse de él como la lluvia que empapa la tierra mojada. «Distintos experimentos en laboratorio con dolor agudo han demostrado que sintonizar con las sensaciones es una manera más eficaz de reducir los umbrales de dolor», afirma Jon Kabat-Zinn en *Full Catastrophe Living*. «*Debes intentar* descubrir cosas referentes a tu dolor, aprender de él y conocerlo mejor, en vez de aliviarlo, eliminarlo o rehuirlo.» Amortiguar el dolor libera las resistencias, de tal modo que el dolor deja de ser un enemigo para convertirse en un amigo que te enseña, mostrándote por dónde hay que seguir.

La aceptación del dolor también es fundamental, dado que el miedo sólo lo empeora al añadirle tensión –miedo a enfermar, miedo a no poder trabajar, miedo a quedar discapacitado. Al entrar en el dolor le haces frente al miedo. Pídele al dolor que te diga lo que necesitas saber, que te muestre por qué lo sujetas con tanta fuerza. Ábrete y suéltalo. El dolor suele obligarte a contener la respiración en un intento de contrarrestar la tensión. Respirar dentro del dolor, sobre todo con respiración profunda, permite que los músculos se relajen y puedas soltar las tensiones. Esto te ayudará a que el dolor remita.

Las causas del dolor son harto variadas y el diagnóstico médico puede ayudarnos a comprender lo que está sucediendo. Ahora bien, la tensión emocional y el estrés son causas reconocidas de tensión muscular, espasmos y dolor nervioso. Los nervios son como cables que conectan el cerebro con todas las partes del cuerpo. Como tales, transmiten la información desde el cerebro a los músculos para ponerlos en movimiento, pero también transmiten información que hace que los músculos sufran un espasmo, o limita el flujo de sangre de tal manera que los músculos queden privados de oxígeno. Cuando esto suceda, sentiremos dolor. Recuerda: la tensión psicológica y emocional puede causar tensión en músculos y nervios.

Diálogo cuerpo-mente: el dolor

El dolor nos recuerda lo perecederos que somos, la verdadera fragilidad del cuerpo. Enfrentarte a tu vulnerabilidad probablemente te revele la necesidad de amor y atención que puedes haber estado necesitando sin darte cuenta. El dolor indica que te estás aferrando con rigidez, por eso conviene que te ejercites en soltarlo y dejarlo ir.

- ¿Te ves incapaz de pedir ayuda?
- ¿Te sientes rehén de sentimientos negativos, como la venganza, el resentimiento, la culpa o la vergüenza?
- ¿Te estás aferrando a algo o a alguien?
- ¿Cuál es esa parte de tu ser interior que te duele tanto?

Véase también: Dolor de Espalda, Dolor Muscular.

Aliviar el dolor

A continuación se describe una técnica que puede ayudarte a lidiar con el dolor y el malestar.

Encuentra un lugar cómodo para sentarte o estirarte.
Empieza respirando profunda y suavemente, llevando tu respiración dentro del dolor, puliendo concienzudamente las aristas, exhalando fuera de ti la tensión y respirando con soltura y aceptación.

Permite que el dolor se ablande mediante la respiración.
Deja que el dolor te hable. Que te diga qué tensión emocional te está afectando y lo que tienes que hacer para soltarla. En cada respiración, irás soltando dolor.

Dolores de cabeza
Pasamos la mayor parte del tiempo metidos en nuestra cabeza, especialmente cuando somos esa clase de personas que siempre estamos pensando, creando, hablando, razonando, organizando, reprimiendo, analizando,

169

especulando, deliberando, contemplando y ocultando nuestros sentimientos. Para muchos de nosotros la actividad mental es algo que nos hace sentir seguros y normales, mientras que la actividad del corazón puede parecernos arriesgada e impredecible. Por eso nos quedamos metidos en nuestras cabezas simulando que todo está en su sitio y que estamos perfectamente sanos y somos de lo más inteligentes. Hasta que aparece el dolor de cabeza, que nos recuerda lo vulnerable que es en realidad el cuerpo humano y hasta qué punto el estrés, la presión y el no asumir nuestros sentimientos puede resultar doloroso.

Existen muchas causas que provocan dolor de cabeza. Pueden deberse a desequilibrios hormonales durante los periodos menstruales o la menopausia, a una infección, como un resfriado o una gripe, a enfermedades más graves o al hecho de que tu mente está estresada y exhausta por un desgaste excesivo. En tal caso, te estaría diciendo "stop" porque vas demasiado deprisa, haciendo demasiadas cosas y algo se está olvidando o ha quedado reprimido, y necesitas recobrar fuerzas. La tensión en nuestro cuerpo va en aumento, afectando a nuestros vasos sanguíneos y limitando el flujo de oxígeno a la cabeza. Ha llegado el momento de relajarnos.

Diálogo cuerpo-mente: dolores de cabeza

Cuando los dolores de cabeza se presentan regularmente sería conveniente hacerse un chequeo por si obedecieran a alguna causa orgánica. Redacta un diario en el que apuntarás lo que comes en caso de sean resultado de una alergia. Describe en ese diario tu entorno psico-emocional. Describe el dolor de cabeza, su localización, su duración y su intensidad. Describe tus sentimientos previos al dolor de cabeza, de este modo dibujarás la imagen de lo que te está sucediendo, sobre todo cuando se produzca una repetición en determinada conducta o en la actitud.

- ¿Estás resistiéndote a alguien o a algo?
- ¿Estás poniendo demasiada energía en tu cabeza mientras olvidas tu corazón?
- ¿Te esfuerzas demasiado por alcanzar la perfección?

170

Examina el siguiente listado para determinar probables causas:

Causas para el dolor de cabeza

Demasiado tiempo encerrados en nuestra mente. La clave aquí reside en un sobreesfuerzo y en la tensión acumulada tras largas horas delante del ordenador, lidiando con un montón de papeleo o intentando hacer demasiadas cosas a la vez. Ya sabes lo que toca hacer.

Esforzarse demasiado en lograr algo. Los supertriunfadores son propensos al dolor de cabeza, dado que corren el riesgo de volverse excesivos y perder contacto con los sentimientos y el tiempo de ocio. Recuerda: debemos conectar con los sentimientos.

Sentimientos reprimidos. Fracasar a la hora de lidiar con los sentimientos puede acumular energía en el cuerpo, sobre todo cuando se trata de sentimientos de ira, rabia, frustración, miedo, ansiedad, preocupación y falta de confianza en nosotros mismos y de autoestima. Conecta más a menudo con tu consciencia interior.

Personalidad rígida. Una actitud obcecada o arrogante, los prejuicios o la intolerancia pueden conllevar una tendencia a la rigidez y las contracturas en el cuello. A menudo esto se conjuga con una personalidad controladora o muy fuerte. Alcanzar una profunda relajación y soltar el control te serán de gran ayuda.

Conducta evasiva. El deseo de abandonar, evitar determinadas circunstancias, retirarnos a nuestro mundo privado donde nadie pueda llegar hasta nosotros, puede acarrearnos a la postre problemas. Recuerda: las relaciones humanas se basan en la comunicación.

Falta de ejercicio. Esto se traduce en una carencia de oxígeno fresco en la sangre y en los pulmones. Estás cogiendo un tono mortecino. Ya va siendo hora que respires hondo el aire fresco del exterior.

químicas o alimentarias. Redacta un diario para observar la relación existente entre los alimentos que ingieres y los síntomas físicos.

Migrañas

Las migrañas pueden durar varias horas e incluir náuseas, vómitos y la necesidad de un completo descanso en un cuarto oscuro. La mayoría de los expertos creen que la migraña se debe a la expansión de los vasos sanguíneos superficiales, provocando que el área de alrededor se inflame y se irrite. ¿Pero por qué sucede esto? Esto sería otro tema.

La expansión de los vasos sanguíneos implica emociones que implosionan, como sucede con la rabia y la irritación. Esto también restringe el flujo de oxígeno, lo que conlleva una reducción de la fuerza vital, una menor implicación, un deseo de apartarse de lo que está sucediendo y de retirarse por completo. Esta inhibición se debe, por lo general, a una rigidez de los músculos del cuello y de los hombros.

Es importante discernir cuál fue la causa original, que a menudo puede ser una simple alergia nutricional o química. Mantener un diario donde anotarás tu alimentación y los lugares donde estuviste revelarán en seguida si es ésta la causa. Las alergias alimentarias más frecuentes son al chocolate, al queso, al vino y al café. Las alergias medioambientales incluyen la intolerancia a compuestos químicos, como el pegamento de moqueta. Examina también el siguiente listado:

Causas de las migrañas

Miedo al fracaso. Este temor obedece a menudo a las grandes expectativas depositadas en ti mismo y al miedo a no estar a la altura de estas expectativas. ¿De dónde surgieron estas expectativas, de tus padres?

Problemas de control y de poder. Mantener un rígido control sobre tu propia persona, tus sentimientos o tu entorno limita tu espontaneidad y creatividad, produciendo una rigidez muscular que conlleva una limitación del suministro de oxígeno. Respira y relájate, deja que salga el control.

Sentimientos reprimidos. Si retienes las emociones calientes, como la frustración, la ira, la rabia, ese calor pronto se extenderá por tu anatomía emocional. También puede haber una represión de tus sentimientos sexuales y anhelos inaceptables. ¿Qué sentimientos reprimes en tu interior con tanta rigidez?

Miedo a implicarse y a participar. Puede haber un deseo de retirarte a tu pequeño mundo privado. ¿De quién o de qué te estás ocultando?

Una manera de obtener atenciones, cuidados y cariño. Este sería el caso especialmente cuando no sabes cómo pedir ese cariño directamente.

Descubre el dolor de cabeza

Tanto el dolor de cabeza como la migraña pueden paliarse en gran medida con una dieta adecuada, relajación profunda, respiración, visualización y meditación. Tomarte un analgésico puede adormecer el dolor, pero no sanará la causa que originó el problema.

Escribe tu diario.
Esto ayudará a determinar la causa: dieta, estrés o sentimientos reprimidos.

Respira.
Prueba a tumbarte a oscuras y a reblandecer tus resistencias respirando, para ir entrando suavemente en el núcleo del dolor. Sigue respirando y reblandeciendo. A medida que vayas entrando en el dolor, estarás en condiciones de estudiar sus causas y saber lo que necesitas para curarlas.

Pinzamiento de nervios.
Aquí el lenguaje corporal expresa estrechez, compresión o agarrotamiento, como si algo o alguien estuviera restringiendo el flujo normal de la energía. Esto puede deberse a un exceso de estrés o de tensión emocional, que hacen que los músculos se contraigan alrededor del nervio.

Diálogo cuerpo-mente: pinzamiento de nervios

Encuentra la zona en tu ser psico-emocional que está tan tensa o rígida que se siente comprimida.

• ¿Te sientes atrapado por alguien o por algo?

• ¿Te ves incapaz de soportar la presión?

Si un nervio permanece pinzado durante mucho tiempo, es muy probable que se produzca un entumecimiento, lo que reduce el dolor. Cuando duele un nervio es muy probable que sea la expresión de un dolor psico-emocional profundo.

Véase también: Dolor, Dolor de Espalda.

Ciática

El nervio ciático es el nervio principal que discurre desde el centro de la espalda hacia las piernas. La ciática es una patología en la que este nervio se inflama y produce un profundo dolor a lo largo de todo su recorrido. Esto se puede deber a una hernia discal, que estaría añadiendo una presión suplementaria sobre el nervio, en cuyo caso deberías preguntarte qué te produce tanta presión o sobrecarga, qué te hace sentir aprisionado. Pero es más probable que se deba a un cuadro de tensión muscular (síndrome de miositis tensional), que es la expresión directa de la tensión emocional. El nervio ciático, por ejemplo, pasa a través del músculo piriforme, que puede sufrir un espasmo y bloquear el músculo. Dado que la tensión obedece a la tensión emocional –lo que no implica que tu dolor no sea real–, la ciática puede ser un verdadero calvario.

Los nervios tienen relación con la comunicación y la sensibilidad. La ciática denota que determinados problemas emocionales están afectando a tu espalda y a tus piernas, y que se trata de problemas profundos. Puede deberse a cuestiones relacionadas con el hecho de mantenerte por tus propios medios. Tal vez te sucedan cosas que ya no soportas y que te hacen desear seguir otra dirección. O quizás estés necesitando desesperadamente mayor apoyo, ya que no puedes asumirlo todo en solitario por más tiempo.

Diálogo cuerpo-mente: la ciática

La ciática evidencia dudas o temores respecto hacia dónde te diriges y sobre tu capacidad para lidiar con todo lo que se te viene encima.

- ¿Te preocupa hacia dónde vas y lo que va a sucederte?
- ¿Qué dolor emocional estás escondiendo o reprimiendo?
- ¿Alguien o algo te está limitando en tu libertad de movimientos?
- ¿Atraviesas problemas financieros o emocionales que te están presionando tanto que estás a punto de desfallecer bajo su peso?

Véase también: Dolores, Dolor de Espalda.

Fibromialgia

Fibromialgia significa dolor en los tejidos fibrosos blandos del cuerpo. Es una enfermedad recientemente reconocida como tal que presenta cuadros de dolor crónico extendido por el cuerpo, rigidez, reblandecimiento, fatiga profunda y problemas de descanso. Aparece y desaparece en periodos indeterminados. Este agotamiento puede llegar a ser tan erosivo que resulta difícil seguir funcionando, tanto mental como físicamente. Pueden aparecer además trastornos de percepción, lo cual empeora el dolor experimentado. Al parecer, guarda mucha relación con el síndrome de fatiga crónica (SFC) y los expertos creen que se ambas son variantes de un mismo mal –aunque la fibromialgia posiblemente tenga un origen post-vírico–, dado que ambas enfermedades comparten muchos síntomas. (Véase también Síndrome de fatiga crónica.)

Vivir con dolor nunca es fácil y tampoco debiéramos infravalorar sus efectos debilitadores. Sin embargo, desde una perspectiva cuerpo-mente, es el punto idóneo para empezar a comprender esta enfermedad. Aquí encontramos un nivel de tolerancia al dolor muy bajo, debido sin duda a disfunciones del sistema sensorial. Esta bajísima tolerancia indica que tensiones psico-emocionales reprimidas te están afectando hasta el punto de distorsionar tu percepción, lo cual, a su vez, está rebajando tu umbral de tolerancia (o de paciencia), generando un profundo dolor interior. Esto expresa un rechazo reprimido de tus circunstancias, un anhelo de desconectarte, dado que tu tolerancia hacia lo que sucede, tanto en tu interior como en tu mundo, es casi inexistente. Esto afectaría a todo tu sistema nervioso, propiciando la aparición de problemas de sueño y otros trastornos. La fatiga profunda indica un deseo de rendirse, un agotamiento provocados por tener que aguantar o tener que seguir tirando más allá de los propios límites. La fibromialgia a menudo se desarrolla a partir de una tensión muscular o síndrome de miositis tensional.

Al igual que sucede con el síndrome de fatiga crónica, esta enfermedad implica una pérdida de sentido de la vida o de rumbo, así como un bajón de ánimo. Es como si el deseo de participar e implicarte en la vida quedara erosionado, dejándote sin proyecto personal y sin motivación.

Véase también: Dolor, Dolor de Espalda, Síndrome de miositis tensional.

Entumecimiento

El entumecimiento obedece a lesiones neurológicas o mensajes distorsionados del cerebro e implica una falta de sensaciones en una determinada zona del cuerpo. Esto puede deberse a un sentimiento demasiado intenso como para afrontarlo, o demasiado fuerte como para liberarlo, y puede interpretarse como que no sentir nada o la ausencia de implicación resultan emocionalmente opciones más seguras.

- ¿Hay algo o alguien que no quieras sentir?
- ¿Qué parte de ti estás arrinconando?
- ¿Sigue habiendo sentimientos que tú mismo has negado en tu interior?
- ¿Existen sueños y esperanzas que dejaste en el camino tiempo atrás?
- ¿Qué debería ocurrir para que fueras capaz de aceptar esa parte de ti, devolverla a la vida?

Parálisis

Aunque existan muchas causas que provocan la parálisis, como podría ser una lesión, una dolencia vírica o una embolia, el mensaje que tu cuerpo te envía viene a ser bastante parecido en todos los casos. La parálisis implica una incapacidad de seguir soportando las cosas como hasta ahora. Algo tiene que cambiar, que suceder, que producirse. La parálisis suele estar asociada a cuestiones de poder y control, a la necesidad de dominar o de mandar en un mundo que, muy al contrario, fluye y es incontrolable. De ello resulta un sistema saturado o sobrecargado de estrés. O tal vez se deba a un miedo intenso a lo que está sucediendo, a lo que está por venir y, a consecuencia de ello, se produce una retracción o resistencia a realizar cualquier movimiento hacia adelante. Parálisis significa sin movimiento y, por tanto, sin expresión de sentimientos.

La parálisis significa además depender de los demás, tener que ser cuidados o atendidos, que es exactamente lo contrario que estar al mando y haciéndose cargo de los demás. Una situación como ésta puede ser muy difícil de aceptar, lo que propicia la aparición de una gran amargura o rabia, que no hacen sino añadir más tensión al cuerpo.

Epilepsia/Convulsiones

Ambas se producen cuando el cerebro se colapsa, a consecuencia de un desorden nervioso o eléctrico. Su gravedad puede ser muy variable, desde las crisis agudas –con pérdida completa de consciencia, con sacudidas y convulsiones, cayendo al suelo, echando saliva por la boca y mordiéndose brutalmente la lengua– a las leves, infinitamente más llevaderas, con pérdida de consciencia durante unos segundos o poco más. Al parecer, las convulsiones son impredecibles, pero pueden estar vinculadas a lesiones en la cabeza anteriores o a traumas al nacer. Los alcohólicos y adictos a las drogas tienen mayores probabilidades de sufrir epilepsia. Entre otras causas se puede incluir los desequilibrios en el metabolismo.

Por la etimología de la palabra, un episodio epiléptico representa un apagón desencadenado por presiones sin expresar que se traducen en una sobrecarga del circuito. Es como si te diera un "calambrazo" la emoción. Si eres incapaz de expresar tus miedos interiores, tus inseguridades y tus preocupaciones, tanto reales como imaginarios, la presión se irá acumulando en tu interior hasta que se produzca una sobrecarga. Semejante ruptura de la consciencia implica una separación entre la realidad relativa y tu percepción interna.

Esta ruptura también puede producirse entre tú y lo divino, dado que los episodios de epilepsia tienen fama de suceder durante estados místicos de frenesí o devoción, como si los niveles de éxtasis experimentados fueran excesivos para el cerebro humano, y se produjera un cortocircuito.

9. Mecanismos de supervivencia
La respuesta al estrés

Si bien el estrés se aborda en el Capítulo 1, es tan importante y está tan presente en nuestra vida diaria y nuestra salud que merece que le dediquemos un capítulo específico. Los efectos del estrés –entre los que se incluyen la ansiedad, el pánico, la desazón, la falta de confianza en nosotros mismos y la depresión, entre otras emociones– son tantos que el estrés aparece invariablemente en la raíz de todas las patologías y afecta a todas y cada una de las partes de tu cuerpo, tanto las físicas como las psicológicas y emocionales.

Ya se trate del hombre de las cavernas cuando salía a cazar o del soldado en primera línea de fuego, todos necesitan la respuesta de estrés en sus organismos, pues les proporciona la energía necesaria para combatir. En situaciones de vida o muerte, todo el cuerpo se pone en estado de alerta roja. Esta respuesta es una parte importante del bagage psicológico de cada cual. El estrés nos permite hacer frente a los desafíos, adquirir nuevos ámbitos de experiencia o consciencia multiplicando nuestros sentidos y potenciando nuestra concentración.

Estos mecanismos serían estupendos si tuviéramos que cazar un oso o combatir en una guerra. En cambio, el estrés que tenemos que afrontar a diario no es el mismo que experimentamos en las situaciones de vida o muerte, es una aflicción provocada por la presión de una suma de problemas mucho más banales. Aunque estos problemas por separado puedan parecer nimios, si nuestra respuesta se volviera exponencialmente estresante, acabaríamos siendo incapaces de mantener el equilibrio y, en consecuencia, nuestro cuerpo lo interpretaría como una amenaza para nuestra vida y activaría la alerta roja. En efecto, la respuesta al estrés se desencadena cuando somos incapaces de ajustar nuestra conducta a circunstancias apremiantes y afrontar éstas con creatividad. Se requieren cambios en nuestros mecanismos de resistencia normales ante la adversidad y nos volvemos temerosos, nos sentimos abrumados, como si hubiésemos perdido el control.

El término estrés deriva de una palabra en latín que significa "someter a estiramiento". Si analizas tus respuestas psico-emocionales en situaciones distintas, podrás determinar si has padecido "estiramientos" a través de un estado psico-emocional cohibido o rígido y cuáles fueron sus efectos sobre tu cuerpo. Las circunstancias pueden ser tan cotidianas como un berrinche de tu hijo o tan complejas como las complicaciones asociadas a una mudanza.

El estrés produce tal variedad de efectos que resultaría complicado decir cuáles enfermedades están relacionadas con el estrés y cuáles no. Estimaciones muy prudentes sugieren que el 70 % de las enfermedades están generadas por el estrés, mientras que las más audaces sitúan esta tasa en el 90 %. Tal vez resulta más sencillo afirmar que el estrés afecta a todas y cada una de las partes de tu cuerpo, de tu mente, de tus emociones. Su carácter insidioso y devastador se refleja en estudios realizados por los Centres for Desease Control y el Nacional Instituye for Occupational Safety and Health estadounidenses. Los investigadores descubrieron que sólo en EE.UU. se estima en torno a los 300.000 millones de dólares anuales (unos 7.500 dólares por persona) las pérdidas económicas por causa del estrés derivadas del absentismo laboral y de la caída en los índices de productividad. También revelan que el 43 % de la población adulta padece los síntomas físicos y emocionales que se generan cuando nos sentimos quemados. La depresión, que es una de las tantas reacciones causadas por el estrés, podría ser la principal causa de absentismo laboral del siglo XXI, siendo responsable de más días laborables perdidos que cualquier otro factor individualizado.

Los efectos del estrés

La respuesta al estrés es una reacción fisiológica que prepara a nuestro cuerpo para responder al agente estresante. Todo comienza en el hipotálamo, una pequeña parte del sistema límbico cerebral que dirime emociones y sentimientos. Este área monitoriza también el sistema nervioso, la digestión, el ritmo cardíaco, la presión arterial y la respiración. La alerta roja produce una liberación de adrenalina, de cortisol y de otras hormonas que afectan a estos sistemas. Las hormonas paran el sistema digestivo (para conservar la energía), aceleran el ritmo cardíaco (para aumentar la energía), suprimen la sensaciones de los sentidos (aún estando heridos, podremos seguir luchando o corriendo) e incrementan la capacidad respiratoria. Estos sistemas afectan a su vez a todas las partes de nuestro cuerpo.

¿Pero qué le sucede al cuerpo cuando la respuesta de estrés se experimenta sin que haya medios para expresarla? Cuando no hay animal que cazar, ni guerra en la que luchar, ni lugar donde poder liberar la energía acumulada... ¿Qué sucede con esta energía? ¿Cómo puede el sistema digestivo soportar que se le suprima una o incluso dos veces al día? ¿Tan difícil resulta creer que las úlceras o el síndrome de colon irritable estén relacionados con altos niveles de estrés? ¿O que esto se traduzca en estreñimiento, en diarreas o en pérdidas de apetito? ¿Y qué sucede con las ganas de gritar, de protestar, de liberar las tensiones? ¿Tanto nos sorprende que los matrimonios entren en crisis, que aumenten las adicciones al alcohol y los trastornos nutricionales, que el agotamiento mental desemboque en depresiones o crisis nerviosas?

Entre los síntomas físicos del estrés cabe destacar los desórdenes digestivos como los mencionados anteriormente, además de las úlceras, la acidez y la mala digestión, los dolores de cabeza, la hipertensión, las palpitaciones, los problemas respiratorios (como el asma o la hiperventilación), los excesos alimentarios, el agotamiento, el insomnio, los dolores de espalda o musculares, las erupciones cutáneas (como el eccema y la urticaria), el sudor excesivo y los desórdenes nerviosos (espasmos, rechinar de dientes, manchas en la piel). Paralelamente, el cortisol produce una inhibición del sistema inmunitario, por lo que todas las enfermedades inmunodeficientes (desde el resfriado hasta el cáncer) pueden estar directa o indirectamente causadas por el estrés.

El estrés hace que seamos menos capaces de adaptarnos emocional y psicológicamente, lo que se traduce en una tendencia a sobrerreaccionar ante los problemas, a perder la perspectiva de las prioridades, a estancarse, a ser incapaces de organizarse o a caer progresivamente en la depresión. O quizás nos dé por despotricar y enfadarnos sin que haya una razón aparente. Pero lo más importante es la sensación de haber perdido el control, de que las necesidades o acontecimientos están fuera de nuestro alcance y de que el fracaso es inevitable. También podemos vernos atrapados en una autocrítica machacona, que sólo servirá para ahondar en nuestra desesperación. Cuando la respuesta al estrés se mantiene durante un largo periodo de tiempo –con liberaciones regulares de adrenalina y cortisol y con los subsiguientes cambios psicológicos y emocionales–, podemos llegar a padecer problemas más serios.

Entre los desórdenes emocionales y psicológicos destacaría el incremento de la ansiedad o el pánico, la irritabilidad y frustración, las manifestaciones irracionales de hostilidad, los problemas de poder y de manipulación, los miedos e inseguridades, los cambios de humor, la inquietud y el nerviosismo, los problemas sexuales (como la impotencia y la frigidez), las conductas adictivas, los lapsus de memoria, la paranoia y confusión, así como dificultades de concentración y las pérdidas de eficiencia y competitividad.

Dado que las hormonas segregadas por una señal de alarma producen un entumecimiento de tus sentimientos, puede ocurrir que ni siquiera seas consciente de que sufres estrés. En el fragor de la batalla podrías incluso agradecer este adormecimiento, que en circunstancias normales significaría que padeces estrés sin sentir los efectos devastadores hasta mucho después, cuando te derrumbas de agotamiento. Esto significa además que te has acostumbrado a perder el contacto con tus sentimientos, lo que puede traducirse en graves dificultades de socialización.

Las causas del estrés

A muy pocos nos gusta pensar en nosotros mismos como personas estresadas: no queremos reconocer nuestra fragilidad o que nuestras circunstancias nos fragilizan. Preferimos pensar que el estrés sólo les sucede a los demás, sin darnos cuenta de lo susceptibles que somos de sufrirlo en carne propia.

El estudio más exhaustivo sobre las causas del estrés fue llevado a cabo por los doctores Holmes y Rahe, en la Universidad de Washington. Basaron sus investigaciones en el nivel de adaptación a las distintas circunstancias, y descubrieron que la capacidad de adaptación adecuada solía estimular la respuesta de estrés. Su escala de reajuste social situaba la muerte del cónyuge en lo más alto de todas las circunstancias difíciles de asumir, seguida del divorcio, la separación, la muerte de un familiar cercano y el matrimonio. En estudios más recientes, acontecimientos como un cambio de residencia, tener un hijo, las dificultades financieras, la propia enfermedad o la de un ser querido, un despido, un nuevo empleo e incluso examinarse tenían una valoración muy alta. A la lista anterior cabría añadir agentes estresantes medioambientales, como la contaminación, el tráfico, el ruido y el aumento de la población, así como una vida alejada de la naturaleza.

Sin embargo, debemos tener en cuenta que cada cual tiene una respuesta distinta ante las circunstancias. ¡Un divorcio puede ser la primera causa en la lista de estrés para algunas personas y un alivio enorme para otras! El agente estresante puede ser alguna de las causas principales citadas anteriormente o una acumulación de pequeñas causas, como por ejemplo un tren abarrotado, derramar la bebida o tener que pagar demasiadas facturas de golpe. Son problemas de la vida cotidiana que nos afectan a todos de uno modo u otro, pero para algunas personas son generadores de muchos estrés y para otras no. La diferencia radica en la respuesta, porque aunque tengamos poco o ningún control sobre estas circunstancias o agentes estresantes, sí que podemos enfrentar estas situaciones y reaccionar en consonancia.

Dicho con otras palabras, las causas reales del estrés no son las circunstancias externas, como tener muchas asuntos pendientes y poco tiempo para hacerlos. La verdadera causa es *tu percepción de esas circunstancias* –tanto si esta percepción es temerosa, agobiada o si se asume como un reto personal. También interviene *tu propia percepción respecto a tu capacidad de hacerles frente*, igual que sucede cuando nos sentimos presionados más allá de lo que creemos ser capaces de soportar. Y tu percepción invariablemente surge de tu sistema de autoconfianza interior –de lo que te ves capaz de hacer, o lo que te dijeron o te enseñaron–. Si te educaron para que creyeras que eres eficaz para algunas cosas pero no tanto para otras, cuando te enfrentes a éstas últimas, sin duda sentirás falta de confianza en tus posibilidades de salir adelante.

Tus creencias condicionan todos y cada uno de tus pensamientos, palabras y acciones. Tal y como escribe el biólogo Bruce Lipton en su libro *The Biology of Belief*: «Nuestras respuestas a los estímulos medioambientales (agentes estresantes) se controlan, de hecho, mediante la percepción, pero no todas nuestras percepciones aprendidas son correctas. ¡No todas las serpientes son peligrosas! Sí. La percepción "controla" a la biología, pero… esas percepciones pueden ser verdaderas o falsas. Por tanto, sería mucho más correcto referirse a esas percepciones de control como creencias. *¡Las creencias controlan a la biología!*»

En otras palabras, creer que tu trabajo, tu familia o tu estilo de vida te están generando estrés y creer que si lo pudieras solucionar o cambiar de algún modo todo volvería a ser estupendo, es ver las cosas desde la perspectiva equivocada. Al contrario, la creencia de que es un factor externo el causante de tu estrés es precisamente lo que te lo está provocando dicho estrés. Y aunque cambiar las circunstancias sin duda podría ser de ayuda, sólo sería un arreglo temporal. Invariablemente, vayas a donde vayas y hagas lo que hagas, serás susceptible de padecer estrés hasta que se produzca un cambio en tu sistema de valores, que modifique a su vez la percepción que tienes de tu propia persona.

También hay un malentendido en la actitud de aquellas personas –suelen estar introducidas en el mundo del deporte o dedicarse a negocios muy competitivos– que dicen necesitar del estrés para "sobrevivir en el filo de la navaja", que la competitividad o los grandes retos son necesarios para estimular la creatividad y la eficiencia, que sin este estrés su respuesta sería demasiado blanda o pasiva. Sin embargo, el estrés limita el rendimiento en vez de estimularlo. Existe una forma mucho más eficiente de estar plenamente alerta y relajado, dado que un estado de verdadera relajación estimula una mayor creatividad. En estado de alerta podrás acceder a mayores niveles de energía física y psicológica. Por eso el campo de la gestión del estrés se está convirtiendo cada vez más en parte integrante de los negocios con mayor visión de futuro.

La mayor lección que puedes aprender de haber padecido estrés es que puedes trabajar con la respuesta al estrés y desarrollar un mayor nivel de adaptabilidad cambiando la percepción que tienes de tu propia persona. ¡Puedes cambiar tus creencias! Creer más en ti, en tus capacidades, desarrollar un mayor sentido del humor para no tomártelo todo –incluyéndote a ti mismo– demasiado en serio supondrá iniciar un largo camino que te permitirá desarrollar la respuesta de la relajación, normalizándose así todo aquello que la respuesta al estrés ha alterado.

Descubre el estrés: cuestionario-evaluación del nivel de estrés personal

Realizar este test te permitirá evaluar tus niveles de estrés y saber qué debes hacer para que las cosas cambien. Siéntate en un lugar tranquilo y coge papel y bolígrafo. Contesta las preguntas que tengan relación contigo, hazlo en su totalidad y con la mayor honestidad posible. No se busca en ningún momento juzgarte o culparte, sino ayudarte a desarrollar mayor consciencia personal.

Respecto a tu trabajo.
1. ¿Tienes la impresión de estar haciendo demasiado?
2. ¿Haces horas extras a menudo?
3. ¿Te sientes capaz de hacer lo que se te pidió que hicieras?
4. ¿Disfrutas haciendo lo que haces?
5. ¿Tu entorno laboral te resulta deprimente? ¿Triste? ¿Ruidoso? ¿Frenético?
6. ¿Qué sientes respecto a tus colegas? ¿Te cohíben? ¿Te producen rabia? ¿Envidia?
7. ¿Sientes carencias, falta de plenitud? ¿Sientes desaprobación? ¿Poco reconocimiento a tu labor?
8. ¿Preferirías estar haciendo otras cosas?

Respecto a tu familia.
9. ¿Has sufrido recientemente la pérdida de un familiar cercano?
10. ¿Te has casado, separado o divorciado hace poco tiempo?
11. ¿Alguien de tu familia ha pasado por dificultades graves en los últimos tiempos? ¿Sufrido enfermedades mentales o problemas con la policía?
12. ¿Hay algún enfermo, alguien que necesite que le cuides? ¿Te resientes de ello?
13. ¿Te preocupan mucho tus padres, te necesitan mucho?
14. ¿Has podido compartir con alguien esta situación?

Respecto a tu relación o pareja.
15. Si la principal persona en tu vida no te hace feliz, ¿consideras que tienes que hacer de tripas corazón al margen de cuáles sean tus sentimientos?

16. ¿Tenéis diferencias respecto a asuntos económicos? ¿A los niños? ¿Diferencias respecto a vuestras preferencias o vuestros gustos personales?

17. ¿Problemas o diferencias en materia de sexualidad?

18. ¿Te sientes incapaz de salir adelante tú solo?

19. ¿Viviste en tu familia problemas entre tus padres, bien fuera porque se peleaban continuamente o bien porque se ignoraban?

20. ¿Te cuesta comprometerte en una relación?

21. ¿Tienes a alguien con quien hablarlo?

Respecto a tu persona.

22. ¿Consideras o te han repetido que no eres bueno, que no tienes arreglo, que eres despreciable o incapaz?

23. ¿Te aburres o irritas con facilidad?

24. ¿Te ves siempre corriendo de un lado para otro, incapaz de acabar nada?

25. ¿Tienes alguna clase de adicción?

26. ¿Te sientes atrapado o impotente para cambiar las cosas?

27. ¿Eres presa del pánico con facilidad o sientes ansiedad respecto al futuro?

28. ¿Le cuentas a alguien tus sentimientos?

29. ¿Sientes vergüenza por algo que hubieras hecho?

30. ¿Sientes ira por algo que te hubieran hecho?

Respecto a tu salud.

31. ¿Te cansas o agotas con facilidad?

32. ¿Practicas algún ejercicio con regularidad?

33. ¿Comes mientras haces otras cosas? ¿Mientras trabajas, miras la televisión, lees la prensa o le das de comer a los niños?

34. ¿Suponen la televisión, el alcohol o la comida una forma de relajación para ti?

35. ¿Tienes dolores y lesiones musculares profundas?

36. ¿Te tomas más de dos tazas de café al día?

37. ¿Le dedicas a tu tranquilidad y a tus reflexiones algún momento del día?

No hay respuestas erróneas o acertadas. Antes bien, debes emplear tus respuestas para alcanzar una compresión más profunda de dónde no eres capaz de soportar y de qué partes de tu vida necesitan mayor atención y consideración, y a partir de ahí buscar alguna manera de expresar tus sentimientos y necesidades. Cambiar tus relaciones con el estrés implica cambiarte profundamente a ti mismo desde dentro.

Trastornos de estrés traumático y post-traumático (PTSD, por sus siglas en inglés)

Los traumas se producen cuando experimentamos algo que supera nuestra capacidad de resistencia. Las siglas PTSD representan la discapacidad mental o ansiedad subsiguientes, sobre todo cuando estos sucesos rebasan nuestra gama habitual de experiencias vitales, dado que estas experiencias se sitúan en el polo opuesto de nuestras expectativas vitales. Los sucesos traumáticos asociados con mayor frecuencia a los PTSD son las violaciones y los abusos sexuales, las agresiones físicas, los conflictos bélicos, el abandono y los malos tratos físicos en la infancia, así como haber sido víctima de una catástrofe natural (incendios, inundaciones, etc.) o de un accidente donde nuestra vida estuvo en peligro. Los efectos del PTSD incluyen pesadillas, recuerdos y *flash-back*, desapego emocional, culpa, ira irracional, distracciones, abuso de drogas y alcohol, respiración entrecortada, tensiones y dolores musculares, dolores de cabeza y/o sobrecargas nerviosas y sensoriales.

El dolor muscular se produce cuando, a consecuencia de un hecho traumático, nos contraemos hacia dentro al objeto de crearnos alguna forma de protección física. Esta contracción limita el flujo de oxígeno a los músculos, razón por la cual se produce un dolor intenso. De hecho, los músculos "guardan" en su memoria aquel trauma, de tal modo que la tensión y el dolor se pueden mantener mucho tiempo después de acaecido el hecho. Si tras ello se produce una nueva experiencia traumática, aunque sea muchos años después, se volverá a guardar en esa misma parte del cuerpo, –dado que esta parte ya es vulnerable– haciendo que la recuperación sea mucho más difícil. Se trata de un principio básico de la relación cuerpo-mente, a través de la cual los músculos expresan la tensión mental.

Al igual que sucede con el estrés reiterativo, los traumas desencadenan un exceso de adrenalina en el cuerpo que puede provocar un agotamiento de esta hormona y manifestarse en la depresión, incapacidad de comunicar al rechazo de la sociedad e incluso ideas de suicidio.

Recuperarse de un PTSD requiere de un tratamiento desde tres frentes: restableciendo el sentido de seguridad de tu vida cotidiana, liberando la tensión retenida y los desórdenes que ésta desencadenó en el cuerpo y recomponiendo las piezas fragmentarias dispersas por nuestra mente a fin de reconectarlas e integrarlas en lo vivido. Una experiencia traumática está fuera de la gama de experiencias que vivimos normalmente, el proceso de recuperación y sanación también ofrece la oportunidad de transformar nuestra percepción habitual de la realidad a fin de descubrir un significado profundo y dar sentido a nuestra vida.

10. El protector del castillo
El sistema inmunitario

El sistema inmunitario, uno de los sistemas más complejos e importantes del cuerpo, se ubica en las glándulas linfáticas y los nódulos, las amígdalas, el bazo y los leucocitos. La principal función del sistema inmunitario es reconocer sustancias extrañas (antígenos), como son los virus y las bacterias, y evitar que nos hagan daño. Ahí radica nuestra capacidad de protegernos contra las enfermedades. Es la consciencia de la relación existente entre el interior y el exterior. O saber en qué medida nos influencia esta relación y nuestra capacidad de discriminar entre lo que es propio y lo que es extraño. Cuando el sistema inmunitario es hiperactivo hacia los antígenos externos, como el polen, se desarrolla entonces una alergia; cuando es hipoactivo, se desarrolla una infección. Si el sistema inmunitario es hiperactivo contra un antígeno interior, puede empezar a destruir el cuerpo, como sucede en las enfermedades inmunodeficientes; cuando es hipoactivo, se desarrollarán células anormales, como sucede con el cáncer.

El sistema inmunitario trabaja de dos maneras. En primer lugar, cuando el sistema encuentra una sustancia extraña, como una bacteria, genera un anticuerpo mediante las células B del cuerpo. Contra cada sustancia que tiene que combatir, desarrolla una inmunidad ante futuras invasiones mediante el mismo antígeno. Las vacunas se desarrollan en base a este principio. El sistema inmunitario también guarda relación con el modo en que las enfermedades infecciosas ayudan a desarrollar nuestra resistencia y fortaleza y explica por qué las enfermedades infantiles, como el sarampión o las paperas, se padecen sólo una vez.

El segundo aspecto del sistema inmunitario es la inmunidad obtenida mediante las células, que se realiza mediante células especializadas localizadas en la sangre. Las células T destruyen las sustancias invasoras cuando las células T encargadas de avisarlas dan la alerta mientras que las células T supresoras tocan a retirada cuando han terminado su labor. Los macrófagos devoran las células extrañas y limpian los residuos. Las células T se generan en la médula ósea y son enviadas después a la glándula del timo para que maduren antes de incorporarse al flujo sanguíneo. Puesto que su principal labor es identificar y destruir sustancias extrañas, las células inmunitarias deberán ser capaces de identificar lo que es dañino de lo que es inofensivo. Ahí está la capacidad de identificar lo propio de lo extraño, lo que es parte de tu ser y lo que no lo es. Ésta se refleja igualmente en tu capacidad de definir tus propios pensamientos y sentimientos en vez de adoptar como propios los de los demás. Cuando crees en alguna persona más que en ti mismo, estás regalando tu sentido de la individualidad y entregando tu poder. Esto te hace más vulnerable y susceptible de verte afectado –o infectado– por alguien o algo que está fuera de ti.

La palabra *tolerancia* se emplea para describir la capacidad de discriminar entre lo que es propio y lo que no lo es, de tal manera que las células inmunes sólo ataquen a las sustancias que no son propias. Por su parte, *intolerancia* describe a la incapacidad de distinguir entre unas y otras, de tal forma que lo no-propio parece propio y no es destruido. En este caso, la conexión cuerpo-mente se hace patente: al igual que las toxinas o sustancias externas pueden obligar a un sobreesfuerzo al sistema inmunitario de tal forma que pierda su tolerancia, el estrés excesivo, el dolor, los traumas, la pérdida o la soledad pueden superar nuestra capacidad de resistencia o tolerancia dando paso a la incapacidad o intolerancia.

Así, por ejemplo, la soledad, el divorcio y el duelo pueden conducir antes a la muerte, pareciendo como si la causa de la muerte prematura se debiera literalmente a un corazón roto. Muchos estudios demuestran una mayor incidencia de las enfermedades en personas que acababan de quedarse viudas. En el Hospital Monte Sinaí de Nueva York, se practicaron pruebas que demostraron que el sistema inmunitario de personas cuya pareja estaba enferma funcionaba de manera correcta antes de la muerte de ésta pero que empezó a decaer alarmantemente sin que pudieran restablecerlo cuando su pareja falleció. Las células inmunitarias, aunque normales en su cantidad, sencillamente dejaron de funcionar. «Tenemos pruebas concluyentes de que en los primeros seis meses después de la pérdida del cónyuge, el que sobrevive está gravemente expuesto a padecer una enfermedad fatal», escribe Colin Murray Parkes, antiguo psiquiatra clínico del Royal London Hospital en el periódico *The Times*.

Cuando falleció Federico Fellini, su esposa quedó destrozada y murió cinco meses después. Un amigo de la pareja afirmó: «Parecía como si su vida hubiese dejado de importarle.» Es como si las propias células experimentaran el dolor y la soledad transmitidos desde el cerebro al sistema inmunitario.

Lo anterior no pretende negar el impacto de las toxinas químicas que abundan en el aire, en la comida, en el agua... y que es enorme. El sistema inmunitario trata de mantener la armonía tolerando y equilibrando los estados internos con los estados externos. Si las sustancias externas se vuelven arrolladoras o desarrollan modelos anormales, el sistema inmunitario es requerido más allá de sus límites de tolerancia. Análogamente, cuando el nivel de toxinas emocionales asciende, también puede minar la resistencia. Las toxinas mentales, como son los pensamientos negativos, también tienen un efecto perjudicial. Un investigador de la Universidad de Zurich estableció que los pensamientos o sentimientos negativos pueden deprimir el sistema inmunitario durante horas.

Diálogo cuerpo-mente: el sistema inmunitario

El sistema inmunitario se ve afectado negativamente por el estrés, el dolor, la depresión, la soledad y los sentimientos reprimidos mediante una pérdida del sentido del yo. Si tu sistema inmunitario está bajo, sería de gran ayuda localizar dónde estás reprimiendo tus sentimientos y encontrar formas constructivas de liberarlo.

- ¿Has perdido tu sentido de la individualidad o la confianza en tus propias creencias?
- ¿Te has visto influenciado sobremanera por algo o alguien?
- ¿Han caído tus niveles de tolerancia?
- ¿Te estás volviendo cada vez más intolerante?
- ¿Hay alguna parte de tu ser que hayas estado negando o ignorando?
- ¿Está teniendo lugar en tu interior una batalla psico-emocional?
- ¿Has estado padeciendo mucho estrés, depresión o preocupaciones últimamente?

LAS GLÁNDULAS DEL SISTEMA INMUNITARIO

La **glándula del timo**, situada justo encima del corazón, es esencial para el sistema inmunitario. En China se la conoce como fuente de *chi* o energía sanadora. Su nombre deriva del griego *thymos* que significa alma o personalidad, lo cual ilustra su relación con el sistema inmune y el papel que desempeña determinando tu sentido del "yo". La glándula del timo produce células T, que son las que luchan contra las bacterias, los virus, los parásitos, el cáncer y las alergias, aparte de ser liberadas en el sistema vascular. También produce hormonas específicas que se encargan de las infecciones y de la inmunización. Cuando un trauma o estrés excesivo provocan un aumento de las hormonas liberadas por las glándulas de la adrenalina, éstas inhiben la producción de las hormonas del timo, dejándonos más vulnerables a las infecciones y enfermedades.

El timo está estrechamente relacionado con el corazón. Por ejemplo, cuando estás enamorado, te sientes seguro de ti mismo o tienes un marco mental positivo y abierto, será muy difícil que enfermes, dado que tus registros de células T estarán en lo más alto. Por el contrario, cuando te rondan la depresión, la tristeza y la soledad, tu contador de células T caerá drásticamente y cogerás un resfriado o enfermarás con facilidad. Como afirmaba el doctor Norman Shealy en *The Creation of Health*: «El nuevo campo de la neuroinmunología sugiere que las emociones pueden dar el golpe final que desencadene la descompensación del sistema inmunitario».

Todo apunta a que el estado emocional del corazón puede dar energía o debilitar la glándula del timo, que a su vez condiciona la salud del sistema inmune. Dicho con otras palabras, un sistema de apoyo afectivo otorga mayor resistencia y fuerza para hacer frente a las amenazas externas o invasiones desde el exterior. Cuanto más amor sientas, mejor te sentirás respecto a ti mismo y menos probabilidades tendrás de padecer depresión. La risa también funciona. Norman Cousins se encerró en una habitación de hotel con docenas de vídeos de comedia y se estuvo riendo hasta que el cáncer que padecía remitió. Si este sistema de apoyo emocional se debilita –ya sea por causa de la soledad, ya sea por una pérdida– la capacidad de resistir a las infecciones también se debilita. El sistema inmune se queda exhausto en igual medida que tu tolerancia al estrés y al dolor se queda exhausta.

Los **ganglios linfáticos** son otra parte importante del sistema inmunitario. Aquí las sustancias extrañas son víctimas de una emboscada y se las tienen que ver con los glóbulos blancos. Unos ganglios linfáticos inflamados –se localizan en las ingles y en las axilas- indican que el sistema inmune está trabajando para combatir una infección. Por consiguiente, los problemas relacionados con la linfa están relacionados con la lucha contra las invasiones por parte de algo o de alguien pero también con el mantenimiento de tu sentido del "yo".

El **bazo** se engloba en el sistema inmune, dado que filtra la sangre para eliminar residuos, células sanguíneas viejas y sustancias extrañas, a la vez que proporciona nuevas células inmunitarias. La palabra *spleen*, "bazo" en inglés, es sinónimo además de taciturnidad e irritabilidad, de lo que se deduce que en este caso, el bazo, en vez de filtrar residuos, es un depósito pensamientos y sentimientos antiguos y estancados. Esto produce una alteración y un incremento de la irritabilidad o indigestión. Un bazo en plena forma estimula la clarividencia, la empatía y la simpatía, dado que libera la sangre de influencias negativas.

TRASTORNOS AUTOINMUNES

Por lo general, el sistema inmunitario es capaz de discriminar las sustancias extrañas y potencialmente peligrosas de las inofensivas. Cuando empieza a atacar a sustancias del propio cuerpo como lo hace con las sustancias extrañas, el sistema autoinmune enferma, como sucede con la artritis reumatoide o la esclerosis múltiple. En tales casos, la capacidad de discernir del sistema inmunitario se vuelve tan confusa que lo propio se le aparece como extraño.

Diálogo cuerpo-mente: trastornos autoinmunes

Si padeces cualquier clase de disfunción en el sistema autoinmune, la pregunta que deberías formularte es la siguiente: «¿cuándo te convertiste en tu propio enemigo?» Y también: «¿en qué medida permitiste a los demás influenciarte, negándote tus propios pensamientos y sentimientos?». Estas preguntas no son fáciles de contestar, dado que requieren mucha honestidad en las respuestas.

- ¿Te sientes como si no fueras realmente capaz?
- ¿Crees que no tienes necesidades?
- ¿Estás arrastrando culpas, vergüenzas y recriminaciones del pasado que están minando tu autoestima y tu respeto hacia tu propia persona?
- ¿Sientes que subyace un desagrado u odio hacia tu persona?
- ¿Dedicas tu tiempo a ayudar a los demás pero te niegas a ayudarte a ti mismo?
- ¿Eres extremadamente crítico hacia ti mismo?
- ¿Te infravaloras constantemente?
- ¿Alguien te está agobiando, minando tu autoestima?
- ¿Has perdido tu capacidad de discriminar?
- ¿Permites que alguien decida por ti lo que debes pensar o sentir?

Infecciones

Nuestro modo de vida y los problemas medioambientales, como las condiciones sanitarias, la higiene y los hábitos personales, favorecen las infecciones. Fumar aumenta el riesgo de infección, al debilitar la respuesta inmunitaria, al igual que las dietas pobres. No obstante, aunque vivas en un medio esterilizado y libre de gérmenes, la infección también es posible, dado que hace falta algo más que la presencia de gérmenes o bacterias para que provocarla. También es preciso que exista una debilidad del sistema inmune. Así, por ejemplo, un empleado de la oficina coge un resfriado y después de él dos más, mientras que otros dos no se costipan. El contaminante es igual de infeccioso para cualquiera de las cinco personas, por lo que tiene que haber algún otro factor implicado, como un sistema inmunitario debilitado. El estrés químico debilita el sistema inmunitario, la inactividad debilita el sistema inmunitario, como también lo hacen las emociones negativas o los disgustos.

La palabra *infección* puede ayudarte a comprender todo esto con mayor profundidad. Infectarse presupone permitir que entre algo que te afecta, que te cambia de alguna manera. El resultado que se deriva de ello es que dejas de ser idéntico a quien eras antes.

Diálogo cuerpo-mente: infección

Si tienes una infección deberás plantearte que algo o alguien te está afectando perjudicialmente, hasta el punto de debilitar tu capacidad de protegerte o defenderte.

- ¿Algo o alguien te produce sentimientos de inseguridad, intolerancia o temor?
- ¿Qué o quién te está haciendo perder tu equilibrio o tu tolerancia, de tal manera que tus defensas se debilitan?
- ¿Estás reprimiendo emociones profundas que pudieran comprometer tu sistema inmune?

Inflamaciones

La inflamación se produce cuando el sistema inmune intenta combatir una sustancia invasiva dañina, provocándonos calor, hinchazón y dolor.

Se trata de una guerra abierta entre la sustancia invasora y tu ser interior, y tu sistema inmune está luchando con ese "no yo" para mantener el equilibrio. Quizás aún no seas consciente de esta guerra que se desarrolla en tu interior.

Diálogo cuerpo-mente: inflamación

Padecer una inflamación evoca elocuentes imágenes de ardiente pasión, rubor e ira.

- ¿Te sientes enfadado o enfurecido respecto a algo?
- ¿Tienes una inflamación que te produce escozor? ¿Puedes encontrar algo que te haga sentir igual en tu interior?
- ¿Estás sosteniendo una guerra entre lo que es aceptable y lo que no lo es?
- ¿Hay una guerra abierta entre tus propias creencias y sentimientos y los de alguien?
- ¿Qué o quién ha podido superar tus defensas de este modo?

Resfriado común

Puedes coger un resfriado por culpa de distintos virus que están flotando siempre por ahí, pero ¿con qué frecuencia enfermas? ¿Un par de veces al año? La verdadera razón de que cojas un resfriado no es haber estado en contacto con alguien que te ha contagiado, sino porque en el momento en que te cruzaste con el virus del resfriado tus resistencias eran bajas y tu sistema inmune deficitario. Sólo cuando la tolerancia de tu sistema inmune está baja los virus pueden infectarte. Cuando tu nivel de inmunidad es alto, por mucho que estés rodeado de narices que gotean, la tuya seguirá seca.

Existen muchas versiones del resfriado común, aunque los síntomas suelen incluir mucosidad, ojos llorosos, senos nasales infectados y dolorosos, gargantas secas y eventuales ataques de tos. Un resfriado puede empezar en el pecho y subir o empezar en la nariz e ir bajando. El estrés también puede ser la causa, dado que reduce la eficacia inmunitaria. El estrés puede deberse al exceso de trabajo, en cuyo caso el resfriado te puede estar diciendo que necesitas más tiempo libre. O puede deberse a cuestiones emocionales, en cuyo caso deberás mirar un poco más adentro.

Cuando lloras, tu nariz gotea. Cuando tienes un resfriado tus ojos se humedecen. Resfriados, narices que gotean y lágrimas están relacionados entre sí –tanto mucosidad como lágrimas son formas de liberar emociones reprimidas o contenidas-. También puedes sentir el mismo desamparo y desesperanza, la misma necesidad de ser reconfortado en un caso u otro. Por eso, cuando estés muy resfriado, tal vez debieras preguntarte si existe algún llanto o sufrimiento que estés reprimiendo, algún sentimiento profundo que hayas arrinconado.

Las lágrimas que no soltamos buscan salida por la nariz, independientemente de si se originaron por tristeza, frustración o culpa. Un resfriado aparecerá a menudo tras la muerte de un ser querido o tras algún tipo de shock emocional, sobre todo cuando el dolor no haya sido reconocido. También puede implicar que te hayas enfriado emocionalmente o que tus sentimientos hayan sido fríos. Los resfriados son habituales, tan habituales como nuestra tendencia a no mostrar lo que realmente sentimos.

Un resfriado puede asimismo indicar un momento de cambio y transición, cuando suceden demasiadas cosas a la vez y necesitas desconectar durante un tiempo, ralentizar tu flujo de entrada para permitirte asimilar.

Diálogo cuerpo-mente: el resfriado común

Recuerda que una de las formas de comprender una enfermedad consiste en observar los efectos que tiene sobre tu vida. En el caso de un resfriado significa que la gente se mantiene alejada ¡y probablemente nadie querrá acercarse demasiado!

- ¿Es eso lo que deseas realmente?
- ¿Necesitas algún tiempo para adaptarte a algo?
- ¿O es todo lo contrario, estás llorando porque necesitas atención y afecto y porque todo el mundo parece estar dando demasiadas cosas por sentadas respecto a ti?
- ¿Necesitas enfermar para que te tengan en cuenta y te cuiden?

Gripe

Hay un gran número de mutaciones y variantes del virus de la gripe extendido por todo el mundo. La gripe puede variar desde una fiebre y dolor muscular a un colapso más grave de todo el sistema inmunitario. De ahí que se preste tanta atención a las vacunas anuales contra la gripe. Pero los efectos secundarios pueden ser también perjudiciales, razón por la cual parece una alternativa mucho más sensata fortalecer tu sistema inmune evitando o resolviendo situaciones estresantes.

Diálogo cuerpo-mente: gripe

El virus de la gripe sólo te atacará cuando tus defensas estén bajas, y esto es un buen punto de partida para empezar a observar las causas cuerpo-mente. Para designar la gripe también se utiliza la palabra *influenza*, que remite al concepto de "sucede bajo la influencia de", lo que presupone a su vez que alguien o algo tiene está teniendo mucha influencia sobre ti, quizás haciéndote dudar sobre tus ideas o sentimientos. Esto puede estar minando tu identidad y objetivo vital, y necesitarás algún tiempo para volver a conectar con tus propios sentimientos. La gripe emite un claro mensaje: necesitas tomarte un descanso.

- ¿Qué problemas psico-emocionales has estado reprimiendo?
- ¿Te has vuelto progresivamente intolerante o irritable? ¿Qué te desazona tan profundamente?

Amigdalitis

Tanto las amígdalas como los adenoideos, situados a ambos lados de la garganta, forman parte del sistema linfático que, a su vez, pertenece al sistema inmunitario que nos ayuda a filtrar sustancias extrañas dañinas. Dado que están situados en el punto de entrada al cuerpo, ilustran claramente la capacidad de discriminar entre lo que puede ser de ayuda y lo que es perjudicial.

Las amígdalas tienen la función de protegernos contra las infecciones de tal manera que cuando se inflaman, como sucede con la amigdalitis, necesitarás averiguar qué te está causando semejante trastorno, irritación o escozor. La amigdalitis es muy común en los niños y permite pensar que el problema se centra en sentimientos de impotencia e incapacidad de control sobre lo que está sucediendo. Los niños siempre están expuestos a cambios sin que tengan posibilidad de elegir ni se les consulte al respecto. Y tal vez no estén en condiciones de expresar lo que sienten. Pueden sentirse vulnerables, expuestos, enfadados, temerosos e inseguros, y al mismo tiempo incapaces o no dispuestos a "tragar" con la situación. A mí me extirparon las amígdalas cuando tenía ocho años, poco después de haber sido enviada a un internado. Que te operen de amígdalas puede ser un manera de hacer frente a una situación incómoda, sobre todo si tenemos en cuenta las atenciones extra que supone la operación. Pero también será de mucha ayuda estimular al niño a que exprese y comparta sus sentimientos directamente.

Diálogo cuerpo-mente: las amígdalas

Las amígdalas se inflaman tanto que a veces resulta muy difícil tragar.

- ¿Qué o quién te cuesta tanto "tragar"?
- ¿Hay algo a lo que te estés resistiendo?
- ¿Qué te está suscitando unos sentimientos tan intensos?

Los adenoideos inflamados afectan por lo general a los más pequeños, bloqueando los conductos de la nariz y del oído. También bloquean la entrada de información, tanto a través de la garganta como a través de los oídos, razón por la cual, conviene prestar atención a lo que está sucediendo en la vida del niño, saber qué le resulta tan difícil de "tragar" o escuchar.

Alergias

Cuando el sistema inmune sobrerreacciona ante un cuerpo extraño (alérgeno) que percibe como hostil, genera una reacción alérgica, como estornudos, silbidos en el pecho, ojos humedecidos, urticarias, dolores de cabeza. Los alérgenos suelen ser sustancias difíciles de evitar, como el polvo, los pelos de gatos o el polen. Será pues muy importante preguntarse por qué el cuerpo asimila una sustancia benigna como si fuera un enemigo, y por qué reacciona con tanta fuerza. ¿Qué nos produce una pérdida de tolerancia hacia algo que no supone en principio una amenaza para nuestra vida? ¡Un agente irritante te está irritando y hace que te hayas vuelto irritable!

La reacción física es la de defensa y resistencia, razón por la cual las causas psico-emocionales estarán conectadas con una necesidad interior de retirarse, de levantar resistencias, evitando entrar de lleno en una situación. Dado que muchos alérgenos forman parte de la vida cotidiana, sugiere un miedo a la participación, a las relaciones íntimas y a la responsabilidad. Es como si el mundo exterior se hubiera convertido en un enemigo, algo a lo que hay que resistirse. Descubrir lo que tanto te asusta o lo que estás intentando evitar te ayudará a darte cuenta de que la alergia es un síntoma de algo más profundo.

Diálogo cuerpo-mente: alergias

Una reacción alérgica es en gran medida una reacción emocional, con sus ojos llorosos, con su nariz que gotea y con sus dificultades respiratorias.

- ¿Estás sobrerreaccionando ante una situación emocional?
- ¿Quién o qué te produce alergia?
- ¿Afecta la alergia a tus relaciones personales?
- ¿Se trata realmente de una llamada de atención?

Ver el mundo como hostil o potencialmente agresivo pudiera deberse a la represión de tu propia hostilidad o agresividad. ¡A fin de cuentas, resulta mucho más aceptable socialmente tener una alergia que ponerse a gritar o a golpear! También denota una escasa disposición, a comunicar, una falta voluntad de conectarte o de compartir algo con tu mundo.

- ¿Te sentiste hostil o reticente a comunicar con alguien antes de que se desarrollaran los síntomas de la alergia?
- ¿Tienes ganas de gritar y de aullar?
- ¿Te has encerrado dentro de ti, arrinconando estos sentimientos?

Cáncer

Pocas enfermedades tienen tanto impacto en tanta gente como el cáncer. Aunque cada vez sean más los tratamientos para esta enfermedad, también aumenta el número de casos, con el consiguiente sufrimiento. El cáncer se desarrolla cuando el sistema inmune no detiene el crecimiento de células anormales. Tales células no son excepcionales, pero la mayor parte de las veces están aisladas y no interfieren con el resto del cuerpo. En el caso del cáncer, el sistema no las intercepta, por lo que crecen y se agrupan. La medicina les hace frente, a menudo con éxito, para aniquilarlas. Dado que el cáncer es un mal tan extendido y aparentemente tan arbitrario respecto a quién afecta, deberemos mirar las causas que lo generan objetivamente para obtener una visión más profunda.

Qué duda cabe, los factores medioambientales deben sen tenidos en consideración. Las toxinas nos invaden profusamente en forma de pesticidas, plásticos, hormonas y sustancias químicas. Todo ello supone un enorme esfuerzo para el sistema inmune y constituyen potencialmente carcinógenos activos. Con el auge de las tecnologías de la información, estamos todos expuestos a las microondas. Muchos trabajamos en ambientes donde escasea el aire fresco. Solemos practicar poco ejercicio físico. Y nuestra dieta ha cambiado drásticamente desde que se inventaron la comida rápida y los alimentos precocinados. Sin embargo, aunque todos estemos expuestos a estos carcinógenos potenciales, no todos desarrollamos cáncer. Antes bien, parece ser que una combinación de factores medioambientales y psico-emocionales es lo que probablemente genera resultados perjudiciales.

En caso de cáncer, una célula anormal se vuelve incontrolable, véase rebelde. Se comporta de manera distinta a las demás células. En vez de desempeñar su papel de apoyo del conjunto, funciona por cuenta propia, como un individuo que se aísla de la sociedad y que crea un sistema diferenciado que mina al conjunto. En este sentido, el cáncer refleja un aspecto de la condición humana: antes que dedicarnos al bienestar de los demás, preferimos centrarnos en nuestro propio interés, sólo que esta conducta resulta perjudicial para todos.

Quizás el factor más importante sea la pérdida del sentido de comunidad y del sentido espiritual en las vidas de muchas personas. Ya no vivimos en grandes familias ni en vecindarios solidarios y se calcula desde el año 2010 el 40 % de la población adulta vive en soledad. Vivimos muy cerca los unos de los otros, pero con menos relaciones personales y de comunidad. Trabajamos más horas, pero tenemos cada vez mayores preocupaciones financieras y esto no nos hace más felices. La tasa de depresiones y el empleo de antidepresivos van en aumento. La soledad, el aislamiento, las carencias afectivas son factores que hacen que aumente el estrés emocional y psicológico, que minan gravemente el sistema inmunitario.

Paralelamente, los sentimientos que se arrinconan, se niegan o se suprimen nos inducen al aislamiento o pueden provocar conductas antisociales. Estos sentimientos pueden remontarse a la infancia y haber propiciado la aparición de sentimientos de culpa, de vergüenza y de escasa valía personal. Por ejemplo, los sentimientos profundos de agresividad y de odio que no se asumen o se niegan se traducirán en timidez enfermiza o en exceso de prudencia. Los miedos subconscientes a liberar tal agresividad se convierten en un armazón que cierras sobre tu persona.

Si ensamblamos todas estas piezas, tal vez no resulte tan extraño que se haya desarrollado una enfermedad en la que estas células se dedican a lo suyo al margen del conjunto, rebelándose ante él. Estas células forman parte de ti, pero se han vuelto separatistas y, desde su aislamiento, empiezan a causar estragos. Desde una perspectiva cuerpo-mente, deberás descubrir qué parte de ti se ha separado, alienado o ha sido rechazada.

También existen características muy estudiadas en las personalidades más proclive al cáncer: se trata de aquellas que han suprimido emociones poderosas, particularmente la ira y la pasión, que no se afirman, sobre todo a la hora de expresar las necesidades propias, que son estoicas, que evitan los conflictos, que aparentan una bondad fingida. Evidentemente, no todos los pacientes de cáncer reúnen estas características puesto que el cáncer se concibe como una enfermedad polifacética e indiscriminada. Indudablemente, hay un factor misterioso implicado en ella. Pero el cáncer también imparte lecciones que debemos aprender respecto a las relaciones de unos con otros, respecto a aceptar y querer incondicionalmente y, en particular, respecto a querernos a nosotros mismos. Muchas personas que han superado el cáncer cuentan cómo empezaron a curarse a medida que empezaron a respetarse a ellos mismos.

Muy especialmente, el cáncer nos ofrece la oportunidad de volver a plantearnos las cosas, de hacer inventario, de ser honestos con respecto a nuestros sentimientos y de definir nuestras prioridades. De la misma manera que las emociones reprimidas ponen en jaque al sistema inmune, las investigaciones (como la realizada por la Universidad de Stanford, EE.UU.) demostraron que las terapias –sobre todo la terapia de grupo, donde los sentimientos pueden expresarse en un ambiente afectivo, con la ayuda de otros– pueden marcan importantes diferencias en el proceso de curación. Hablar y sentirse seguros permite recuperar esas partes de tu ser perdidas y alienadas, devolverlas a la vida y reincorporarlas al conjunto.

Es igualmente importante recordar que el cáncer no es contagioso, ni tampoco es una enfermedad extraña, como un alienígena, que entra en el cuerpo y se apodera de él. Las células anormales crecen en tu interior, forman parte de ti del mismo modo que las células normales. Y si el cáncer representa a una parte de ti, rechazarla o aislarla aún más no favorece la curación.

Explorar la función de la parte del cuerpo implicada te ayudará a alcanzar una mayor comprensión. También es esencial fortalecer el sistema inmunitario, lo que significa potenciar tu deseo de vivir. Quienes muestren espíritu de lucha, resistencia mental y voluntad -y que no se rechacen a si mismos- tienen estadísticamente muchas mayores posibilidades de sobrevivir. Estamos hablando de una actitud que se podría resumir en "quiero vivir". Recupera tus sueños perdidos y tus sentimientos reprimidos y dales la bienvenida de vuelta a su casa para incrementar tu deseo de vivir.

La visualización es una técnica que se ha empleado muy eficazmente para reforzar el sistema inmunitario. Es natural pensar en las células inmunitarias en términos de lucha y de victoria bélica –soldados en el campo de batalla, caballeros sobre sus monturas blancas, guerreros blandiendo sus lanzas o incluso tiburones asesinos acechando en los mares– , imágenes todas ellas que pueden potenciar el trabajo de las células T cuando éstas deben hacer frente a las células rebeldes. Sin embargo, estas imágenes también pueden albergar sentimientos de miedo y de odio. Las imágenes amables han demostrado ser igual de eficaces, si no más, además de generar una paz y un confort sanadores. Visualizar palomas blancas que reconfortan o cientos de corazoncitos rojos que absorben las células cancerígenas tienen efectos sanadores muy profundos.

Esclerosis múltiple

Enfermedad muy compleja, la esclerosis múltiple afecta a las personas de diferentes maneras. Se asemeja, e incluso puede ser confundida, a otras enfermedades como el síndrome de fatiga crónica. La esclerosis múltiple es una enfermedad inmunitaria en la que el sistema inmune ataca la envoltura de mielina que rodea los nervios, conduciendo a una esclerosis, el endurecimiento de la superficie de los nervios. En otras palabras, tu sistema inmunitario está contemplando a tu propio cuerpo como a su enemigo.

No hay una causa demostrada en el origen de este mal, sino múltiples teorías. Una de las más recientes apunta a la carencia de vitamina D puesto que no existe esta enfermedad en países ecuatoriales, en los que brilla intensamente el sol, la fuente de la que obtenemos la mayor parte de la vitamina D. Cuanto más nos acercamos a los polos y se reduce por tanto la exposición al sol, mayor es la incidencia de esta enfermedad. Esto nos conduce a una analogía cuerpo-mente, la de estar "entre tinieblas" esto es, no ser conscientes de nuestros propios sentimientos.

Las consecuencias de la esclerosis múltiple dependerán de dónde haya dañado a los nervios, ya se trate de nervios asociados a la movilidad (movimiento) o bien de nervios sensoriales (sensación y dolor). Las personas afectadas por esclerosis múltiples pueden experimentar entumecimiento, dolores en los nervios, dificultades para moverse y/o agotamiento profundo. Esta enfermedad puede variar, según la persona que la padezca, en extensión, duración y gravedad, razón por la cual es imposible hacer pronósticos de su evolución. Aproximadamente una cuarta parte de quienes padecen esclerosis múltiple experimenta síntomas leves, como hormigueos o entumecimientos que desaparecen al cabo de unos días. Aproximadamente la mitad sufre episodios que duran entre unos días a poco más de un mes, con algunos síntomas de debilitación pero que apenas dejan secuelas visibles dado que los nervios se regeneran completamente. Esto se conoce como esclerosis múltiples de recaída/remisión. Pero la otra cuarta parte padece ciclos progresivos de daños y remisión, con grave deterioro, dado que sus nervios no son capaces de regenerarse del todo.

Indudablemente, el estrés desempeña un papel de primer orden en esta enfermedad, como fuera el caso de Ana. Padecía esclerosis múltiple de tipo recaída/remisión desde que tenía veinticinco años: «Había padecido tres episodios, que duraban unos tres meses, y otros menores, pero tras cada uno de ellos, me había repuesto completamente. Cada uno de aquellos episodios se había producido tras un periodo de intenso estrés (como cuando mi matrimonio fracasó), con un margen de tiempo que evidenciaba la conexión causa-episodio. Tras el tercer episodio, me incorporé a un grupo de yoga ashram con el fin de poder disfrutar de un entorno que me proporcionara la serenidad necesaria para hablar con mi sistema inmune. Necesitaba saber lo que me estaba ocurriendo. Saber por qué me había convertido en mi propia enemiga, de tal modo que mi sistema inmunitario estaba atacando a mis propias células.

»Tras unos meses de asimilación y conversación, pude escuchar alto y claro –y para mi mayor sorpresa– que no había estado satisfaciendo mis propias necesidades. Esto me desconcertó mucho al principio, dado que creía sinceramente que no tenía ninguna necesidad. Pero tenía que confiar en lo que mi cuerpo me estaba diciendo. ¡Al hacerlo, sentí que abría la caja de Pandora! Descubrí en lo más profundo de mi ser un montón de necesidades por atender, arrinconadas cual muñecas rotas. Tuve que reconocerlas y atenderlas una a una, y me prometí a mí misma que nunca las volvería a ignorar. Me tomó un tiempo y mucho aprendizaje, pero permanecí fiel a mi promesa. Y no he vuelto a sufrir ningún episodio desde 1998, a pesar de los momentos de estrés que he pasado».

Diálogo cuerpo-mente: esclerosis múltiple

La esclerosis múltiple es una enfermedad en la que el sistema inmune ataca a la mielina, la sustancia que recubre los nervios, creyendo que ahí está su enemigo. Este sería pues un buen lugar donde empezar a buscar causas psico-emocionales.

- ¿Cómo has empezado a convertirte en tu propio enemigo?
- ¿Reconoces y escuchas a tu propia voz interior?
- ¿Estás negando o reprimiendo algo hasta el punto de perder tu equilibrio vital?
- ¿Te estás autodestruyendo por culpas y vergüenzas pasadas?

(Estas preguntas son aplicables a todas las enfermedades inmunitarias.)

Moverse es emocionarse, dar vida a tus emociones y sentimientos. La esclerosis múltiple restringe y limita los movimientos, lo que implica una progresiva contención o inhibición en la expresión de los sentimientos (como en el caso de Ana, la expresión de sus propias necesidades). La esclerosis múltiple resulta especialmente visible en la manera en que afecta la movilidad de las piernas, limitando o dificultando el movimiento.

- ¿Sientes que existen restricciones o limitaciones en los caminos que sigues?
- ¿Sientes que te ves obligado a seguir una dirección que a ti no te parece la correcta?
- ¿Quisieras retroceder, detenerte el movimiento hacia delante y permanecer inmóvil?
- ¿Te sientes incapaz de sostenerte de pie por tus propios medios?
- ¿Has silenciado tus sentimientos para poder mantenerlo todo inmovilizado, de tal manera que no tengas que hacer frente a eventuales cambios?

La esclerosis múltiple puede hacerte sentir impotencia, falta de control, pérdida de independencia o ausencia de dirección. Esto puede ser tan humillante como difícil de asumir. Pero puede que también sea la clave de tu sanación.

- ¿Sientes miedo al fracaso como adulto y deseas volver a la seguridad que brinda la dependencia?

- ¿Te has centrado demasiado en tu carrera?
- ¿Has estado trabajando tanto que has padecido un estrés intenso?
- ¿Te has olvidado de cuidarte a ti de tanto cuidar a los demás?

Herpes simple

El herpes afecta a los genitales y a la boca mediante ampollas de fiebre o erupciones que escuecen y dejan un costra. Una de las características del virus del herpes es que permanece contigo toda tu vida y sus erupciones son impredecibles. Por desgracia, este virus sabe cómo librarse de las células inmunitarias asesinas. Suelen presentarse episodios tras una etapa de estrés o conflictos, muy particularmente cuando se trata de conflictos en las relaciones personales, dado que el herpes invariablemente obliga a interrumpir las relaciones íntimas.

Una infección en la boca o en los genitales implica que quieres detener lo que estás diciendo o tu manera de relacionarte, dado que el herpes significa que nadie puede acercarse demasiado a ti. Esto también es aplicable al mundo laboral y a las dificultades financieras (especialmente entre los hombres), cuando la excesiva presión para alcanzar el éxito provoca deseos de retirada.

Diálogo cuerpo-mente: herpes simple

Si tienes un herpes, eso significa que debes liberarte de un sufrimiento, un recuerdo doloroso o un sentimiento tristeza.

- ¿Alguien te produce recuerdos dolorosos?
- ¿Mantienes una relación poco afectiva, basada sólo en el sexo?
- ¿Sientes miedo a la hora de mantener relaciones íntimas?
- ¿Te han pedido mantener relaciones sexuales demasiado pronto?
- ¿Te cuesta mucho comunicarte?

El sentimiento de culpa también está vinculado al herpes, tal vez generado por actividades sexuales del pasado o por la creencia de que en cierta medida eres mala persona o alguien sucio.

• ¿Alguien te recuerda conductas vergonzantes o te remite a culpas del pasado?

Herpes zóster

El virus del herpes zóster es el causante de la enfermedad homónima; también es quien desencadena la varicela, que puede afectar a adultos y a ancianos en momentos de debilidad del sistema inmune, como cuando estamos muy estresados o hemos padecido un trauma emocional. Afecta a uno o más nervios, a menudo en el pecho o en el rostro produciendo enrojecimiento y un dolor intenso a lo largo del nervio, donde se pueden formar ampollas y abscesos.

El herpes zóster presupone una elevada ansiedad, un sufrimiento interno que se ha estado gestando durante un periodo de tiempo. Dado que los nervios son nuestro medio de comunicación, el herpes zóster es como un grito de dolor reclamando atención y ternura, piel en carne viva que nos hace sentir vulnerable y débil. Tu cuerpo te está diciendo que pares de ayudar a los demás y empieces a ayudarte a ti mismo, para atenuar el estrés y la tensión, comunicar con tus sentimientos y tomarte el tiempo que haga falta para mimarte y cuidar de ti mismo.

Síndrome de fatiga crónica (SFC) y fibromialgia

Una de las enfermedades más complejas y desconcertantes que se han desarrollado en los últimos tiempos es el **síndrome de fatiga crónica (SFC)**. Esta patología resulta muy desconcertante porque no parece tener una causa evidente, como un virus específico. Tiene una permanencia estable, que puede oscilar entre unas semanas hasta varios años. Afecta a distintas partes del cuerpo sin relación aparente mediante dolores en las articulaciones y los músculos, debilidad muscular, dolores de cabeza y agotamiento, aunque no todo el mundo presenta los mismos síntomas. Suele desarrollarse después de una infección –como una fiebre de origen glandular– cuando el sistema inmunitario está bajo, lo que indica que puede tener origen vírico o deberse a un desarreglo inmunitario. Por otra parte, parece afectar sobre todo a la gente joven, predominantemente a las mujeres.

La **fibromialgia** es una enfermedad hermana del SFC y hay quien asegura que son variantes de una misma enfermedad. Al igual que la anterior, se desconocen sus causas, aunque suele aparecer tras una infección vírica.

Presenta síntomas parecidos, aunque con mayor énfasis en el dolor, y afecta a un grupo parecido de personas.

Tanto la fibromialgia como el síndrome de fatiga crónica nos detienen, tanto por el agotamiento como por el dolor, o por ambos a la vez. Si padeces alguna de estas enfermedades, es indudable que pasarás bastante tiempo descansando. Esto es un factor importante de tu comprensión del cuerpo-mente. Gran número de personas afectadas por estas enfermedades –de las que hay muchas variantes– son personas de nivel alto que han subido numerosos peldaños de la escalera social. Si este fuera tu caso, puedes ser víctima del estrés, lo que presupone un sobreesfuerzo para el sistema inmunitario. Pero también pudiera significar que sigues por una dirección errónea para tu naturaleza interior, como si fueras contra su espíritu, y te verás detenido.

En otros casos puede ocurrir todo lo contrario: se trata de personas que no trabajan, están deprimidas e inactivas; en cierta medida ya se han rendido antes de ponerse enfermas. En uno y otro caso, es como si su espíritu estuviera siendo ignorado y se pusiera a sollozar.

Estas enfermedades parecen sintomáticas de los tiempos en que vivimos, dado que su desarrollo es la respuesta a una presión creciente por triunfar, a menudo a expensas de nuestros propios sueños y aspiraciones. Algunas características comunes son el pensar que no somos suficientemente buenos y necesitamos seguir esforzándonos para mejorar y conseguir más cosas, o bien por el contrario rendirse y sentir un cansancio interno que anulan toda voluntad; una tendencia a tener una gran consciencia de nuestra imagen y de nuestra persona; un deseo poderoso de mantener siempre el control de tal forma que resulte muy difícil pedir ayuda y, por último, una reticencia a asumir las responsabilidades. Así pues, intervendrían tanto el propio impulso hacia el éxito unido al miedo al fracaso como una pérdida de capacidad de esfuerzo y de autoestima.

El síndrome de fatiga crónica, que recibe el nombre científico de encefalomielitis miálgica, suele provocar una inmersión en los asuntos y problemas propios y una necesidad de hablar de uno mismo: aparece así es el síndrome del "pobre de mí". La necesidad de centrarse en uno mismo quizás se deba al miedo a sentirnos perdidos entre la muchedumbre, a no ser tenidos en cuenta, que ni siquiera se percaten de nuestra existencia, o también porque queremos vernos como alguien especial o diferente. Es como si la desconexión con nuestro espíritu interior o identidad verdadera nos induciera a sobrecompensarlo volviéndonos excesivamente conectados a nuestro yo egocéntrico o superficial.

Diálogo cuerpo-mente: el síndrome de fatiga crónica

Quizás la dirección que has estado siguiendo obedezca a los deseos de alguien o a su influencia. Quizás esta fuera la dirección que creías que debías seguir, pero algo en tu interior quisiera poder expresarse de otra manera.

- ¿Podrías encontrar ese lugar?
- ¿Eres capaz de encontrar tu espíritu?
- ¿Puedes discernir cómo y cuándo no pudiste seguir avanzando en la dirección que ibas?

Dado que no existe una motivación o rumbo claro, todo movimiento hacia adelante se detiene: los músculos duelen o se colapsan, el agotamiento se adueña de la situación. Hay un anhelo de rendirse, de liberarse de todo el esfuerzo inherente a la condición humana. El síndrome de fatiga crónica y la fibromialgia proporcionan un lugar recóndito donde no se te puede alcanzar, un refugio entre la tormenta.

Síndrome de Inmunodeficiencia Adquirida (SIDA)

Cuando una sustancia invasora entra en el cuerpo, el sistema inmunitario hace sonar las alarmas y se pone a trabajar. Sin embargo, cuando el virus de VIH entra en el cuerpo, no sólo invade a las células T, también desconecta las alarmas. Esto deja el cuerpo expuesto no sólo al ataque del VIH (que es el precursor del SIDA) sino también a todos los demás antígenos. La manera en cómo este virus afecta al cuerpo –invadiendo e incluso imitando el comportamiento de las células– implica una incapacidad de discriminar entre energías inofensivas y dañinas, o reconocer circunstancias potencialmente dañinas, hasta el punto de no saber discernir el "yo" del "no-yo".

En muchos sentidos, el SIDA representa nuestra incapacidad como sociedad de respetar y honrar a todas las personas equitativamente. Su transmisión prevalece en aquellas áreas de la sociedad que las clases pudientes evitan, véase homosexuales, toxicómanos, pobres o prostitutas. Se trata de personas que han soportado infinidad de prejuicios, desprecios y discriminación; no es de extrañar que se haya desarrollado entre ellas una enfermedad que liquida cualquier atisbo de dignidad o de orgullo.

Según recientes investigaciones se deduce que dos de las principales características psico-emocionales de los portadores del SIDA es su sentido de la victimización y la tendencia a suprimir sus emociones. Por ejemplo, incluso los homosexuales que son abiertos y sinceros sobre su sexualidad saben que la sociedad es reticente a aceptarlos y la mayor parte de ellos sufren largos años de vergüenza y de culpabilización. Para otros, decirles a sus padres cuáles son sus preferencias sexuales es lo más difícil que hayan hecho jamás. Algunos nunca se atreverán a hacerlo, conscientes del dolor y la culpabilización que generarían. Por su parte, prostitutas y toxicómanos viven con el miedo a ser descubiertos, mientras que los pobres son víctimas de numerosas batallas políticas y prejuicios sociales.

Esta enfermedad también requiere que todos exploremos nuestras actitudes hacia el sexo y las relaciones humanas. Entre las prostitutas y la inmensa mayoría de homosexuales, cambiar de pareja a menudo, en vez de mantener relaciones monógamas durante largo tiempo, es una práctica habitual. Esto no es un juicio respecto a lo correcto y lo incorrecto, pero la energía sexual es una energía poderosa y muy potente, hasta el punto de que en algunas culturas se la considera sagrada. Tal vez el SIDA venga a recordarnos que no podemos infravalorar o hacer mal uso de esta energía y que si lo hacemos la naturaleza tiene medios para intentar detenernos.

Que el virus del VIH se transmita por medio de la sangre y el semen nos puede proporcionar valiosos datos sobre la relación cuerpo-mente. La sangre representa la circulación del amor desde el corazón a todas las partes de tu cuerpo, conteniendo en su interior el sustento vital del oxígeno, mientras que el semen representa la expresión de amor de un ser hacia otro, conteniendo el potencial de una nueva vida. Y es mediante estos dos fluidos vitales que se transmite una causa latente de muerte.

Amor y vida son indivisibles: sin amor la vida no tiene sentido; sin vida, el amor no tiene forma de expresión. Sin amor –o sin amor a la vida– sobreviene la depresión, la desesperanza y una búsqueda insaciable de la plenitud. Puede haber odio hacia uno mismo, autodestrucción, rabia o miedo que cierra los sentimientos de tu corazón. ¿Significa la transmisión del virus una ausencia de amor? ¿Es una indefensión celular lo que atrae al virus o bien el virus es quien crea ese estado de indefensión emocional?

¿Y hasta qué punto la transmisión depende de ser recibida? Pareciera como que para recibir el virus debiera existir un entorno físico o emocional similar o compatible. Si no hay un modelo receptor, un lugar receptivo, el virus no se transmite. Esto se puede comprobar en muchos casos donde uno de los miembros de la pareja es portador del VIH y el otro, pese a no practicar sexo seguro, no contrae el virus.

Con el SIDA nos hemos ido concienciando del potencial sanador del amor, como si el propio virus nos hubiera despertado para que veamos donde se ha cerrado el corazón. En este sentido, sorprende ver cómo muchos enfermos de SIDA, especialmente en sus últimos meses o semanas de vida, conectan con el amor incondicional: las familias se recomponen, padres que anteriormente había rechazado a sus hijos los aceptan, amigos y amantes se cuidan unos a otros abiertamente, se resuelven los conflictos interiores. He conocido pocas enfermedades que se centren tan profundamente en el amor. El SIDA nos está pidiendo que abramos nuestros corazones a la belleza y a la dignidad que hay dentro de cada uno de nosotros. El cantante Paul Krueger, un apreciado amigo que falleció de SIDA mientras yo escribía este libro, expresó todo esto en la última canción escrita por él: *Finally free* ("Por fin, libre"):

Por fin libre
Un día que desperté desesperado
El sol naciente rompió la oscuridad
Y en el horizonte pude ver
Cien ángeles divinos volando alto
Mi corazón echó a volar, mis ojos veían
La voz de mi corazón clamaba: ¡por fin libre!
Y entonces para mi asombro
Todos volaron para reunirse con los ángeles
Gentes de paz y gentes de odio
Todos los extremos de la raza humana
La Madre y el Padre también
Los diablos que hay en mí y los ángeles tuyos

Y cuando llegó la hora sagrada
Volamos libres hacia el sol
Sin odios ni pistolas
El juego terminó, la batalla tocó a su fin
Por fin libre, por fin soy libre,
Puedo volar como un ángel.

También hay gente que ha contraído el SIDA accidentalmente –tal vez por una transfusión sanguínea– y no encajan en ninguna de estas categorías. Llegados a este punto, necesitaríamos profundizar nuestra comprensión de las implicaciones del SIDA. Tenemos que asumir que es una enfermedad de nuestro tiempo, un reflejo del daño que infligimos a cualquier forma de vida, no sólo a la nuestra. A medida que talamos los bosques, contaminamos los océanos, agotamos los recursos naturales… los casos de SIDA, de abusos sexuales a niños, de cáncer y de enfermedades coronarias irán en aumento. Quizás la naturaleza esté intentando decirnos de la única manera en que puede hacerlo que ha llegado el momento de alcanzar mayores niveles de tolerancia y armonía, darnos cuenta de que la forma en que nos estamos comportando, como especie, se ha vuelto insostenible.

La energía del amor es todopoderosa y debería ser la fuerza fundamental de nuestras vidas. Pero a causa de la superpoblación y el agotamiento de los recursos del planeta nos hemos vuelto hostiles y desconfiados los unos con los otros, más proclives a hacernos daño que a compartir amor. La ignorancia de nuestra conexión esencial está siendo demasiado destructiva. El SIDA es un toque de diana para todos nosotros –no sólo para los afectados–, para conectarnos mucho más profundamente con amor los unos con los otros.

11. El aliento vital
El sistema respiratorio

La respiración es la cadencia de la inspiración y la espiración que sostiene la vida. Tanto la palabra "respiración" como la palabra "espíritu" proceden de la misma raíz latina *spiro* –que significa llenar el cuerpo con el aliento de la vida y llenar el espíritu de consciencia divina. Sin la respiración seríamos formas físicas inertes; sin espíritu la vida sería un sinsentido. No tener aliento es morir físicamente; no tener espíritu es morir en el alma. Al morir, tanto la respiración como el espíritu abandonan el cuerpo.

El sistema respiratorio en su conjunto representa tu independencia, tu vida diferenciada, así como tu deseo de vivir. De la nariz a los pulmones, la respiración entra en ti y te llena de oxígeno para después salir. La respiración no sólo proporciona un soplo de vida, sino que su ritmo también sirve para tranquilizar y centrar la mente –observar la entrada y la salida del flujo respiratorio es la base de la mayoría de las formas tradicionales de meditación–.

La respiración te da vida pero no te lo puedes quedar. Procede del exterior y por eso te exige que prestes atención al mundo en el que vives. No puedes apropiarte de tu aliento vital, sólo puedes tenerlo a condición que lo dejes salir. Mientras tú respiras, otra persona inspira: todos compartimos el mismo hálito de vida, seamos quienes seamos. Respiras el mismo aire que tus seres queridos y que tus enemigos. Tú das, yo recibo. De este modo se produce un flujo constante.

Sin embargo, tal flujo requiere tener la confianza de que, al soltarlo, volverás a coger aire, que el mundo te apoyará y te sustentará, que no te dejarán caer. Las cuestiones de cuerpo-mente relacionadas con la respiración se centran por tanto en los sentimientos de inseguridad o desconfianza, especialmente si tu nacimiento fue difícil o sentiste desamparo en la infancia.

La respiración marca tu entrada en este mundo. Cuando respiras por vez primera declaras tu independencia diferenciándote de tu madre, que respiraba por ti. Las dificultades respiratorias pueden por tanto estar conectadas con sentimientos de inseguridad respecto a esa independencia o a nuestra capacidad de respirar –o vivir– por nosotros mismos. Esto puede deberse a un familiar sobreprotector –que suele ser la madre– o a una pareja en la vida adulta que "respira" por ti, dominando y controlándote, abortando cualquier intento de ser independiente.

Con la respiración no hay lindes ni limitaciones, cada respiración sigue a la anterior. Las dificultades aparecen aquí relacionadas con los límites, cuando tienes sentimientos confusos respecto de dónde empiezas y dónde acabas, de tal manera que los demás pueden gobernarte o respirar por ti, ejerciendo sobre tu persona su influencia o control. Pueden aparecer problemas de control personal cuando nos sentimos incapaces de respirar solos. Hay una pérdida de poder personal y autonomía y esto puede conducirnos a limitaciones respiratorias.

Cada sentimiento que experimentes se refleja en la profundidad, longitud y clase de respiración, de la respiración superficial y rápida en momentos de pánico o estrés, a la respiración amplia y profunda cuando estés relajado. ¿Experimentas dificultades respiratorias cuando te sientes triste o enfadado? La ira hace que la respiración sea superficial y rápida, mientras que el miedo produce contención de la respiración o una una respiración rápida y sincopada. La tristeza produce suspiros y jadeos, respiración irregular. Cuando respiras hondo tu pecho se abre, lo mismo que cuando estás alegre y feliz te liberas de la tensión. Como escribió el filósofo sufí del siglo XVII, Kariba Ekken: «Si quieres fortalecer tu calma espiritual, empieza regulando tu respiración, porque cuando está bajo tu control, tu corazón encuentra la paz, pero cuando la respiración es espasmódica, tu corazón se turbará. Por tanto, antes de nada, empieza por regular tu respiración de tal manera que tu ánimo se suavice y tu espíritu se serene.»

Puedes cambiar tu manera de sentir simplemente cambiando tu modelo de respiración. Compruébalo por ti mismo mediante el siguiente apartado: «Descubre la Respiración», y observando cómo cambian tus emociones a medida que tu respiración se hace más profunda. Sólo variando tu concentración respiratoria cambiarás tus niveles de estrés –una relación cuerpo-mente directa–. Cuando respiras plenamente, te adueñas de tu vida y de tu poder personal. Hay rectitud y apertura, así como dignidad innata.

213

DESCUBRE LA RESPIRACIÓN

Siéntate o túmbate cómodamente y cierra los ojos.

Empieza por observar tu respiración durante unos minutos.
Te tomará algún tiempo familiarizarte con tu modelo habitual de respiración. Esto es importante.

Respira ahora con la parte superior de tu pecho.
Sólo la parte superior debe moverse. Para conseguirlo, la respiración tiene que ser rápida y corta. Observa cómo tus emociones expresan susto, estrés e incluso del miedo. Mantente en esta posición sólo mientras te resulte cómoda. Si respiras naturalmente, tomarás consciencia de hasta qué punto esta respiración superficial puede estar provocándote estrés.

Respira ahora con la parte central de tu pecho.
Tu concentración se dirigirá ahora alrededor del corazón o justo debajo de él. Este es un espacio bastante natural de la respiración. Observa cómo cambian tus sentimientos a medida que la respiración se va haciendo más profunda, cómo se van volviendo más tranquilos, más relajados. Observa si afloran otras emociones. Permanece así todo el tiempo que desees.

Ahora respira con tu estómago.
Céntrate en un punto situado un dedo por debajo de tu ombligo. Para hacerlo deberás respirar hondo, a fondo. Esto significa que el diafragma, –una membrana muscular situada alrededor de tu centro, justo debajo de tu corazón– necesita relajarse. Si te resulta difícil, inténtalo tumbándote en el suelo con las rodillas dobladas. Sigue respirando con el vientre tanto tiempo como te apetezca. Verás cómo tus emociones se van calmando y serenando, hasta sentir una profunda paz.

Respirando y sanando
Puedes emplear tu respiración para sanarte dirigiéndola conscientemente hacia el área dolorida o alterada. Normalmente nos ponemos tensos ante el dolor, tanto si es dolor físico como si es psicológico, y buscamos evadirnos mediante distracciones o analgésicos. Pero existe otra manera de

aliviarlo, que consiste en respirar en el dolor, abrirnos a él progresivamente. Respirando de este modo liberamos resistencias y tensiones reduciéndose así la intensidad del dolor. También ayudaremos a separar el dolor físico de las tensiones emocionales o miedos que a menudo lo acompañan, de tal manera que podremos tratar mejor los problemas asociados. Para hacerlo, dirige conscientemente tu respiración hacia la zona dolorida; siente cómo el dolor se atenúa y se disuelve en cada inspiración, liberando dolor y tensión en cada espiración. Respirar y ablandar. Esto también hace que aumente el flujo de oxígeno en la parte afectada.

Puedes utilizar igualmente tu respiración para entrar en lugares delicados y vulnerables de tu interior. Sigue respirando dentro y a través de cualquier resistencia. Emplea tu respiración para infundirte valor e inmunizarte contra el miedo, arraigarte a la realidad presente, relajarte, encontrar un mayor consuelo. Recuerda la frase "vientre blando" y repítela siempre que te haga falta. No puedes estar en tensión o muy nervioso mientras tu estómago esté blando: tan pronto como oigas estas dos palabras recordarás que debes relajarte y respirar. Relajar la barriga significa disminuir resistencias, limitaciones y tensiones interiores.

El sistema respiratorio está centrado en los pulmones, pero incluye también la nariz, la garganta, la laringe, la tráquea y los bronquios. Está íntimamente relacionado con la sangre, dado que el oxígeno pasa por los pulmones al flujo sanguíneo, mientras que el dióxido de carbono pasa de la sangre a los pulmones mediante la espiración. Esta relación se expondrá más claramente en el Capítulo 12, dedicado al sistema circulatorio.

Descubre la respiración y la sanación

Realiza este ejercicio siempre que te apetezca, con los ojos abiertos o cerrados. Viajando en tren y sintiéndote cansado y estresado: "vientre blando" y respira. Mientras estás en la cocina rodeado de platos sucios y niños que lloran: "vientre blando" y respira. Cuando estés camino de una importante reunión de trabajo: "vientre blando" y respira.

La nariz
Punto de entrada de la respiración, la nariz es por donde inhalas tanto los as-

pectos más hermosos como más horribles de la vida. Según la concepción del yoga, los senos nasales se corresponden con los dos hemisferios del cerebro y los aspectos masculino y femenino de tu sistema energético. Determinadas técnicas de meditación respiratoria, conocidas como *pranayama*, utilizan la apertura y el cierre de los senos nasales para profundizar en la meditación.

La nariz sirve también para **oler**. Posees un extraordinario sistema de reconocimiento de aromas en tu interior, mediante el cual puedes transportarte a los recuerdos de tu infancia con el simple contacto con un aroma familiar. Pero los recuerdos no siempre son bienvenidos, razón por la cual una **nariz tapada** puede ser un buen método de mantenerlos alejados. Sin embargo, oler no se refiere sólo a determinar olores. Al igual que los ojos hacen más cosas aparte de mirar, también puedes "oler" determinadas situaciones o algunos sentimientos, como cuando algo "te huele mal", que significa que algo te parece turbio. En tal caso, el olfato está asociado con tus capacidades perceptivas e intuitivas. Por eso, cuando tu nariz está tapada, quizás obedezca a alguna intuición interior que prefieras ignorar o a una percepción profunda que estás ignorando.

Las narices también tienen la fastidiosa costumbre de meterse donde no les llaman, ya sea en asuntos ajenos ya en cuestiones personales. No estoy completamente segura de cómo ni por qué lo hacen, ¡pero a todos nos queda clara la idea a fuerza de oírla repetidamente! Si padeces problemas de nariz, tal vez quieras mirarlo desde este punto de vista y comprobarás que no hubieras estado transgrediendo el derecho a la privacidad y que tal vez debieras ser un poquito más respetuoso.

Diálogo cuerpo-mente: la nariz

La facultad de respirar es clave aquí, al igual que tus sentimientos respecto a dejar que la vida fluya dentro de ti, reflejados en tu capacidad de inspirar con bocanadas claras y amplias. Si tu nariz está **tapada**, ¿no deberías retirarte por un tiempo y dedicártelo a ti mismo? En efecto, ésta es una manera de poner una barrera, un bloqueo que previene la entrada del mundo.

- ¿Estás bloqueando algo en tu interior, manteniendo una actitud rígida y sin aire?

- ¿Has demostrado tener prejuicios a ser especialmente cerrado?
- ¿Qué te haría falta para volver a abrirte y a respirar de nuevo libremente?

La nariz tapada puede deberse a un resfriado, pero también puede reflejar la necesidad de desembarazarse de algún dolor profundo o una gran tristeza. Los sentimientos han quedado cerrados bajo llave en tu interior y necesitan que los airees. Lágrimas inexpresadas pueden encontrar una vía de salida por una nariz que **gotea**: tus emociones literalmente fluyen de tu interior. El lenguaje es elocuente: tapada, cargada, obturada, goteante. ¿Cuál de estas palabras se adapta mejor a ti?

- ¿Dónde te sientes bloqueado emocionalmente o dónde estás cerrando tus actitudes?
- ¿Hay algo de lo que rehuyas o alguna persona de la que necesites huir?

Estornudar es una reacción natural ante un agente irritante, pero cuando se estornuda con más frecuencia de lo normal, o sucede en momentos determinados, merece la pena estudiarlo con más detenimiento.

Un agente irritante puede ser una persona que nos saca de juicio o una situación frustrante, en la misma medida que puede deberse a una simple mota de polvo. Conozco a alguien que siempre estornudaba antes de mantener una conversación telefónica con su madre.

- ¿Te está irritando una situación o una persona?
- ¿O bien estás hasta las "narices" de alguien?
- ¿Tienes sentimientos inaceptables que quisieras eliminar de un estornudo?
- ¿Empiezas a estornudar cuando alguien en particular entra en la habitación?
- ¿Estornudas porque estás muy nervioso?
- Observa las circunstancias antes de que empezaras a estornudar. ¿Qué sentimientos experimentaste o reprimiste?

La alergia al polen

Es una de las reacciones alérgicas más debilitadoras. Provoca ojos llorosos, goteo nasal, picores y enrojecimientos. Sin duda existen problemas medioambientales relacionados con ella, sobre todo cuando el polen es muy abundante. No obstante, la alergia al polen es una respuesta emocional: todas las vías de agua están abiertas, con todos los fluidos desparramándose y en un estado físico de gran irritación.

Diálogo cuerpo-mente: la alergia al polen

Las alergias indican una reacción emocional muy intensa ante situaciones externas, una reacción de retirada, resistencia y miedo que conducen al aislamiento, a menudo inducida por el estrés.

- ¿Podrías identificar lo que te produce verdaderamente alergia?
- ¿Hay algo que te produzca esa efusión emocional?
- Si éste fuera el caso, ¿de qué te gustaría escapar u ocultarte?

Véase también: Alergias.

Sinusitis

Los senos nasales son unas cámaras huecas o espacios llenos de aire situados detrás y a ambos lados de la nariz. Otorgan a la voz una resonancia adicional. Pero también constituye focos de infección y una excesiva mucosidad puede resultar bastante dolorosa.

La sinusitis significa que estás sintiéndote irritado por algo o por alguien, o tal vez por ti mismo, y esta irritación pone de manifiesto la sensación de estar emocional o creativamente bloqueado.

Diálogo cuerpo-mente: sinusitis

La respiración es inspiración, es adoptar nuevas ideas. Como tal, la sinusitis es una forma de dejar de lado lo que nos inspira y nos enriquece, o también puede manifestar una sobrecarga de esfuerzo mental.

- ¿Sientes un bloqueo o limitación, una incapacidad de liberarte de viejos modelos?

- ¿Muestras cierta resistencia a la hora de inspirar y alimentarte?
- ¿Has estado trabajando mucho mentalmente o no quieres reconocer la necesidad de jugar, de ser creativo o de escuchar a tu corazón?

La sinusitis también guarda relación con el dolor reprimido y las lágrimas retenidas, sobre todo cuando pueda existir dolor intenso y fiebre alta. El dolor expresa una angustia interior, un dolor acumulado dentro sin expresar: la temperatura muestra la intensidad del sentimiento, el calor de las emociones.

- ¿Qué necesitas hacer para soltar este bloqueo y liberarte?
- ¿Sientes una necesidad profunda de ser amado?
- ¿Qué otros sentidos se están viendo afectados?

La garganta

La garganta cumple varias funciones y, por consiguiente, para descubrir sus implicaciones cuerpo-mente, deberás discernir qué función está afectada. Está relacionada con el proceso digestivo y el acto de tragar alimentos y también realidades, lo que entraña muchas ramificaciones que se detallan en el Capítulo 13. Aquí veremos en qué medida la garganta afecta a la expresión, dado que alberga a la laringe y la caja de resonancia. Activada por la respiración, la garganta es también el vínculo que une el cuerpo con la cabeza –el corazón y la mente– y es por tanto donde das voz a tus sentimientos, expresas tus ideas, dices tus verdades, traes a tu mundo interior a la luz o bien te lo tragas todo. Es fácil ver las conexiones con el quinto chakra, que es el centro de la comunicación.

No siempre resulta fácil expresar tus emociones. Puedes pensar que no son apropiadas (como cuando deseas ponerte a gritar o a llorar mientras estás trabajando), que pueden herir a alguien, que pueden no ser respetadas o valoradas; quizás no encuentres las palabras adecuadas o ni tan siquiera estés en contacto con tus sentimientos verdaderos. Todo esto se puede ir acumulando en tu interior de tal manera que puedes acabar reteniéndolo todo sin decir nada, como cuando sueltas un gran suspiro y te quedas en silencio, o también puedes estar reprimiendo e ignorando tus sentimientos simultáneamente.

La garganta también es por donde te "tragas" los sentimientos y las consecuencias de tu realidad diaria. Para "tragar" con algo, tienes primero que aceptarlo, "tener estómago" para encajar lo que te sucede, incluso para tolerarlo. Pero tal vez no estés tolerando en absoluto lo que está sucediendo. ¡Y mucho menos tragándotelo!

Véase también: Capítulo 13.

Garganta seca
La garganta es el lugar donde te "tragas" el impacto de lo que está sucediendo en tu vida, razón por la cual los problemas de garganta aparecen cuando la reacción es de miedo o de irritación. Aquí también es por donde expresas o reprimes tus sentimientos.

Diálogo cuerpo-mente: garganta seca

Una garganta seca indica claramente que o bien una realidad te produce sensación de irritación o inflamación, o que algo que desearías decir aún no ha sido dicho.

- ¿Se te ha quedado algo atragantado?
- ¿Has tolerado algo que te está irritando, aburriendo, enfadando o descentrando?
- ¿O bien hay alguna cosa que quisieras decir pero te estás reteniendo?
- ¿O te sientes herido pero intentas fingir que todo está estupendamente?
- ¿Puedes encontrar alguna manera de expresar tus sentimientos para desbloquear tu energía?

La tos
La tos es una reacción ante un estímulo, por lo general un cosquilleo en la garganta o en la laringe. Ese cosquilleo se puede convertir en inflamación si el agente irritante sigue actuando.

Diálogo cuerpo-mente: la tos

La tos es un intento de limpiar el camino, de expulsar al elemento irritante fuera del sistema.

- ¿Qué te hace sentir tanta irritación?
- ¿Algo o alguien quieren sacarte de quicio y llenarte de rabia?
- ¿Te han pedido que te "tragues" algo que no quieres?

La tos puede deberse a algo que dijiste o quisieras decir, dado que el mecanismo de la tos es parte de la laringe.

- ¿Has dicho algo hiriente?
- ¿Te sientes culpable o avergonzado por lo que has dicho?
- ¿Anhelas poder expresarte, dar rienda suelta a tus sentimientos?

Una **tos nerviosa** constituye una manera de mantener bajo llave los miedos interiores o las preocupaciones. Los sentimientos se esconden precisamente aquí, detrás de la tos, pero el exceso de tensión hace que sea muy difícil liberarlos.

Si la tos va acompañada de flemas o el pecho está irritado, véase Bronquitis, o el Resfriado común en el Capítulo 10.

La caja de resonancia de la voz

La laringe es la caja de resonancia de tu voz y tu voz es un medio único de identificación: no hay dos voces iguales. La forma en cómo empleas tu voz expresa una gran cantidad de información sobre tu personalidad, tanto si es ronca o aguda, persuasiva o dominante, tímida, suave, acariciante o aguda o grave. Intenta grabar tu voz en una cinta o CD, rebobina y escúchala. ¿Qué expresa de ti? La voz es tu medio de expresión, de compartir la persona que eres con el mundo. Esta forma de expresión dependerá más del tono y la intención que de las palabras que pronuncies. Decir "te quiero" con una voz llena de veneno invalida el sentimiento expresado; lo mismo sucede con un "te odio" pronunciado con voz amorosa. La emoción subyacente en tus palabras tiene mucho más impacto que las propias palabras.

La **laringitis** designa la inflamación de la laringe, cuando te quedas ronco o pierdes completamente la voz. Puede venir acompañada de una congestión, haber sido causada por una ira excesiva o puede aparecer también cuando estás muy nervioso por tener que decir algo. Perder la voz significa que no puedes decir nada, lo que te permite estar emocionalmente a salvo. La laringitis también puede obedecer a que no tienes nada importante que decir, como cuando le hacen creer a un niño que cualquier cosa que diga es inconveniente o carece de importancia. También puede suceder porque te sientas abrumado por algo o por alguien –como una especie de miedo escénico– que te deja sin fuerza. O puedes haber perdido la voz a consecuencia de una escena traumática, cuando un temor insuperable te impide abrir la boca.

Diálogo cuerpo-mente: la caja de resonancia de la voz

Las **dificultades en el habla** se dan cuando se produce una supresión de los sentimientos. Esto puede deberse a un miedo a expresarse o a un nerviosismo extremo, que hace que se diga siempre lo que no procede, o a una incapacidad a la hora de exponer claramente los sentimientos propios.

- ¿Sigues metiendo la pata hasta el cuello?
- Expresas tus necesidades por medio de tu voz. ¿No eres capaz de expresar lo que realmente quieres?
- ¿Estás hablando por boca de terceras personas y no encuentras tu propia voz?
- ¿Estás diciendo tu verdad o bien te la estás guardando?
- ¿Te sientes completamente desvalido o por el contrario omnipotente?
- ¿Has presenciado algo que te ha dejado sin palabras?

Dicen que el silencio es oro, pero también puede ser una manera de evitarse afrontar un problema, sobre todo cuando se trata de un contencioso con tu pareja.

- ¿Puede tu silencio ser una forma de manipulación?

Hacer oír tu voz implica tener valor y ser independiente: puedes hablar por ti mismo, te bastas para mantenerte a ti mismo. **Perder la voz** implica que has perdido el contacto con tu fuerza interior, tu capacidad de hablar claro.

- ¿Qué es lo que realmente quieres decir?
- ¿Con qué parte de tu ser has perdido el contacto?
- ¿Qué voz interior necesita expresar?

La glándula tiroidea

Esta pequeña glándula, situada detrás de la tráquea, influye químicamente sobre todo tu cuerpo. Produce las hormonas del crecimiento, la regeneración celular, además de reparar y mantener tanto el metabolismo como el consumo de oxígeno. A muchas mujeres –dado que la mayoría de los pacientes son mujeres– se les diagnostica hipertiroidismo **–a una de cada ocho mujeres menores de 65 años–**. Es el mal que más frecuentemente afecta a las tiroides y se traduce en depresión, aumento de peso, energía muy baja y problemas de sueño. Como trastorno suele aparecer en las etapas perimenopaúsicas, que suelen tener síntomas muy parecidos. Las causas cuerpo-mente suelen ser similares, como sentimientos de haber perdido poder personal, el sentido de la vida o el valor.

Diálogo cuerpo-mente: hipertiroidismo

La proximidad de las glándulas tiroides con la caja de resonancia de la voz es muy interesante, dado que el hipertiroidismo puede deberse a haber estado demasiados años "tragando" o "ahogando" tus palabras o necesidades, hasta el punto de que ahora te cuesta expresarte. Esto es bastante frecuente en mujeres que anteponen las necesidades de los demás a las suyas propias y cuyas opiniones o puntos de vista son infravalorados, como si tuviesen menos valor. Si éste fuera tu caso, es vital que encuentres tu voz y aprendas a expresar tus pensamientos y sentimientos.

- ¿Eres incapaz de hablar por ti mismo?

- ¿Es tu pareja o acompañante quien toma siempre las decisiones?
- ¿Siempre das prioridad a los demás, llegando incluso a negarte tus propias necesidades?

Los pulmones

Respirar es almacenar y sacar. Inspiras sabiendo que podrás espirar, y al espirar sabes inconscientemente que habrá otra bocanada de aire que podrás inspirar. Sin embargo, si hay falta de confianza o miedo ante este proceso mecánico, pueden presentarse dificultades respiratorias. Los niños rechazados o desatendidos por sus padres, y muy especialmente por sus madres, pueden perder esta confianza, lo mismo que los adultos que hayan sufrido maltrato, hayan vivido situaciones en que su vida estuvo en peligro, o la pérdida de seres queridos.

Los pulmones simbolizan la independencia –llenar los pulmones de aire en el momento de nacer marca el inicio de una vida autónoma–. Si el nacimiento fue una experiencia traumática, marcará la forma en la que afrontes posteriores momentos de transición a lo largo de tu vida y en qué medida será capaz de respirar profundamente y relajarte durante el cambio. En los pulmones se manifiestan los problemas relacionados con tu dificultad para dejar fluir la vida y pueden expresar tu rechazo hacia ella. También pueden reflejar tus deseos de vivir tu propia vida en vez de dejar que alguien ejerza su poder sobre tu persona. Los pulmones son igualmente el lugar donde reside la tristeza, el dolor inexpresado y las lágrimas no derramadas que a menudo se han ido acumulando a lo largo del tiempo.

Bronquitis

Cuando la tráquea se adentra en los pulmones, se divide en los bronquios derecho e izquierdo, conformando en cada pulmón algo parecido a un árbol vuelto del revés.

El oxígeno se distribuye en este lugar para abastecer el flujo sanguíneo y se intercambia por dióxido de carbono. Los bronquios se inflaman por la contaminación atmosférica, por el humo de los incendios forestales, por inhalación de gases de combustión, por el tabaco o por causa de una infección de la garganta. Dado que los bronquios aportan aire a los pulmones y lo expulsan una vez utilizado, actúan como mediadores o comunicadores entre el mundo interior y el mundo exterior.

La bronquitis es una infección que indica que algo o alguien te está afectando, y eso precisamente crea inflamación, lo cual denota irritación, escozor, rabia o disgusto, emociones localizadas en el área donde respiras la vida.

Diálogo cuerpo-mente: bronquitis

Los problemas de bronquios están a menudo relacionados con la capacidad de compartir lo que realmente sientes, pero también con problemas de separación e independencia, dado que ahí es donde respiras por ti mismo, autónomo respecto a cualquier otra persona. Intenta descubrir los sentimientos ocultos tras la infección.

- ¿Qué te estaba sucediendo cuando comenzó la infección?
- ¿Qué es lo que te irrita y altera tanto?

Una **tos cargada** puede indicar que quieres sacar algo a la superficie o sacar algo que llevas metido "dentro del pecho".

- ¿Te sientes abrumado o asfixiado por algo o por alguien?
- Dado que los pulmones contienen a menudo tristeza, ¿es posible que haya una tristeza profunda, un dolor o una culpa enmascarándose tras la infección?
- Si te cuesta respirar, ¿qué es lo que te impide desear implicarte plenamente?
- ¿Hay algo irritante o doloroso que necesites sacar al exterior?

Asma

Un ataque de asma puede ser provocado por una bronquitis, por la contaminación o por reacciones alérgicas ante un estímulo externo, como puede ser el polen, o también por la risa y el llanto. En los últimos años, se ha producido un alarmante incremento de los casos de asma, especialmente en los niños. Cada vez resulta más evidente que buena parte de la causa física de esta realidad obedece al aumento de la contaminación medioambiental, sobre todo de los humos de los tubos de escape, dado que los casos de asma son más frecuentes en lugares donde el tráfico es más intenso.

225

Sin embargo, la contaminación no es determinante en todos los casos de asma. En lo que respecta a la conexión psico-emocional del asma, existen dos correspondencias básicas. La primera es la relación con la madre, dado que la respiración simboliza nuestra separación de ella tras el parto. Durante los últimos quince años, en los que los niveles de contaminación subieron, también aumentó el número de niños educados en núcleos familiares monoparentales, niños que tienen que hacerse emocional y físicamente independientes bastante antes. Tal vez tengan que respirar por sí mismos muy pronto. También pueden sentirse emocionalmente más inseguros. Muchos niños y adolescentes experimentan mayor miedo al futuro a medida que aumentan los problemas financieros y de vivienda, a la par que disminuyen las oportunidades educativas y laborales. Estos problemas sociales afectan directamente a los sentimientos relativos a la independencia y, en consecuencia, afectan también a la respiración.

La relación madre-hijo es una relación muy compleja, condicionada por el hecho de que la madre "respiró" por el hijo durante el embarazo. Por distintas razones, una madre puede asfixiar, dominar o abrumar si sigue respirando por el hijo mucho tiempo después del nacimiento. En tales casos, la frontera entre la madre y el hijo quedan difuminadas, conduciendo a una dependencia respecto a una madre sobreprotectora.

Los ataques de asma pueden desencadenarse a partir de sucesos que ponen de manifiesto la necesidad de respirar independientemente y que crean una separación de la madre, como pudiera ser el nacimiento de un hermanito, acabar la escuela, irse de casa o casarse. Un ataque de asma es como un grito reprimido que expresa el anhelo de volver al útero materno. Conocí a una mujer enferma de asma que padeció un ataque tan grave tras el día de su boda que su madre, que había cogido el avión de vuelta a casa, tuvo que regresar para estar a su lado. Esto mismo le sucedió cuando dio a luz a su primer hijo. Su madre estuvo a su lado y decidió regresar en avión a su ciudad cuando la interceptaron en el aeropuerto para comunicarle que su hija había tenido otro ataque grave de asma.

En los adultos, el asma puede desarrollarse cuando nos sentimos asfixiados por un jefe, por una responsabilidad, por exceso de trabajo, por familiares demasiado exigentes, hasta el punto de sentirnos incapaces de respirar por nosotros mismos e incapaces de expresar nuestros sentimientos de ahogo o impotencia. El estrés exacerba más si cabe el asma, sobre todo entre los cuadros medios, que son muy proclives a sentirse abrumados por la presión del éxito, además de por el pago de las facturas y la necesidad de velar por los demás. Desarrollan un sentimiento de tener que hacerlo todo, y respirar por ellos mismos se convierte en una lucha.

Este grito o anhelo por respirar libremente está conectado con el segundo aspecto del asma: el deseo de expresarse y la incapacidad de hacerlo, lo que conduce a la represión de los sentimientos y a la tristeza. Espirar nos permite hablar: la incapacidad de espirar con facilidad denota que esa expresión está quedando bloqueada o algo está impidiéndola. Por eso en los países de habla inglesa se conoce al asma como "el grito silencioso", porque hay un llanto interior, un deseo silencioso y anhelante de expresarse, emocionarse, compartir, de gritar e incluso de actuar de forma poco adecuada, pero tal vez por causa de miedos, de inhibiciones durante la infancia, rechazos, etc., se manifiesta como incapacidad. Intenta mantener tu respiración –inspira pero sin espirar– y observa las emociones que emergen desde tu interior. Generalmente se produce un anhelo de estallar, de gritar y precisamente este impulso queda reprimido, como ocurre con el asma.

Los ataques de asma pueden desencadenarse a consecuencia de situaciones emocionales como la rabia o los sentimientos enconados hacia familiares o parejas, cuando se nos malinterpreta, o cuando sufrimos un dolor o una pérdida. Cuando un niño es incapaz de hablar por sí solo, ese anhelo se fija en su interior, especialmente cuando la expresión se basa en la confusión o el miedo a la reacción de los padres.

Diálogo cuerpo-mente: asma

El asma es una alergia, una sobrerreacción del sistema inmunitario ante un antígeno. Sobrerreacción podría ser aquí la palabra clave.

- ¿Algo o alguien hacen que sobrerreacciones?
- ¿Sientes que tus fronteras se han desdibujado?
- ¿Qué podrías hacer para redefinirlas?

Este área está conectada con asumir la vida de forma autónoma e independiente, de ahí que cualquier duda, incertidumbre o dificultad que pudieras sentir respecto a ser independiente y estar solo se manifieste aquí.

- ¿Estás encontrando dificultades a la hora de afirmar tu independencia o fijar tus límites?
- ¿Pusiste fin recientemente una relación con dependencia emocional?

Hiperventilación

La hiperventilación está muy asociada al estrés. Se estima que una de cada diez personas padece hiperventilación, un trastorno que hace que la respiración sea tan superficial y rápida que se produzca un exceso de pérdida de dióxido de carbono. El desequilibrio entre el oxígeno y el dióxido de carbono altera también el equilibrio corporal entre ácidos y alcalinos, provocando debilidad, mareos, confusión y sensaciones de irrealidad, ataques de pánico, dolores de cabeza, hormigueos o entumecimientos. Esto obedece a miedos o ansiedades del subconsciente.

Diálogo cuerpo-mente: hiperventilación

- ¿Cuál es la causa profunda de tu preocupación?
- ¿De qué tienes verdaderamente miedo? Dar voz a tu ansiedad te ayudará a verla con mayor claridad. ¿Estás dando demasiado y necesitas darte más a ti mismo?
- ¿Tienes miedo a respirar hondo, a dejar que entre más vida en tu interior?

Véase también: Ataques de pánico.

Neumonía

La neumonía es una inflamación de los pulmones, lo que indicaría que tu sistema inmunitario está expuesto a un peligro. Por eso deberás buscar aquello que debilita tu respuesta inmunitaria (véase el Capítulo 10) y está inflamando tus sentimientos, tanto si es algo que estás inhalando desde el exterior o algo ubicado en tu interior que eres incapaz de expresar. Aquí suelen darse emociones intensas, pero también dolor y agotamiento, que minan tu energía.

Diálogo cuerpo-mente: neumonía

El acto de respirar es el acto de vivir.

- ¿Sientes agotamiento y agobio por el peso que tienes que sostener y sobrellevar?
- ¿Percibes en tu interior un anhelo por detenerte y tomarte un tiempo de descanso?
- ¿Necesitas ayuda pero te sientes incapaz de pedirla?
- ¿Te sientes noqueado, como si alguien te hubiera dado con las puertas en las narices?
- ¿Estas sintiendo una tristeza profunda pero no encuentras la forma de expresarla?

La relación entre respiración y espíritu se contempla a menudo como enfermedad; las experiencias místicas o espirituales no son inusuales entre quienes padecen neumonía. Esta afección puede distorsionar tu relación con el mundo físico, que normalmente mantiene el ritmo de la respiración, y esta distorsión puede actuar como una ventana que se abre a otro nivel de realidad.

12. El flujo del amor
El corazón, la sangre y la circulación

El corazón es el centro del sistema vascular, que constituye un entramado de vasos que llevan la sangre a todo el cuerpo. El oxígeno y otros nutrientes esenciales son transportados a cada célula mediante las arterias, mientras que la sangre sin oxígeno retorna al corazón a través de las venas. El corazón es el centro de este sistema y su relación simbólica con el amor está profundamente imbricada en nuestro subconsciente colectivo. Que el corazón represente el amor es una parte de la relación cuerpo-mente aceptada universalmente. La sangre simboliza la circulación de ese amor, el dar y el recibir contemplados como un perpetuo ir y venir desde y hacia el corazón.

Estamos hechos en un 94 % de agua y los fluidos corporales, incluida la sangre, están circulando constantemente, manando y fluyendo. Los fluidos se corresponden con tu emociones y sentimientos. Los temas relacionados con los fluidos son temas de ternura, que tienen relación con el amor y el sufrimiento, el dolor y la pasión, reflejando el lugar donde se reprimen tus sentimientos, pudiendo quedar encerrados o bien desbordarse fuera de control. Las emociones confieren movimiento a tus deseos interiores, a tus anhelos y a tus creencias.

Al igual que la sangre insufla la vida mediante el oxígeno y los nutrientes, el amor confiere a la vida sentido y rumbo. Junto al amor y la vida se encuentran sus antagonistas, el miedo y la muerte. El amor es expansivo y lo abarca todo, alcanzado a otros seres, mientras que el miedo es contractivo y exclusivo, retrayéndote de toda participación. El amor abarca el miedo, pero sin amor el miedo se convierte en odio. Sin amor, la vida pierde todo su sentido. Cuando el corazón se detiene, la vida se va.

El corazón

Cuando te enamoras sientes que tu corazón palpita, late poderosamente o salta de alegría; cuando te rechazan, tu corazón se rompe en mil pedazos. Nos dicen "que no tenemos corazón" o "tenemos poco corazón" cuando mostramos poco amor o poco apego; en cambio, decimos que alguien tiene "un gran corazón" cuando extiende sus atenciones a los demás. Cuando llamas a alguien *corazón* es porque sientes hacia él o hacia ella mucho amor. Tienes una "corazonada" cuando algo te inspira o "hablas con el corazón en la mano" de asuntos muy personales y con gran sinceridad. Tienes a alguien metido "en lo más profundo de tu corazón" cuando lo amas mucho. También es importante tener el corazón bien rojo, como los miles que se envían cada año en la tarjetas de felicitación por San Valentín, porque el rojo es el color del amor. En efecto, una docena de rosas no tiene el mismo efecto si éstas son de color amarillo y, sin embargo, poca gente tiene en cuenta que el color rojo es también el color de la sangre.

No obstante, el amor raramente fluye serenamente. En mayor o menor medida, todos hemos padecido conflictos, maltratos, daños o pérdidas irreparables en la infancia, y cuando el dolor es demasiado grande como para asumirlo lo guardamos bajo llave dentro de nosotros. Esto hace que cerremos nuestros corazones, de tal manera que nuestra capacidad de expresar afecto queda limitada. Cuando nos aislamos del amor, nos volvemos desconfiados, desatentos, superficiales, proclives al odio, a los prejuicios y al miedo. También nos cerramos a nuestras propias necesidades de amor.

A muchos chicos se les enseña a no mostrar sus sentimientos, a parecer valientes y fuertes. En la vida adulta, esto puede suponer que sean incapaces de mostrarse cariñosos o atentos, incluso con sus hijos. El miedo cierra los corazones de tal manera que incapacita para sentir amor, como cuando te cruzas de brazos y te echas hacia atrás en actitud defensiva. El amor procede del corazón abierto, como cuando abres tus brazos sin miedo y abrazas con afecto. Como escribiera Gerald Jampolsky: «El amor es lo que queda cuando dejas salir el miedo».

Desde el corazón expresas tu pasión, tu adoración, tu miedo, tu ira, tu deseo, tus anhelos, tu gratitud y tu alegría. Estos sentimientos también los expresas con tu boca –con las palabras, la entonación y los besos–, con los hombros, los brazos y las manos –cuando abrazas, acaricias o empujas–, y mediante tu sexualidad –prodigando caricias y compartiendo–.

Descubre el corazón 1

Dedica unos instantes al día a conocer mejor a tus sentimientos.

Elige un tema.
Puede ser tu pareja, tus hijos, tu trabajo, etc.

Escribe un diario personal.
Empieza cada día una página con las palabras: «Siento en mi corazón…»
Luego deja que tu mano escriba lo que quiera.

Escribe con el corazón en la mano.
No tiene que ser algo tenso. Nadie más va a leerlo, es sólo para ti.

Guarda el diario a mano.
Mantén cerca tu diario en la misma medida que mantienes el contacto con tus sentimientos y eres capaz de expresarlos libremente.

Este es tu hogar emocional, donde sientes todos tus luchas, tus angustias y tu dolor, tus gustos y tus disgustos, anhelos y ansias, y todas las cosas que te proporcionan alegría. Todas estas emociones están localizadas aquí. En casos de trasplante de corazón se ha comprobado que las aficiones y manías del donante quedan trasplantadas con el órgano. Escuché el caso de una mujer de mediana edad que desarrolló una gran afición por las retransmisiones deportivas y la cerveza, algo que nunca le había interesado antes de someterse a un trasplante. Resultó que el donante había sido un gran aficionado al fútbol. En otro caso, Gaea Shaw, autora de *Dying to Live: From Heart Transplant to Abundant Life*, desarrolló una gran afición a la natación llegando a entrenarse para los U.S. Transplant Games, en los que incluso lograría ganar varias medallas. Nunca antes había sido una atleta, pero le había sido trasplantado –como habréis adivinado– el corazón de un gran nadador.

Aprender a abrir tu corazón, a escucharlo, respetar y confiar en lo que sientes es una de las enseñanzas más poderosas de la vida. Tal y como lo describe Alexander Lowen en su libro *Bioenergetics*, el corazón es como un rey, mientras que la mente es el consejero real. Los consejeros entran en el mundo para ver lo que allí sucede y se lo cuentan al rey sentado en el trono de su reino. No obstante, el rey tomará sus propias decisiones, que no se basarán en lo que cada consejero individual pueda decirle, sino en su propia e intuitiva y más profunda comprensión del marco general. Esta decisión tal vez parezca absurda a los consejeros, pero es invariablemente la mejor y más acertada. Dicho en otras palabras, cuando escuchas a tu corazón y tomas decisiones basadas en lo que te está diciendo, en vez de decidir en base a tu razón, normalmente estarás tomando la decisión correcta. Aunque el corazón pueda parecer ilógico o irracional, intuitivamente sabes que es más real y tiene más sentido que todos los argumentos que tu cabeza pueda argüir para contrarrestarlo.

En efecto, el corazón es algo más que el centro del amor, también es el centro de tu ser, el lugar que señalas cuando hablas de ti. Cuando dices «me llegaste al corazón» en realidad estás diciendo «has tocado la parte más profunda de mi ser». Cuentan que los indios nativos americanos, cuando entraban por vez primera en contacto con un hombre blanco, solían decir una frase bastante extraña: «El hombre blanco piensa con su cabeza en vez de pensar con su corazón».

Descubre el corazón 2: respirando dentro de tu corazón

Tómame un descanso: deja de leer y empieza a respirar dentro de tu corazón.

Siéntate cómodamente.
Cierra tus ojos y respira con naturalidad, respirando en el área de tu corazón, es decir en el espacio del corazón que está en el centro de tu pecho.

Siente cómo ese espacio se va abriendo lentamente.
Libera cualquier tensión con cada espiración. Respira suavemente y ves abriendo con cada inspiración.

Relájate.
Mantén el modelo de respiración durante unos minutos. Limítate a respirar con naturalidad, sin esfuerzos, y déjate sumergir en el espacio del corazón.

Cuando te sientas listo, abre los ojos lentamente.

El ritmo cardíaco

Dado que el corazón es el centro de tus sentimientos más profundos, su ritmo responde a dichos sentimientos, acelerándose en situaciones de estrés excesivo, trauma emocional o shock, miedo, pasión, euforia o alegría. Debería volver a su ritmo normal una vez que te relajes.

Diálogo cuerpo-mente: el ritmo cardíaco

Un ritmo cardíaco acelerado que no vuelve con facilidad a la normalidad indica una necesidad de mayor equilibrio emocional y una relajación interior, dado que el estrés, el miedo y la ansiedad están afectando a tu equilibrio.

- ¿Te molestas con facilidad o te sientes emocionalmente inseguro?
- ¿Qué está fuera de diapasón en tu vida?
- ¿Qué necesitas hacer para encontrar una mayor estabilidad y un ritmo más sosegado?

Angina de pecho

La angina de pecho implica una rigidez en el pecho que se padece cuando un estrechamiento de las arterias impide que la sangre y el oxígeno lleguen hasta el corazón. Suele desencadenarse durante el ejercicio o por causa de un exceso de estrés emocional o mental, dado que en ambos casos la demanda de oxígeno se incrementa hasta el punto que el cuerpo se ve incapaz de abastecerla y se produce una ruptura del equilibrio entre la oferta y la demanda. Actividades menos físicas, como el hábito de fumar y un calor excesivo también pueden precipitar la aparición de una angina, al igual que la preocupación o la ansiedad, dado que hacen aumentar drásticamente la presión arterial.

La angina de pecho suele ser el resultado de unos vasos sanguíneos estrechados o rígidos, lo que indicaría un estado emocional tenso o "rígido" respecto a la capacidad de dar y de recibir. Esto es especialmente cierto en cuestiones de amor y de cariño, o a la hora de ser capaces de pedir ayuda o consejo. Por el contrario, se produce un fuerte deseo de tenerlo todo bajo control, de hacerlo todo solo. Esto reduciría tus recursos interiores, de tal manera que cuando crece la demanda, la respuesta no está a su altura: no tienes nada que dar. La rigidez en el pecho implica un conflicto entre la necesidad de sentir plenitud y la incapacidad para recibir.

Quizás estés ignorando tus propias necesidades, o te sientas incapaz de expresar tus sentimientos, pero el corazón te está diciendo que tienes que encontrar alguna forma de reblandecerte, de liberar ataduras interiores. La angina puede no tener consecuencias dañinas inmediatas, pero puede conducir a ataques cardíacos mucho más graves.

Diálogo cuerpo-mente: angina de pecho

La angina es una luz roja, un aviso que no debiera ser ignorado.

- ¿Necesitas recibir apoyo y te cuesta mucho pedir ayuda?
- ¿Te has vuelto hostil o agresivo y poco te importan las personas que se cruzan en tu camino?
- ¿Tener dinero o tener éxito se ha convertido en algo más importante que pasear por el campo o jugar con tus hijos?
- ¿Te están pidiendo demasiado y te ves incapaz de satisfacer tanta demanda?

Ataque cardíaco

El ataque al corazón es el asesino número uno de la civilización occidental y su incidencia se ha ido duplicando cada 20 años desde 1900. Un ataque al corazón se produce por el bloqueo de los vasos coronarios que abastecen de sangre al corazón, por una trombosis o por un espasmo súbito que hace que los músculos del corazón se queden sin oxígeno. Puede desencadenarse por culpa del estrés o por un trauma emocional, o también a causa de una sedimentación en las arterias que hace que éstas dejen de funcionar adecuadamente.

Son numerosas las causas físicas y asociadas al modo de vida que propician un ataque al corazón: el exceso de trabajo, de presión y el estrés conducen a un debilitamiento de todo el sistema, pero sobre todo –y es lo más importante- reducen el tiempo dedicado al ejercicio, a la relajación, al juego o a las relaciones afectivas. El abuso de alcohol debilita el hígado, el sistema inmunitario y la circulación; el tabaquismo produce un aumento del 84 % de la adrenalina, una hormona que multiplica el estrés que soporta el corazón. Una dieta excesivamente rica en grasas, carne roja y lácteos puede provocar un endurecimiento de las arterias e incrementar el número de ataques coronarios.

Todos estos factores de riesgo agrupados denotan un estilo de vida carente de auto-protección, de auto-respeto y de cuidado interior. Esto habitualmente es debido al afán de enriquecerse en lo material a expensas del equilibrio emocional, a una necesidad de tenerlo todo controlado, especialmente a controlar tus propios sentimientos, tal vez a causa de recuerdos dolorosos, sufrimientos del pasado o traumas, o por causa de un desgarro, una depresión o un "corazón partido" tras la pérdida de un ser querido. Una actitud cínica, egocéntrica, con frecuentes comportamientos de ira o agresividad, también ha sido tipificada como factor de alto riesgo cardiovascular.

Si te vuelcas totalmente en el trabajo y en el éxito profesional, los sentimientos no sólo se convertirán en un estorbo, sino que además parecerán una pérdida de tu valiosísimo tiempo. Por eso los arrinconarás para irlos quemando y tu corazón se quedará sin abastecimiento energético.

Me sorprende una y otra vez comprobar cómo puede transformar la vida de las personas un ataque al corazón. Utiliza este acontecimiento para replantearte tus prioridades y tus relaciones personales. Seguir siendo como eras antes de que surgiera el problema equivale a propiciar que los problemas reaparezcan. Tu corazón necesita estar en contacto con tu ser, con tu pasión y tu creatividad, con la verdadera razón de estar vivo.

Diálogo cuerpo-mente: ataque al corazón

Un ataque al corazón implica que el corazón está siendo "atacado" por una sedimentación de dolor sin expresar, por una pérdida, por el sufrimiento o por la resistencia al amor. El corazón está intentando desesperadamente llamar tu atención, romper sus limitaciones.

• ¿Has rodeado tu corazón con una coraza de tal manera que no pueda sentir nada?

- ¿Sigues alimentando el dolor y el sufrimiento del pasado, negándote a perdonar?

El amor es sin lugar a dudas un factor de enriquecimiento fundamental en la vida, pero demasiado a menudo su importancia es subestimada. Sin la implicación profunda del corazón, la vida puede parecer un sinsentido. Esto conduce a la depresión y a la tristeza, a una sensación de desarraigo.

- ¿No crees que deberías poner más corazón en tu vida?
- ¿Te has dado por vencido, has perdido la esperanza?

Generalmente, la sangre fluye continuamente, tiene su propio ritmo.

- ¿Estás en contacto con el ritmo natural de la vida que se mueve en tu interior?
- ¿O bien has reglamentado tu vida y tienes un tiempo compartimentado para cada actividad?

Cuando los vasos sanguíneos se contraen y se produce un espasmo, la circulación retenida afecta al corazón.

- ¿Estás tan concentrado en tu trabajo que el lado emocional de tu vida queda solapado?
- ¿Estás suprimiendo tus emociones para que ocupen menos espacio en tu vida?

La sangre

El significado de la sangre como elemento de vida queda ilustrado por la alusión a la "sangre derramada" o por el empleo de la sangre en ceremonias mágicas y rituales. Mediante un laberinto intricado de arterias, venas y capilares, la sangre llega a cada una de las células de tu cuerpo. La sangre consiste en plasma, células rojas y blancas, plaquetas, etc. y contiene la huella de tu individualidad mediante el ADN, el código genético.

En el útero materno, la sangre materna está en íntimo contacto con la de bebé por medio de la placenta, que le proporciona nutrientes durante el embarazo. De igual modo, la sangre de la madre estuvo en contacto con la de su propia madre. Por ello, en tu sangre fluye tu historia, la de tus antepasados y sus historias, lo mismo que sus enfermedades potenciales y dificultades, sus alegrías y sus risas. Sin embargo, también eres una entidad separada, individual y tu sangre es única. Contiene tu identidad y tu propia interpretación de tu herencia. Los problemas en la sangre guardan por consiguiente relación con los conflictos familiares, así como con los problemas de individualidad, en los que se podría dar una pérdida del sentido del "yo" y de las aptitudes personales.

Dado que la sangre alberga las huellas de tu individualidad física, contiene asimismo sentimientos profundos que dan forma a tu identidad emocional, y además es responsable de distribuir esos sentimientos por todo tu ser. Suele haber un equilibrio en el flujo de dar y recibir, dado que las arterias transportan la sangre desde el corazón hacia delante (compartiendo los sentimientos de tu corazón con los demás órganos) y las venas la llevan de vuelta al corazón (lo que recibiste de los demás). Cualquier desequilibrio indicaría un conflicto respecto a la capacidad de dar o de recibir, o con asuntos relacionados con la implicación emocional y la expresión del amor.

Diálogo cuerpo-mente: la sangre

Si padeces trastornos relacionados con la sangre, hazte las siguientes preguntas:

- ¿Ha experimentado recientemente algún cambio importante el flujo del amor en tu vida, como una separación o una pérdida?
- ¿Te estás retirando emocionalmente o estás deseando liberar sentimientos que no puedes expresar?
- ¿Estás deprimido o has perdido el interés por la vida?
- ¿Te concedes permiso para que te cuiden y te amen los demás?

Presión arterial
La presión arterial representa tu relación energética con respecto a la presión y a la tensión que te rodean, y cómo ambos pueden limitar tu conducta, un límite representado por las paredes de los vasos sanguíneos.

La presión arterial suele subir en momentos de estrés, pasión o actividad extenuante, pero en una persona sana estos niveles se estabilizan con facilidad al cabo de un rato. La **presión arterial alta**, conocida como **hipertensión**, es una respuesta patológica a un aumento de la presión y puede desembocar en problemas más graves, como un ataque al corazón o un derrame.

La **presión arterial baja** sugiere que hay poca o insuficiente cantidad de energía. Denota una resistencia a enfrentarse a los desafíos, a aprovechar las oportunidades, una incapacidad a la hora de permanecer de pie sin sentirse débil o a punto del colapso. Esto conduciría a una incapacidad a la hora de asumir responsabilidades o de hacer frente a las dificultades.

También puedes tener la presión arterial baja cuando estés profundamente relajado, como durante la meditación. En tal caso, no se debería a una resistencia a la vida, sino a la liberación de resistencias y al emerger a la vida.

Diálogo cuerpo-mente: presión arterial

La presión arterial alta corresponde a una temperatura elevada de tus emociones, de los sentimientos que bullen en tu interior. Pero como si fueras una olla-exprés, no salen al exterior. Una presión arterial alta suele venir acompañada de una actividad febril, que indicaría un intento de evitar estos sentimientos intensos permaneciendo muy ocupado. No obstante, ignorarlos sólo nos conduciría a tener que soportar mayor presión emocional. Es esencial que aprendas a leer los signos antes de que se produzca el daño, y a conectarte con mayor profundidad con lo que está justo debajo de la superficie. Son emociones a flor de piel.

- ¿Qué te produce tanto acaloramiento?
- ¿No te estarás creando tu mismo la presión? ¿Procede del exterior?
- ¿Estás intentando evitar algo que te produce rabia o contrariedad?

Si padeces de presión baja, puede ser que te sientas abrumado por las exigencias de la vida. Es una respuesta de impotencia y desesperanza ante la presión, ante tu capacidad de hacer frente a la vida y entraña una actitud de rendición. En este caso, el amor no fluye con fuerza.

- ¿Te sientes incapaz de asumir todas las demandas con las que te atosigan?
- ¿Te sientes abrumado?
- ¿Qué deberías hacer para conectar con las reservas suplementarias de tu fuerza interior?

La circulación

La mala circulación, que en su peor variante recibe el nombre de **Enfermedad de Raynaud**, suele afectar a las extremidades –los pies, las manos y la nariz–. Las partes afectadas se vuelven pálidas y/o amoratadas e invariablemente se entumecen o quedan heladas. También produce **sabañones**, que se inflaman, enrojecen, escuecen y provocan ardor.

La mala circulación suele estar asociada al tiempo frío, que hace que la sangre se contraiga y después súbitamente experimente un calentamiento. Pero también está relacionada con la frialdad emocional y con dejar de implicarse. Afecta a las partes con las que nos adentramos en el mundo: la punta de los pies, que señala la dirección que seguimos, y los dedos de las manos, que alcanzan, que tocan, que sujetan. Dado que la sangre representa la circulación del amor y de la vida, una mala circulación implica un debilitamiento de esa fuerza vital, dado que hay insuficiente cantidad de sangre para llegar a todas las partes del cuerpo y satisfacer la demanda. O tal vez te hayas echado atrás en una relación amorosa, quizás por miedo, porque hayan cambiado tus sentimientos, tus prioridades o se haya producido un desgaste del amor, o por un deseo de distanciarte emocionalmente. Puede ser que mantengas una relación que, en tu fuero interno, sabes que está llamada a fracasar y hayas empezado ya a retirarte emocionalmente. O también puede que estés recibiendo frialdad por parte de alguien y estés empezando a distanciarte para proteger tus sentimientos.

Diálogo cuerpo-mente: la circulación

La mala circulación puede expresar el miedo interior a no tener nada que ofrecer, incluso a no poder ser amado, razón por la cual, mejor retirarte y no implicarte emocionalmente con nadie. Quizás tengas miedo a las relaciones íntimas, a ser tocado y acariciado y, por lo tanto, contraes tus emociones, te comportas como un caracol, escondiendo tus extremidades en tu interior.

- ¿Sientes frialdad o indiferencia en alguna relación?
- ¿Sientes que no tienes nada que dar, ni amor para compartir?
- ¿Las partes de tu cuerpo que están en contacto con el mundo se sienten atemorizadas, tímidas, poco atractivas o deseables?
- ¿Qué necesitas para sentir calidez y poderte expresar emocionalmente?
- ¿Qué crees que deberías cambiar para sentirte capaz de abrirte al amor?

Enfermedades coronarias
Existen dos causas principales para la obstrucción o endurecimiento de las arterias, afección conocida como arteriosclerosis. La primera de ellas es el estrechamiento de las arterias que se produce con la edad y la otra es el estrangulamiento de las mismas debido a los depósitos de grasas. Ambas desembocan en una restricción del flujo sanguíneo en el cuerpo.

Diálogo cuerpo-mente: arteriosclerosis

En el lenguaje cuerpo-mente, las arterias y las venas representan la distribución y la expresión del amor por todo tu ser. El estrechamiento de estos vasos supone también una merma en tu capacidad de expresarte, quizás una supresión o represión de los sentimientos y, por lo general, un estrechamiento de tus perspectivas emocionales.

- ¿Te estás poniendo límites a ti mismo o te estás negando a recibir amor y ayuda?
- ¿Ésto se debe a que estás intentando hacer más de la cuenta sin reconocer tus propias necesidades, sin pararte a considerar que tendrías que pedir ayuda?

Los vasos sanguíneos son los contenedores de tus propios sentimientos y por lo tanto deberías analizar si te sientes limitado o atrapado por tus circunstancias. Estas limitaciones pueden ser las que tú mismo te hayas puesto, para sentir mayor seguridad, sin emociones ni compromisos.

- ¿Eres muy duro contigo mismo, o con los demás?

- ¿Te retraes ante cualquier compromiso?

Unos vasos sanguíneos estrechos y obturados implican una ruptura del equilibrio entre el dar y el recibir.

- ¿Te estás volviendo estrecho de miras?
- ¿Te estás volviendo excesivamente crítico y lleno de prejuicios hacia los demás?
- ¿Te mantienes muy rígido o inmóvil en tus actitudes, inflexible con tus sentimientos?

Los depósitos de grasa implican un amontonamiento de sentimientos tóxicos, una acumulación de vergüenza, culpa, infravaloración, etc., que te está pesando demasiado, provocándote un bloqueo o restricción del flujo de la energía vital.

- ¿Permites que tus sentimientos se vayan acumulando en tu interior hasta que llega el momento en que estallen?

Los vasos sanguíneos necesitan reblandecerse, relajarse, volver a fluir armoniosamente.

Trombosis

La trombosis es un coágulo de sangre que obstruye una vena, normalmente en la parte inferior de las piernas (trombosis de venas profundas). Cualquier coágulo de este tipo es peligroso, dado que puede derramarse y llegar hasta el corazón. La sangre ya no fluye con vitalidad, sino que está como solidificada, provocando falta de circulación y movimiento. El movimiento significa cambio y, en consecuencia, estar solidificado implica una resistencia al cambio, una incapacidad para fluir o moverse.

Diálogo cuerpo-mente: trombosis

La trombosis denota un bloqueo o solidificación de los sentimientos, de tal manera que el flujo de energía se inhibe.

- ¿A qué cambios te estás resistiendo?
- ¿Estás aferrándote a una situación de miedo a lo que pudiera suceder y no te dejas ir?
- ¿Dónde se quedaron tus sentimientos bloqueados o encerrados?
- ¿Estás bloqueando algo dentro de ti?
- ¿Te estás negando la necesidad de pedir ayuda y atenciones?
- ¿Estás intentando hacerlo todo tú solo?
- ¿Estás reprimiendo e ignorando problemas más profundos?

Dado que la trombosis es más común en las venas que en las arterias, indica que se trata más de un problema de recibir que de dar.

- ¿Estás deseando recibir atenciones y cuidados de otras personas?
- ¿O bien estás reprimiendo ese sentimiento e intentas hacerlo todo por tus propios medios?

Una trombosis suele producirse en las piernas, lo que denota que puedes sentir temor respecto a la dirección o al movimiento a seguir.

- ¿Tienes miedo a un cambio emocional inminente?
- ¿Te sientes atrapado en el suelo que pisas, como si te hubieras metido en un pavimento de cemento fresco?
- ¿Qué tienes que hacer para liberar los bloqueos y volver a moverte?

Derrame cerebral

Un derrame se debe a un coágulo que bloquea el riego sanguíneo del cerebro, de tal manera que la actividad de una parte del cerebro se detiene o deja de funcionar por completo. Esto se suele traducir en alguna forma de parálisis, según la gravedad del derrame y la parte del cerebro afectada. Entre los factores de riesgo cabría destacar una alta presión arterial, la diabetes, la obesidad, el estrés y el tabaquismo.

En tales circunstancias, los vasos sanguíneos –tu medio para expresar amor y transmitir las cualidades imprescindibles para la vida por todo tu ser– quedan obturados, cerrando una parte de tu cerebro, que es el centro de tu sistema nervioso. Un derrame te detiene de golpe, impidiendo de inmediato cualquier movimiento hacia adelante. Los derrames suelen suceder en personas mayores y sobre todo cuando el movimiento hacia delante no representa una perspectiva demasiado alentadora: en una residencia, en una silla de ruedas o como mínimo en una situación de dependencia y de pérdida de dignidad a medida que la edad avanza. Esto puede darse en combinación con una personalidad muy controladora a la que cada vez le cueste más aceptar su pérdida de poder, además de una incapacidad de expresar la necesidad de ayuda y los sentimientos de desamparo, de amor.

Tal inmovilidad propicia asimismo una limitación en la expresión de los sentimientos, de modo que los miedos, la pérdida de poder personal, la frustración, la soledad o la ansiedad quedan encerrados en su interior. Puede que se den también problemas financieras o miedo a no ser capaz de soportar lo que ha de venir en solitario, sobre todo si se ha enviudado recientemente. La resistencia ante lo que se avecina pisa subconscientemente el freno y detiene al cuerpo para que no siga avanzando.

En la gente joven, los derrames suelen producirse cuando el estrés se combina con modelos de vida asociados a escaso ejercicio físico y dietas malsanas muy ricas en grasas.

Diálogo cuerpo-mente: derrame cerebral

En inglés emplean la palabra *stroke* ("golpe") para definir el derrame, como si se tratara de algo que te deriva en seco con un golpe e impide que sigas avanzando en la forma o la dirección actuales. Se requiere aquí tiempo libre, conjugado con relajación profunda y un cambio en el estilo de vida.

- ¿Hay algo en tu vida que debieras evitar, detener o cambiar?
- ¿Tu estilo de vida es contrario a tus verdaderos anhelos?
- ¿Tu espíritu y tu alma querían seguir por una dirección pero tú tomaste la opuesta?
- ¿Te parece el porvenir deprimente o agobiante?

Hemorragia

Es una pérdida abundante de sangre, tanto interna como externa. Es como un desbordamiento de las emociones, una liberación de sentimientos que han estado agrupándose bajo la superficie y ahora se derraman, como si el corazón se desbordara. Son tan poderosos que tienen que encontrar alguna forma de salir de su encierro.

Diálogo cuerpo-mente: hemorragia

El sangrado provocado por una hemorragia es como una válvula de seguridad que salta. Es un estallido de emoción.

- ¿Has estado encerrando bajo llave tus sentimientos?
- ¿Qué vas a necesitar para sanar este desbordamiento emocional?
- ¿Te sientes descontrolado emocionalmente?
- ¿No estarás expresando un grito de socorro profundo?

Varices

Las varices se forman cuando las válvulas de las venas no hacen bien su trabajo, que consiste en enviar la sangre hacia arriba y que no vuelva a bajar. La sangre se acumula en los vasos, haciendo que éstos se hinchen. Esto suele suceder en las piernas, donde los músculos confieren movimiento ascendente a la sangre, cuando permanecemos mucho tiempo de pie o durante el embarazo, dado que ambas actividades añaden mucha presión a las válvulas.

Las venas llevan la sangre de vuelta al corazón, representando tu capacidad de recibir amor y de ser enriquecido por ese amor. El fallo de esas válvulas denota dificultades en la capacidad de recibir amor, lo que desemboca en un anhelo interior de colapsarte.

Diálogo cuerpo-mente: varices

Las varices se forman por permanecer de pie de forma prolongada, lo que está relacionado con el sentimiento de falta de apoyo, de lo que se deduce una necesidad de "refuerzos".

- ¿Te abruma tener que acarrear demasiado peso emocional?

- ¿Tienes que sostenerte de pie por tus propios medios emocionalmente hablando y empiezas a sentirte cansado?
- ¿Sientes deseos de rendirte emocionalmente y colapsarte?
- ¿Estás perdiendo tu capacidad emocional de resistir y necesitas más apoyo?

Durante el embarazo, las varices pueden estar relacionadas con miedos interiores a tener que asumir responsabilidades por otra persona. A veces, todas las atenciones se centran en el bebé que va a nacer, mientras que la madre puede sentir confusión e inseguridad.

- ¿Eres capaz de expresar tus miedos o te avergüenzas de ellos?
- ¿Recibes la ayuda y el apoyo que necesitas?
- ¿Tienes miedo a no querer a tu hijo o a perder el amor de tu pareja?
- ¿Qué necesitarías para sentirte más respaldado?

Anemia

La anemia denota falta de hemoglobina en la sangre. La anemia o falta de hierro puede deberse a una dieta pobre, pérdida de sangre durante la menstruación o aporte insuficiente de hierro durante el embarazo. La anemia más grave se produce cuando hay una falta de vitamina B12 (ácido fólico) provocada por una dieta deficiente, o por la falta de las sustancias que el estómago necesita para absorber la vitamina B12. En ambos casos, es muy importante estudiar el estilo de vida y la actitud. Entre las causas subordinadas al estilo de vida se incluyen una dieta insuficiente o el no reconocimiento de tus necesidades nutricionales.

Diálogo cuerpo-mente: anemia

La anemia denota una incapacidad de absorber nutrientes revitalizantes. Cuando pensamos en el hierro, obtenemos una imagen de poder y resistencia, de una sustancia que confiere fuerza y resistencia a la sangre. Si echas en falta estas cualidades, deberás preguntarte en qué momento de tu vida empezaron a faltarte. La anemia es un debilitamiento de la vida y de la energía revitalizadora que transmite el amor.

- ¿Has estado trabajando demasiado duro sin preocuparte mucho de tu persona?
- ¿Consideras que la dieta no tiene demasiada importancia?
- ¿Hay algo que esté consumiendo tus reservas vitales?
- ¿Has perdido tu capacidad de aguante, la que da rumbo y sentido a tu vida?
- ¿Has perdido el deseo de compromiso?
- ¿Es por eso que te sientes poco alimentado y poco querido?
- ¿Te sientes agobiado o agotado por las presiones emocionales?

13. Un buda en la barriga
El sistema digestivo

El sistema digestivo empieza en la boca con tus papilas gustativas, con la liberación de saliva, con el acto de masticar y de tragar. Se prolonga hacia los intestinos por el estómago y desemboca en el recto hasta que llega al ano y a la evacuación final. Todo este proceso es vital para nuestro bienestar, dado que nuestro cuerpo sobrevive gracias a lo que le llevamos a la boca. Así, por ejemplo, sin un buen equilibrio nutricional podríamos bloquear las arterias, someter el corazón a sobre esfuerzos, debilitar el sistema inmunitario, alterar los nervios o padecer apatía o aletargamiento.

Y sin embargo, comer no sólo es cuestión de obtener los alimentos necesarios. También tiene que ver con la satisfacción emocional y psicológica. Análogamente, el proceso digestivo no sólo consiste en ingerir alimento. También está asociado a la aceptación y asimilación de la realidad. Aquí absorbes todo lo que te está sucediendo, con tus sentimientos, sensaciones y experiencias, y eliminas todo lo que no deseas. Las dificultades digestivas pueden estar relacionadas con el tener que experimentar emociones desagradables, tales como el enfado de alguien, o porque tus propios sentimientos negativos te están corroyendo por dentro. De hecho, el sistema digestivo es un maravilloso indicador de tu equilibrio emocional. Si estás feliz con tu vida, tu digestión puede ser razonablemente fácil. Pero si padeces conflictos, estrés o dificultades, a menudo se expresarán como indigestión o estreñimiento antes de manifestarse en otras partes del cuerpo.

LA ALIMENTACIÓN

La alimentación quizás sea la actividad más controvertida y cargada de emociones. Todos necesitamos comer pero la cantidad de alimento necesario variará para cada uno de nosotros. Pocos de nosotros comemos únicamente cuando tenemos hambre o cuando lo necesitamos. Comemos cuando nos apetece, nos atiborramos, nos ponemos a dieta, nos volvemos a cebar, nos concedemos un capricho, alternamos la comida rápida con los alimentos saludables, comemos sólo fruta, ingerimos una dieta alta en proteínas, baja en grasas, a base de alimentos crudos, vegetariana, vegana, macrobiótica... Empleamos el alimento como sustitutivo del amor, como medio para conseguir amor, como satisfacción del deseo, como castigo mediante la privación, o como recompensa mediante la degustación. En cada revista femenina hay artículos dedicados a la dieta infalible, a recetas para una cena romántica, a consejos para alimentar a adolescentes hambrientos, al contenido de la nevera de los famosos o a los alimentos que favorecen la curación de la artritis. En otras palabras: la alimentación es un tema inagotable.

Tal vez no resulte tan sorprendente. Desde nuestro primeros instantes de vida, nuestro ser gira en torno a la alimentación, lloramos cuando nuestros estómagos están vacíos y recibimos la recompensa de una leche calentita. Siendo niños, somos extremadamente simples. Queremos alimento, pañales secos, un lugar cálido y seguro donde dormir, mucho amor y algunas caras afectuosas para mirarlas. A medida que nos vamos haciendo mayores, nuestras necesidades no cambian demasiado, sólo que se hacen más exigentes. Queremos más alimentos, armarios llenos de ropa, una casa con una cama grande para dormir bien y algunos seres queridos para pasar buenos ratos con ellos.

Para los bebés, el alimento es proporcionado por el pecho materno o el biberón, acompañados de la voz reconfortante de la madre. En esta primera etapa existe poca diferencia entre alimento, madre y amor. Son cosas que suelen ir juntas y sirven más o menos para lo mismo. Hacen que el bebé se sienta extraordinariamente bien.

Estas tres cosas sólo se diferencian cuando nos hacemos mayores. La alimentación no siempre procede de la madre, la madre no siempre es amorosa, el alimento sustituye al amor, etc. Cualesquiera que sean las circunstancias, el alimento es una fuente inagotable... de problemas. Las madres cocinan y nos hacen sentir culpables si no nos gusta lo que han preparado. Te envían a la cama sin cenar cuando te portas mal. Es aún peor cuando necesitas cariño y mimos y en vez de eso te dan golosinas, que servirá para reforzar la creencia de que alimentación y amor no sólo están interconectados, sino que además son intercambiables.

Cuando nos hacemos mayores, utilizamos la alimentación de forma bastante parecida, regalando cajas de bombones como muestra de afecto o como disculpa por no haber venido de visita mucho antes. Los dulces son un sustitutivo universal del amor, pero mientras que el amor alimenta y nos hace sentir bien, los dulces te estropean los dientes, engordan y disminuyen tus defensas.

El amor y el sustento emocional que esperamos encontrar en el alimento son el amor que todo ser humano merece recibir. Será pues esencial que aprendas a darte ese amor a ti mismo. Sin amor propio buscarás eternamente amor en el exterior, y cuando sufras desengaños o rechazos, encontrarás en la comida el sustitutivo más obvio. Cuando sientes amor y respeto hacia tu persona, el Buda entrará en tu vientre y no necesitarás comida para calmar tu dolor interior o alcanzar la plenitud emocional.

Diálogo cuerpo-mente: la alimentación

Comer representa tomar el alimento. Tus hábitos alimenticios y la relación con la comida son ilustrativos de tu relación contigo mismo y hasta qué extremo están satisfechas tus necesidades de alimento emocional.

* ¿Dónde y cómo obtienes nutrientes? ¿Mediante el alimento o mediante el amor?
* ¿Te sientes desatendido emocionalmente o rechazado? ¿Encuentras compensación en la comida?
* ¿Comes sólo cuando tienes hambre?
* ¿Depende lo que comes de lo que sientes en ese instante?
* ¿Comes igual cuando estás feliz que cuando estás deprimido?
* ¿Sientes ansia por comer determinadas cosas en momentos particularmente emocionales o cuando estás con determinadas persona?
* ¿El comer te hace sentirte emocionalmente saciado?
* ¿Utilizas lo que puedes y lo que no puedes comer como forma de llamar la atención hacia tu persona?
* ¿Te niegas a ti mismo la comida (y el sustento) de la misma manera que te niegas el sustento emocional?

Para comprender mejor tu relación con la comida, escribe un diario (o un dietario) donde quedará reflejado: a) cómo te sientes; y b) qué y cuándo comes. Esto te ayudará a observar tus verdaderos modelos de conducta.

Alergias alimentarias

Las alergias alimentarias han aumentado drásticamente en los últimos años. Esto pudiera atribuirse físicamente al empleo masivo de sustancias químicas en la producción y el procesamiento de los alimentos. Mucha gente es simplemente incapaz de asimilar tales sustancias. Cuanto más procesamos los alimentos, más nos alejamos de cómo eran cuando el cuerpo humano empezó a evolucionar. Tal vez por eso no nos sea posible adaptarnos a los productos alimentarios procesados. Tampoco cabe la menor duda de que determinados alimentos, como el café, los cacahuetes, el chocolate, el marisco o el trigo pueden desencadenar profundas reacciones físicas, mientras que muchos adultos son alérgicos o incapaces de digerir los productos lácteos.

Sin embargo, se dan importantes y a veces subconscientes problemas psico-emocionales relacionados con alergias a la comida; sobre todo problemas relacionados con el poder y el control.

Diálogo cuerpo-mente: alergias alimentarias

Las alergias alimentarias muy probablemente obedezcan a causas físicas, pero contienen también muchas causas emocionales.

- ¿Acaso el hecho de no poder comer determinadas cosas te hace sentir especial, porque no puedes comer en algunos sitios o comer la misma comida que los demás?
- ¿Supone esto recibir más atención?
- ¿Al rechazar determinadas comidas, estás rechazando determinados aspectos de tu persona?
- ¿Resulta más fácil echar la culpa a la comida que tener que vigilar tu propia conducta?
- Una alergia alimentaria puede detenerte cuando juegas, participas a la vida social o te comportas con espontaneidad. ¿Qué sucedería si la soltaras y te unieras a la fiesta?

- ¿Cuánto egocentrismo está asociado con las alergias alimentarias?
- ¿Necesitas que domine tu vida?

TRASTORNOS ALIMENTARIOS

Dado que la comida y el comer ocupan tanto espacio en nuestras vidas, no es de extrañar que se produzcan numerosos trastornos alimentarios. Tal y como veíamos anteriormente, la comida y el sustento emocional están estrechamente relacionados en las profundidades del subconsciente, razón por la cual los trastornos alimentarios están siempre relacionados con aspectos del amor: amor propio, autoaceptación, odio hacia uno mismo, autonegación, rechazo, pérdida, etc. De la misma manera que intentas satisfacer un vacío interior con la comida, también puedes rechazar o negar tus necesidades, y por consiguiente, rechazar la comida, con la creencia errónea de que en un cuerpo más pequeño sufriremos menor desamor. La comida también está íntimamente conectada a cuestiones de poder. La digestión está vinculada al tercer chakra y a la consciencia de tener poder personal o carecer de él. Las personas obesas aseguran con frecuencia que no tienen control respecto a la comida, mientras que quienes padecen anorexia ejercen un control tan obsesivo que acaban perdiendo el instinto de la supervivencia.

Obesidad

La obesidad se ha convertido en un problema. En EE.UU., aproximadamente 127 millones de personas padecen sobrepeso; 60 millones sufren obesidad y nueve millones obesidad mórbida. Muchos países occidentales alcanzan cifras parecidas. Este problema parece haberse desarrollado en la misma medida que la presión social iba en aumento a favor de la delgadez: los dos extremos de un mismo problema. Más de nueve millones de niños estadounidenses son obesos; su número se ha cuadruplicado con respecto a 40 años atrás. Es un problema enorme, dado que cuantas más células de grasa se generan cuando son niños, más probabilidades hay de que sean gordos llegados a la edad adulta y tanto mayores las probabilidades que adopten malos hábitos, que se traducirán en presión alta, diabetes, enfermedades coronarias y derrames cerebrales. La alimentación no es la única causa de la obesidad, dado que una tasa de metabolización baja se traduce en un excesivo aumento de peso. Y la mayoría de las veces es nuestra relación con el amor y con la comida lo que origina el problema.

Comer tiene unos efectos maravillosos soporíferos. Entumece nuestros sentimientos y nos deja emocionalmente saciados. Cuanto más comemos, menos sentimos, dado que el alimento hace de dique contra las mareas de la emoción, inundando nuestro interior. Invariablemente, siempre que comemos más allá de nuestras necesidades físicas coincide con una situación de estrés emocional, con una ruptura, un duelo, una pérdida, una depresión, miedo, culpa o vergüenza. Recuerda: muchos de estos sentimientos son subconscientes.

Quizás no seas consciente de lo que estás sintiendo o sepas por qué estás comiendo, sólo sabes que tienes un enorme agujero en tu interior que necesitas rellenar y la comida es lo único que funciona. Incluso cuando te ofrezcan sustento emocional, puede que el dolor interior sea tan profundo que te cueste aceptarlo –la comida es más segura, hay menos demandas, menos peligro o rechazo–. Un exceso de alimentación conduce a un exceso de peso, levantando una muralla que te protegerá de eventuales causas de dolor o rechazo, pero que también bloqueará tus propios sentimientos. Las murallas pueden proteger pero dentro de ellas suele haber alguien anhelando querer y ser querido.

El sufrimiento y la vergüenza a menudo se ocultan bajo un apetito insaciable. Muchas mujeres acumulan un exceso de peso alrededor de sus caderas y muslos tras un agresión sexual. Al cubrir el área sexual, los sentimientos quedan soterrados bajo capas de miedo y desconfianza.

A muchos nos resulta mucho más fácil reprimir nuestros sentimientos y pasar por autosuficientes, seguros y con capacidad de mando. Una amiga mía con algo de sobrepeso me comentó en una ocasión que mucha gente sabía como ocultar sus sentimientos reprimidos y sus neurosis, mientras que ella las llevaba a la vista de todos, para que las vieran. Le bastaba con mirarse al espejo para saber que tenía muchos problemas emocionales por solucionar.

Diálogo cuerpo-mente: obesidad

Puedes autoayudarte explorando tu relación con la comida y descubriendo cómo se desarrolló esa relación en tu infancia.

- ¿En qué medida la comida es un sustitutivo de la atención?
- ¿Te sientes culpable o impotente ante la comida?

En vez de centrarte en los aspectos negativos de la gordura, empieza explorando sus beneficios. Intenta escribir todos los puntos que consideras positivos para ti. Explora lo que sucede emocionalmente cuando empiezas a ganar peso e intenta conectar esto con los sentimientos encerrados en tu interior.

- ¿Qué estás ocultando con el aumento de peso?
- ¿Qué te permite hacer tu corpulencia y qué te evita hacer?
- ¿Tus kilos de más hacen que te sientas seguro?
- Muy especialmente, imagina cómo te sentirías si fueras más delgada de lo que eres y observa tus sentimientos al respecto. ¿Esta idea te provoca sentimientos de inseguridad y peligro?
- ¿Te hace sentir como si no tuvieras un lugar donde esconderte?

Anorexia nerviosa

La anorexia nerviosa es un cuadro clínico cercano a la desnutrición; dado el escasísimo alimento ingerido, el cuerpo se empieza a deteriorar. Esta patología está íntimamente relacionada con la complejidad inherente al hecho de recibir alimento y amor. Anhelando ser alimentados y queridos, reducimos nuestra corpulencia física como si de este modo necesitáramos menos de ese amor. La anorexia es una enfermedad de adolescentes y adultos, más frecuente entre las chicas.

La pubertad es uno de los momentos más difíciles de nuestras vidas, sobre todo para las niñas, cuando sus cuerpos empiezan a sangrar, sus pechos crecen y acumulan más grasas. Ni son niñas ni tampoco adultas, quieren permanecer delgadas e inmaduras, pero están presionadas para parecer unas modelos: los conflictos son enormes. Combinemos lo anterior con la falta de confianza en ellas mismas, con el anhelo de ser aceptadas, con una consciencia del yo exacerbada, con una falta de autoestima crónico. No es de extrañar que la imagen que tienen de sí mismas quede distorsionada.

Con la anorexia se produce una negación del propio yo y un anhelo subconsciente de desaparecer, como si reduciendo la corpulencia física, quedaran también reducidos la presencia y las necesidades, especialmente la necesidad de amor. Tales negaciones físicas detienen el proceso de maduración e inhiben el desarrollo sexual y físico, lo cual redunda en una imposibilidad de alcanzar la madurez y de hacerse adultas. La anorexia mantiene el cuerpo como el de una niña, inmadura y sin desarrollarse completamente. El crecimiento puede haberse producido muy pronto, o bien la presión social por parecer o ser de una determinada manera se ha vuelto excesiva.

Diálogo cuerpo-mente: anorexia nerviosa

La anorexia a menudo aparece como resultado de un sentimiento de pérdida de control sobre lo que sucede, tal vez por causa de padres o profesores dominantes, o por un cambio en las circunstancias personales. Una manera de recuperar el control consiste en rechazar la comida, que es también una manera de negar los sentimientos. Donde no hay expresión de las emociones, el control es completo. El rechazo de los alimentos físicos indica una rotunda negación de la necesidad de ser alimentado.

- ¿Crees que no eres lo bastante bueno? ¿Que no te mereces alimentos y atenciones?
- ¿Crees que deberías ayudar a los demás y negarte a ti mismo?
- ¿Crees que es erróneo aceptar tus propias necesidades?

Bulimia

La bulimia es un trastorno alimentario consistente en atiborrarse para acto seguido vomitar al objeto de no ganar peso, con episodios de rechazo a la comida seguidos de atracones en secreto. Aquí se produce un conflicto entre el deseo de parecer perfecto con el ideal de un cuerpo esbelto (de ahí el rechazo de la comida) combinado con un poderoso anhelo y amor por la vida (de ahí la apetencia de comida). Atrapado entre ambos deseos, queda un espacio vacío que se rellena con un profundo desagrado por uno mismo, cuando no aversión y sentimiento de culpa.

Comer con desesperación, frecuentemente de madrugada, cuando nadie te pueda ver, o disfrutar de un buen ágape para vomitarlo a continuación indicaría la gran cantidad de emociones que quedaron reprimidas en el acto de comer. Es un intento a la desesperada de mantener el control sobre tus sentimientos.

Diálogo cuerpo-mente: bulimia

Dado que el vomitar indica un miedo a aceptar el alimento en tu interior o un rechazo profundo de tus propias necesidades, ayuda a explorar lo que ha sido tantas veces negado, los sentimientos que tantas veces han sido rechazados.

- ¿Qué sentimientos has expulsado (vomitado) antes de que pudieran influenciarte?
- ¿Qué parte de tu ser rechazas con tanta violencia?
- ¿Estás intentando ser alguien que no eres?

EL PROCESO DIGESTIVO

La boca

La boca desempeña dos funciones principales: recibir y dar. Es el lugar donde se juntan el mundo interior y el exterior, un receptáculo donde se examina la realidad para ver si pasa al interior y el punto de partida de emociones, pensamientos, ideas y sentimientos. Aquí es donde besas, sonríes, pones mala cara, gruñes, escupes, masticas y muerdes. Pero también hablas, cantas, susurras y gritas. Permites la entrada de la realidad pero la devuelves o escupes cuando no te sabe bien. Por ello, las dificultades cuerpo-mente pueden deberse tanto a la realidad que estás ingiriendo como a la emoción que estás expresando.

La boca es donde empieza el sistema digestivo con la entrada de alimento y bebida, pero también es la puerta de entrada de la realidad. Morder, masticar y saborear estimulan la secreción de jugos gástricos, pero no sólo será el alimento lo que tendrás que digerir. Las dificultades físicas en la boca pueden poner de manifiesto un conflicto con la aceptación de tu realidad, quizás existan hechos y relaciones que hay en tu vida que no te hayan dejado buen sabor de boca.

Diálogo cuerpo-mente: la boca

Al masticar comienza el proceso digestivo. Mediante el acto de masticar desmenuzas alimentos entrantes e informaciones en partículas digeribles. Del modo en cómo lo haces se puede deducir tu actitud ante la vida: bocados pequeños o grandes, si masticas rápidamente o pacientemente cada bocado.

- ¿Disfrutas mordiendo la vida?
- ¿Te sucede a veces que comes más de lo que puedes asimilar?
- ¿O prefieres avanzar con prudencia, pero nunca atreviéndote a asumir retos mayores o a alcanzar nuevas alturas?
- Si a veces engulles sin masticar o sin desmenuzar la comida, ¿sueles también meterte en problemas sin tener en cuenta las consecuencias?
- ¿Estás "tragándote" tu realidad sin "saborearla"?
- ¿O te estás "tragando" una realidad que no te gusta?
- ¿Dedicas mucho tiempo a darle mil vueltas a todo y eres tan exigente con los detalles que te pierdes la imagen de conjunto?
- ¿Comer despacio puede ser una forma de mantener el control, tal vez obligando a los demás a esperarte?
- ¿Entretanto desaprovechas ocasiones de disfrutar de la vida, de ser espontáneo?

La boca es además un centro de comunicaciones principal desde donde expresas tus sentimientos mediante tu voz y tus labios.

- ¿Has estado besando a la persona a la que querías besar?
- ¿Realmente quisieras silbar o soltar un grito?

Los sentimientos pueden quedar encerrados aquí –de la misma manera que quedaban atrapados en la garganta– cuando resulta inapropiado expresarlos, de la misma manera que a veces tenemos que "mordernos" la lengua antes de hablar.

- ¿Han quedado tus sentimientos atrapados en tu boca?
- ¿Llegan hasta ella pero luego no los puedes dejar salir?
- ¿Hablas claro y siempre eres sincero?

• ¿Te ves capaz de ser sincero o estás ocultando tus verdaderos sentimientos?

La palabra latina *ulcer* significa una influencia corrosiva o erosiva. Las úlceras o llagas bucales denotan que algo te está molestando o corroyendo, haciendo que sientas irritación o que creas ser objeto de un ataque.

• ¿Te están afectando sentimientos negativos, reprimidos o irritantes?
• ¿Te están reconcomiendo y provocando llagas en la boca?
• ¿Qué te está corroyendo de este modo?
• ¿Qué o quiénes están teniendo influencias corrosivas sobre ti?
• ¿Te están devorando el miedo y las preocupaciones?

Herpes labial

El herpes es una infección que produce ampollas alrededor de la boca, y que a veces también aparecen en los genitales. Las ampollas pueden estallar, convirtiéndose en llagas. Aunque difíciles de eliminar completamente, los episodios se manifiestan invariablemente asociados a momentos de estrés emocional. Dado que el herpes tiene un impacto directo sobre las relaciones íntimas, tal vez quieras explorar lo que sientes respecto a tu intimidad, plantearte si estás con la persona adecuada o lo que te está disuadiendo o irritando.

Annie empezó a padecer síntomas de herpes labial a los dos días de comenzar a disfrutar de su luna de miel. Poco después de sanar estos síntomas, ingresó en un hospital con amigdalitis. El mensaje era muy claro: aquel matrimonio estaba desencadenando problemas asociados a las relaciones íntimas, para los que no había desarrollado defensas y que estallaban en forma de grandes señales de "prohibido el paso". La aparición de estas dos afecciones le dio tiempo para plantearse su situación. La rabia no expresada es muy proclive a manifestarse de este modo, y tanto puede estar dirigida a tu propio ser como hacia otras personas.

Véase también: Sistema Inmunitario, Herpes, Capítulo 10

La lengua

Tus papilas gustativas sólo reconocen cuatro sabores: salado, agrio, dulce y amargo. Pero con esos cuatro sabores puede recabar recuerdos de miles de sabores que permanecen durante toda tu vida.

Diálogo cuerpo-mente: la lengua

El sabor es producido por el aire que pasa de la boca a la nariz, de lo que se deduce que si la nariz está tapada por cualquier razón, se pierde paladar.

- ¿Algo te sabe mal?
- ¿Te hace retroceder?
- ¿Te deja un sabor amargo en la boca?
- ¿Disfrutas de la vida?

La lengua también se emplea para definir la expresión y la oratoria.

- ¿Te estás reteniendo de decir algo cuando "te muerdes la lengua"?
- ¿Estás "tragándote" tus sentimientos?
- ¿Has estado "hablando más de la cuenta"?
- ¿Tienes una lengua "muy afilada"?

Los dientes

La dentadura se desarrolla cuando empiezas a gatear. Su aparición marca el momento en que empieza el destete y se comienza a ingerir alimento sólido. Las dificultades aquí pueden estar asociadas con problemas relacionados con la dependencia y con la afirmación de la independencia, especialmente respecto de la madre y esto se puede aplicar en adultos tanto como en niños pequeños. Los dientes te permiten comer y asimilar los alimentos: están en primera línea a la hora de recibir amor en forma de alimento. Unos dientes estropeados pueden indicar que hay un problema de amor/comida, cuando los dulces sustituyen el amor, afectando negativamente a la salud.

Los dientes son como compuertas que protegen la entrada a tu ser. Así, clavas los dientes en las cosas o aprietas las mandíbulas para que nada entre o salga. Están conectados con el respeto a tus fronteras, cuando determinas y discriminas lo que será admitido o será expulsado. Tal vez sientas aquí que alguien te está haciendo luz de gas, minando tus defensas, dejándote desprotegido por la pérdida de tu independencia. En este punto de recepción están el fastidio y el rechazo, el dolor al recibir.

Con los dientes muerdes y también muestras tu tensión apretándolos, por lo que los problemas en esta zona tal vez denoten la necesidad de implicarse más o al contrario la necesidad de soltar y relajarse. Un ejemplo: Mary estaba teniendo problemas dentales. También estaba muy enfadada con su madre, que intentaba dominar su vida. Mary quería levantar una barrera entre ella y su madre, pero siempre estaba en situación de inferioridad, como desautorizada. También necesitaba expresar sus sentimientos y hablar con su madre, en vez de apretar los dientes y esperar que su madre simplemente se marchase.

Diálogo cuerpo-mente: los dientes

Los dientes también determinan si la realidad que estás "masticando" y "asimilando" es nutritiva o perjudicial.

- ¿Crees que debes discriminar más entre lo que es bueno para ti y lo que es dañino?

La dentadura también permite la comunicación. Podrías hablar sin ellos pero las palabras no sonarían nítidamente.

- ¿Has sido claro a la hora de comunicarte?
- ¿Dices lo que realmente quieres decir?

Un **absceso** dental indicaría que algo te ha afectado y está produciéndote una infección –tal vez un sufrimiento o culpa conectados a la cuestión madre-alimento-amor–.

- ¿Te sientes rechazado o "desnutrido"?

Un absceso es una erupción de energía negativa en la misma puerta de entrada de tu ser. Tanto los dientes con caries como los abscesos pueden indicar sentimientos inexpresados, como agresiones, frustraciones o miedos, que se están pudriendo en tu interior.

El **rechinar de dientes** es una expresión de frustración o de ansiedad, que revelaría que una acumulación de estrés, tensión emocional o agresividad reprimida quedó fijada en la mandíbula. En los niños esto podría indicar sentimientos reprimidos hacia los dos progenitores, inseguridad o miedo en el hogar o en la escuela. Se trata de una reacción subconsciente al estrés, por lo que una relajación profunda y la psicoterapia podrían ayudar a trasladar este nivel subconsciente al ámbito de la consciencia, dónde podrá ser tratado más eficazmente.

Piorrea

Las encías mantienen los dientes en su sitio, proporcionándote la fuerza y la seguridad con las que asestar un mordisco o masticar las cosas.

La **piorrea** podría ser indicativa de una falta de fuerza y de resolución, de que tu confianza interior está muy debilitada y que sientes que estás perdiendo poder, a menudo coincidiendo con el hecho de hacerse mayor o jubilarse.

Diálogo cuerpo-mente: piorrea

La piorrea puede indicar una falta de fuerza para aferrarse a la realidad, como si tu confianza interior estuviera mermada. Si las encías están inflamadas o sangran, denotan un conflicto emocional o un sufrimiento.

- ¿Te sientes seguro respecto a tus límites y a tu capacidad para discernir entre lo que quieres y lo que no quieres?
- ¿Eres capaz de aferrarte a tus convicciones o sueles hacer concesiones a los demás?
- Las encías son parte de la mandíbula y, muy especialmente, expresan rabia o agresividad. ¿Te sientes desamparado ante la adversidad?
- ¿Acaso te supone demasiado esfuerzo el acto de marcar tus fronteras?

La mandíbula

Cuando **aprietas** la mandíbula, te estás conteniendo para no perder tu calma o expresar algo inadecuado, como tu enfado, pero también estás cerrando tu boca de tal forma que nada puede entrar por ella.

Diálogo cuerpo-mente: la mandíbula

Tu mandíbula puede reprimir sentimientos de la misma manera que mantiene a los demás a raya.

- ¿Qué sucedería si relajases la mandíbula?
- ¿Se produciría un desbordamiento de emociones inaceptable?
- ¿O bien tal vez entraría algo que prefieres que permanezca fuera?

Una **mandíbula bloqueada** implica que tus sentimientos están siendo contenidos como si fueran lágrimas o estás deteniéndolos a medio fluir, o reprimiendo la rabia.

- ¿Estás intentando evitar que algo suceda?
- ¿Sientes que deberías mantener tu boca cerrada porque siempre dices lo que no deberías o hablas demasiado?

La garganta

La garganta es un puente de doble sentido que conecta la cabeza y el cuerpo, la mente y el corazón. Tiene dos funciones básicas: dejar pasar el aire, la comida, los líquidos y la realidad; expresar al exterior tus pensamientos y sentimientos. En este capítulo nos centraremos en el papel que desempeña la garganta en la digestión. Nos remitiremos al Capítulo 11 para las cuestiones relacionadas con la garganta, la expresión y la respiración.

Tragar es una forma de compromiso; una vez que algo ha sido deglutido entra en el proceso de asimilación, durante el que será absorbido como nutriente o rechazado como indeseable. Mientras la comida permanece en la boca, está bajo tu estricto control –puedes escupirla si así lo deseas– pero al tragar estás entregando dicho control. Por eso aquí encontramos problemas relacionados con la fuerza de voluntad y la afirmación. Las arcadas al comer o sentir que te están forzando a comer, también entrañan conflictos de voluntad personal.

De la misma manera que tragas los alimentos, te tragas tu realidad –pensamientos, ideas, sentimientos, sucesos y experiencias–. Esto también puede acarrear el tener que tragarte tus sentimientos, dudas, miedos o iras.

El tragar tiene que ver con que sucedan cambios. Puedes resistirte a ellos cerrando la garganta, o puedes sentir confianza y abrirla para que se produzca el cambio. "Tragar" con algo significa aceptarlo y creérselo –cuando te tragas tu realidad estás aceptándola en tu ser–. Si esta realidad es inaceptable tal vez tengas que tragar con ella, o quizás empieces a padecer inflamación o escozor de garganta.

Diálogo cuerpo-mente: la garganta

Si sufres problemas de garganta, hazte las siguientes preguntas:

- ¿Te estás tragando tu orgullo?
- ¿Te estás tragando sentimientos dolorosos, como el fracaso, la vergüenza, la culpa o el rechazo?
- ¿Qué es lo que no quieres tragarte?
- ¿Qué te produce tanta irritación?

Puede que no desees tragarte tu realidad, que quieras retener demasiados sentimientos, sobre todo si han sido inaceptables o inapropiados. Tal represión genera mucha tensión y estrés, y puede afectar al sistema digestivo, dando como resultado indigestiones, diarreas o estreñimiento.

El estómago

La digestión prosigue en el estómago, gracias a los jugos segregados por el hígado, el páncreas y la vesícula. La digestión es la capacidad de absorber lo que necesitas y eliminar lo que no necesitas, tanto física como psico-emocionalmente. Hacer la digestión significa ser capaz de recibir nutrientes (de la comida o de los demás) y permitir que te alimenten (absorber lo que necesitas). Sin estas dos premisas, puede producirse un ansia constante, un anhelo por llenar necesidades ocultas, un poderoso rechazo o la negación de tales necesidades.

Aquí es donde se produce tu reacción, que indicará si lo que has absorbido beneficioso para ti (en cuyo caso el proceso digestivo continuará) o perjudicial (en cuyo caso lo devolverás o vomitarás).

La indigestión obedece a la preocupación y al estrés tanto como a la ingestión de alimentos equivocados. El estómago es el lugar donde almacenas las preocupaciones –donde se acumulan las enzimas ansiosamente– hasta que tu estómago "se revuelve" con lo que está sucediendo. Invariablemente, empleamos la comida para calmar esa ansiedad. Esto puede producir mayores dificultades digestivas o llevar a comer más de la cuenta para paliar el trastorno.

El apetito

El acto de comer y tragar es simbólico de la ingesta y absorción de la realidad, como vimos al principio de este capítulo. Un **apetito voraz** puede ser una respuesta saludable a un aumento del consumo de energía, pero también puede ser un sustitutivo del alimento espiritual, indicativo de inseguridad interior, miedos, culpas o anhelos inexpresados; comer se convierte en un intento de llenar un pozo sin fondo. Un niño puede comer más de la cuenta para recibir la aprobación de sus padres, dado que el amor que realmente necesita no llega hasta él. Un apetito insaciable o voraz denota una personalidad que devora información, experiencias o relaciones; pero puede ser que esté desperdiciando la visión o los conocimientos que éstas pudieran darle al consumirlas demasiado deprisa.

Una **falta de apetito** puede significar que la energía está siendo requerida en alguna otra parte del cuerpo, como cuando enfermamos. Sin embargo, también pudiera indicar una falta de implicación, un exilio interior, como les sucede a quienes sufren una ruptura sentimental, que pueden pasar días sin comer, relamiendo su herida interior. En los niños esto pudiera deberse al acoso escolar, a la falta de seguridad o al sufrimiento emocional. La acumulación de estrés también puede afectar al apetito.

Indigestión y ardores de estómago

La indigestión y los ardores de estómago pueden deberse al consumo de comida en mal estado o de alimentos que a tu cuerpo le cuesta digerir (por ejemplo, productos lácteos si eres alérgico a estos productos). Estos trastornos también puede deberse a que la realidad que estás "digiriendo" es demasiado amarga o agria, o demasiado dura de sobrellevar y no puedes literalmente asimilarla por más tiempo. O también puede que se deba a las preocupaciones y a la ansiedad, que se mezclan en tu estómago con los jugos gástricos.

Diálogo cuerpo-mente: indigestión y ardores de estómago

Si tienes problemas de indigestión, procura descubrir lo que te está trastornando.

- ¿Qué problemas tan agrios te estás "tragando"?
- ¿Qué sentimientos estás "tragándote" que te resultan tan amargos o agobiantes?
- ¿Está "ardiendo" tu corazón por algo o por alguien?

Náuseas

La náusea indica que algo está removiendo tus sentimientos de mala manera, haciendo que tengas ganas de expulsarlos fuera de ti. Se trata de una expresión física de rechazo o incluso de repulsión, de que hay algo que te resistes a absorber, integrar o asimilar.

Diálogo cuerpo-mente: náuseas

- ¿Hay algo que te produzca un rechazo emocional?
- ¿Hay una parte de ti que estés rechazando?
- ¿Qué necesita esa parte para ser aceptada por ti?

Úlcera de estómago

Este es un buen ejemplo de factores combinados que acaban creando un problema. Las úlceras de estómago suelen estar provocadas, físicamente, por un virus específico pero invariablemente se presentan cuando estás pasando por mucho estrés y la realidad a la que te enfrentas se vuelve corrosiva, debilitando mucho tus mecanismos de resistencia. Puedes haber estado aceptando demasiada acidez de los demás, o quizás tus propios sentimientos te estén fagocitando.

Agravadas por los jugos gástricos, las úlceras suelen aparecer cuando estás padeciendo mucha presión, preocupaciones por temas financieros o profesionales, relaciones personales, culpabilización o vergüenza. *Preocupación* es aquí la palabra clave: es como si la preocupación te estuviera

265

devorando. Todo esto propicia el caldo de cultivo ideal para los virus. La úl-cera genera el sentimiento de que estás en carne viva o vulnerable, como si no tuvieras lugar dónde esconderte. También pudiera existir agresividad re-primida, un deseo de venganza o de agresión contra alguien. Hay una nece-sidad profunda de atenciones y mimos, de vuelta a la seguridad de recibir cuidados, como cuando consumir alimentos infantiles se convierte en una forma de tratamiento.

Los intestinos

Los intestinos no sólo son el lugar donde se completa la digestión, la ab-sorción y la asimilación de los nutrientes y se preparas la salida de los re-siduos; también es el lugar donde asimilas y absorbes los detalles de tu re-alidad. Aquí es donde procesas "tus cosas", donde digieres lo que has aceptado y tus distintas respuestas. Las dificultades intestinales están rela-cionadas tanto con el estrés y la tensión de la vida diaria como con los con-flictos procedentes de capas profundas de miedo, de culpa o de sufrimien-to que te impiden liberarte y soltarlos. Tales retenciones generan tensiones y desconfianzas, o miedo a la espontaneidad.

El vientre es el centro donde se crean los sentimientos "de hacer de tri-pas corazón" o donde pueden herirte emocionalmente, como cuando sien-tes que algo te "revuelve las tripas". Los sentimientos pueden quedar en-cerrados aquí, incapaces de encontrar la manera de ser expresados. Tu estómago puede llenarse de emociones y de sentimientos inexpresados o hundirse en respuesta a un vacío emocional. Si lo utilizas correctamente es éste un lugar de gran poder y potencia personales, pero si no eres capaz de conectar con tu fuerza interior, se convierte en un espacio vacío donde se acumulan las carencias.

La mayor parte de nuestra absorción y asimilación se produce en el **in-testino delgado**, con la ayuda del hígado, el páncreas y la vesícula. Aquí se desmenuza la información recibida en pequeñas piezas y se toman las decisiones en base a lo que debe hacerse con cada una de estas piezas. Es un proceso de análisis, de detalle, de discriminación. Las dificultades en este área sugieren una actitud extremadamente analítica y obsesiva; o una incapacidad a la hora de decidir lo que es necesario y lo que no.

En el **intestino grueso** se termina de procesar la ingesta, preparándola para la excreción. Esta es el área de dejar ir, razón por la cual las dificultades localizadas aquí están relacionadas con el aferrarse a lo que ya ha cumplido su propósito. También puede haber sufrimiento o tristeza; o un aferrarse que prolonga el sufrimiento; o un miedo a dejar ir, tal vez debido a la falta de confianza.

Candidiasis

La candidiasis es un hongo parecido a la levadura que puede afectar zonas del cuerpo húmedas y cálidas, como la boca, los intestinos, la vesícula o la vagina. Normalmente este hongo vive en equilibrio con el cuerpo, pero este equilibrio puede romperse con facilidad por causa del estrés, los antibióticos o las píldoras anticonceptivas, que pueden debilitar el sistema inmunitario. Dado que estos factores van en aumento en nuestras vidas, las causas que originan candidiasis también se incrementan. La candidiasis ha sido identificada como causante de numerosas dolencias, de la depresión a los problemas de conducta; se creía que este hongo era capaz de moverse por los distintos órganos y sistemas del cuerpo. Pero los médicos no se ponen de acuerdo en este particular y se requiere mayor investigación al respecto. Dado que la candidiasis puede desarrollarse durante años sin que se presenten sus efectos, resulta muy difícil de diagnosticar.

Diálogo cuerpo-mente: candidiasis

Una candidiasis en el sistema digestivo sugiere que estás siendo invadido psicológicamente por otra persona o por algo y que te sientes sin control. Esto también indicaría que tu entorno personal se ha visto trastornado o desequilibrado, permitiendo la entrada de otras energías que se sienten aquí como en su casa.

- ¿Te sientes particularmente inseguro?
- ¿Algo te está reconcomiendo?
- ¿Has perdido el contacto con tu energía interior y con tu capacidad de resistencia?
- ¿Qué necesitas para recobrar tu estabilidad?

Colitis ulcerosa

La colitis ulcerosa es una inflamación del intestino grueso generada por absorción defectuosa, sufrimiento, sangrado, ulceración y dificultades de eliminación. Es debida a alergias o infección pero también puede verse desencadenada por el estrés. Está muy relacionada con la tensión acumulada y la irritación, así como con la retención de sentimientos intensos, como la ira.

En este área puedes acceder a recursos de poder personal, pero si sientes frustración o desasosiego por algo o por alguien, también puede hacerte sentir impotencia y nerviosismo.

Diálogo cuerpo-mente: colitis ulcerosa

Si puedes encontrar una forma de soltar la tensión, la ira y la frustración, te costará menos volver a conectar con tus propios recursos interiores.

- ¿Somatizas la ira en vez de expresarla?
- Si tus problemas tienen que ver con el estrés, ¿por qué te esfuerzas tanto?
- ¿Qué estás intentando demostrar?
- Si la inflamación se debe a una infección o a una alergia, ¿qué o quién se te está metiendo dentro y afectándote tan profundamente?

Evacuación
Síndrome de colon irritable

Esta patología produce un dolor abdominal agudo, gases, estreñimiento y/o diarrea. Este mal no afecta tanto a los intestinos como a los nervios, que hacen que los músculos se contraigan y provoquen espasmos. La ansiedad y el estrés emocional son sin duda los principales causantes, lo mismo que la depresión y los sentimientos de desesperanza, de desamparo y de baja autoestima.

Cuando éramos niños todos aprendimos a apretar el vientre cuando estábamos estresados; este es un reflejo natural, que produce un espasmo muscular. Aquí es donde además se almacenan miedos ocultos y preocupaciones, propiciando una contracción muscular. También puede haber un miedo intenso, pérdida de confianza o el nerviosismo que aparece cuando nos enfrentamos a situaciones desconocidas. Las relaciones personales también afectan al colon, problemas muy relacionados con las relaciones íntimas y la falta de seguridad.

Diálogo cuerpo-mente: síndrome de colon irritable

El SCI está relacionado con el mantenimiento del poder y con las fronteras, o con problemas asociados con la liberación y con ceder el control.

- ¿Qué parte de ti está tan convulsa –quizás a causa de los miedos y la ansiedad–?
- ¿Qué deberías hacer para corregir esta parte de ti, para desenredar los líos o soltar las tensiones?
- ¿Qué cantidad de estrés necesitas liberar?

Estreñimiento

En EE.UU. se venden más laxantes que cualquier otro medicamento, pues el estreñimiento es una enfermedad muy común. Tan común que pensamos en ella como algo de lo más normal. No cabe duda de que el consumo de alimentos procesados y refinados es una de las principales causas del estreñimiento, lo mismo que la reducción del ejercicio físico, pero no son las únicas causas.

Numerosos problemas relacionados con la eliminación tienen mucho que ver con la infancia. Como mencionábamos anteriormente, el niño tiene dos maneras de controlar a sus padres: aceptando o rechazando el alimento que le ofrecen; pero también aceptando o rechazando la defecación. Los conflictos con el orinal son muy frecuentes –algunos niños tienen que permanecer sentados sobre él durante horas dado que los padres intentan imponer su voluntad sobre la del niño–. Evacuar es un acto de rendición; el estreñimiento es un acto de aferrarse al poder.

Las lecciones aprendidas hasta la fecha permanecerán hasta la edad adulta, con la figura paterna o materna sustituida por la pareja, el jefe o cualquier otra figura de poder. El estreñimiento está relacionado con sentimientos de impotencia, con el miedo a la autoridad o a la falta de control; se trata de ejercer el poder en la única área donde aún puedes hacerlo. Es

269

bastante frecuente que se presente en momentos de dificultades financieras, conflictos en las relaciones, o cuando estamos de viaje, dado que esos son momentos en los que nos sentimos más inseguros o desarraigados: queremos aferrarnos a cualquier cosa tal y como esté, ya que no sabemos lo que vendrá después. Soltar significa confiar en tu propia seguridad.

Los músculos del ano se contraen con el miedo y la ira. Aquí es donde puedes esconder esos sentimientos "sentándote encima" de ellos. Ahora que estás leyendo esto, aprieta tus glúteos y siente las emociones que se desencadenan al hacerlo. Con el estreñimiento hay una retención y represión de los sentimientos, acrecentada por el exceso de trabajo. Las tripas necesitan un tiempo para abrirse, pero si estás siempre de un lado a otro –tomándote un café y saliendo por la puerta– se vuelven a cerrar de nuevo. Ahora relaja tus músculos anales y comprobarás la diferencia.

Un "culo inquieto" es alguien que no descansa ni se relaja, pero no existe la expresión "culo relajado": ¡alguien que se relaja, que sigue sus impulsos y se comporta de forma generosa!

Aprender a ser más lúdico y espontáneo puede ser de mucha ayuda para desencallar esta situación. Pero más importante sería aprender a expresar los sentimientos y, una vez expresados, soltarlos. La cuestión más profunda es tener confianza; confianza en que todo está en orden, confianza en las personas que te rodean, confianza en que los hechos fluirán como es debido aunque no los controles, confianza en el universo que te sostiene.

El estreñimiento es básicamente una incapacidad o negativa inconsciente a soltar; la palabra "inconsciente" es aquí la palabra clave. ¡A nadie le gusta padecer estreñimiento! El estreñimiento representa una contracción muscular que pone de manifiesto una contracción psicológica.

Diálogo cuerpo-mente: estreñimiento

Cuando retienes algo suele ser porque tienes miedo que al soltarlo los acontecimientos escaparán a tu control. Hay una desconfianza o miedo a lo desconocido, que se traduce en una contracción por aferrarse a lo familiar, a lo que nos parece seguro y de fiar.

• ¿Dónde se concentra tu retención y qué sucedería si soltaras?

- ¿Qué sucedería con tus relaciones personales o con tu trabajo si soltases el control y dejaras que las cosas sucedieran espontáneamente?
- ¿Qué necesitas para desarrollar una mayor confianza ante lo desconocido?

Véase también: Recto.

Diarrea

La diarrea puede deberse a una infección viral o bacteriana, en cuyo caso deberías preguntarte lo que te está afectando o infectando tan profundamente.

La diarrea también puede deberse a un sentimiento de estrés emocional –o de ansiedad, de disgusto o de terror–, de ahí la expresión "cagarse de miedo". Los animales vacían sus tripas cuando se enfrentan a situaciones de pánico, y no somos tan diferentes de ellos.

La primera vez que visité El Cairo, en 1982, los niveles de pobreza y desnutrición me mortificaron: doce millones de personas viviendo en una ciudad construida para albergar a tres millones. Vivían en los lugares más imaginables, cementerios incluidos. Sentí como una patada en las tripas y antes de media hora estaba buscando un lavabo. Tal vez fuera por culpa de la comida, pero sin duda las emociones exacerbaron esta reacción.

Diálogo cuerpo-mente: diarrea

La diarrea suele estar provocada por comida en mal estado, sentimientos de miedo o ansiedad, o exceso de estrés. Tener diarrea significa que estás eliminando tan deprisa que no puedes absorber ningún nutriente, tal vez porque quisieras eliminar lo que has ingerido, o porque tienes miedo de acercarte demasiado a alguien emocionalmente. Puede ser que ya no puedas retener lo que esté sucediendo, porque te abruma emocionalmente. Esto puede suceder cuando te sientas trastornado emocionalmente por lo que estás experimentando pero no sabes cómo asimilar tus sentimientos, como el pánico, la ansiedad o el sufrimiento.

- ¿Tienes miedo de algo, tal vez de tus propios sentimientos?

- ¿Sientes que algo te ha impactado emocionalmente en lo más hondo?
- ¿Se debe tu diarrea a una intoxicación alimentaria o hay alguien o algo a tu alrededor muy tóxico o que te está haciendo sentir envenenado?
- ¿Quisieras escapar de alguien?
- ¿Hay algo de lo que te gustaría desembarazarte?
- ¿Das una imagen de ser fuerte y estoico pero sientes desamparo interior?
- ¿Sientes un miedo que te "cagas"?

Es importante volver a conectar con tu solidez y tu fuerza interiores y tomarte el tiempo necesario para experimentar cualquier cosa que te suceda y así absorber por completo los aspectos beneficiosos de esas experiencias.

El recto
Tu relación con la defecación indica lo fácilmente que puedes aceptar y soltar, o si por el contrario te aferras y retienes. El ano es el punto de salida final del cuerpo. Está conectado con la boca, que es el punto de entrada, pero mientras que la boca es un área consciente, mientras que el ano es más subconsciente. Es un lugar privado, una parte oculta de tu ser apartada de las miradas indiscretas, razón por la cual podremos encontrar aquí ira, violación o abusos, quizás debidos a una penetración no deseada.

Diálogo cuerpo-mente: el recto

La ira en la boca se siente en la mandíbula, mientras que la ira en el ano se refleja en unos músculos tensos, irritación intensa o erupciones.

- ¿Hay alguien que te está dando por...?
- ¿Alguien se te está acercando demasiado, invadiendo tu privacidad?

Este área del recto también se utiliza para depositar sentimientos acumulados en situaciones de tensión o de riesgo vital. Esto puede ser tan sencillo como sentarte sobre tus sentimientos durante una entrevista de trabajo o una primera cita romántica –cuando estás sonriendo pero mantienes tus glúteos y músculos apretados– o tan complejo como una tensión muscular grave sostenida durante muchos años.

- ¿Qué sucedería si te dejaras ir?
- Respira conscientemente en el recto y los músculos rectales para liberar cualquier tensión. ¿Cómo te sientes ahora?

Véase también: Estreñimiento.

Hemorroides

Las hemorroides son venas hinchadas que se generan a causa de sobre esfuerzos al defecar, cuando intentamos acelerar ese proceso o porque el movimiento resulta dificultoso. Las hemorroides pueden reventarse en momentos de mucha tensión emocional o cuando te aferras a problemas o sentimientos que deberías soltar. Denotan un conflicto entre el empuje y la retención. Esto tal vez refleje un conflicto entre el amor y la pérdida, la entrega y el control o el miedo y la confianza.

Véase también: Estreñimiento.

El hígado

Es el órgano más grande del cuerpo. El hígado desempeña muchas y variadas funciones. Aquí las grasas se convierten en energía o se preparan para su almacenamiento; las proteínas y los demás nutrientes se transforman para ser utilizados y se produce la bilis que será empleada por la vesícula biliar, preparada para descomponer los glóbulos grasos. Cualquier exceso en la dieta, como un exceso de lípidos o comidas saturadas pero también de azúcar refinado, o los excesos de alcohol, se dejarán sentir en el hígado. Si superas el límite de toxinas –como con el alcohol o las drogas– llegarás a un punto en el que tu hígado empezará a quejarse, a decirte que estás ingiriendo más de lo que puede asimilar, tanto física como psico-emocionalmente. Los problemas en el hígado se traducen en malas digestiones, escasa energía (como cuando tienes poco apetito o poca potencia sexual) cansancio y, eventualmente, en dolores de cabeza y problemas oculares.

En la naturaleza de la adicción está seguir consumiendo pese a tus limitaciones, dado que las toxinas que ingieres disimulan estados de toxicidad más profundos en tu interior. El papel que desempeña el hígado para desintoxicar es aquí crucial. Significa que el hígado es capaz de discriminar entre toxinas y sustancias inofensivas. No obstante, si pierdes esa capacidad de discriminar y empiezas a ingerir grandes cantidades de sustancias dañinas, el hígado sufre.

Diálogo cuerpo-mente: el hígado

Si tienes un problema de adicción, debes preguntarte cuándo y cómo perdiste la capacidad de evaluar tu conducta.

- ¿Por qué lo llevas todo tan lejos, excediéndote en el consumo de determinadas cosas?
- ¿Te estás ocultando de algo o de alguien?
- ¿Qué problemas profundos estás disimulando con tu adicción?
- ¿Qué sucedería si pusieras fin a esta autoindulgencia?

En la medicina tradicional china, el hígado tiene fama de ser un almacén para la ira, sobre todo la ira reprimida, que se suele acumular aquí hasta que, eventualmente, estalla. Demasiada ira, especialmente cuando es ira reprimida, actúa como toxina para el cuerpo, y con frecuencia es terreno abonado para las adicciones. La ira inexpresada o no reconocida como tal conduce a la depresión, al igual que la vergüenza, los celos o la irritabilidad. Todos estos sentimientos te vacían de energía y pueden afectar negativamente a tu sistema inmunitario. Conectados con la ira están la amargura y el resentimiento, considerados productores de bilis, pero también de culpa, desesperación, frustración y odio.

El hígado también está conectado con dificultades para dar sentido a tu vida. Un hígado perezoso conduce a la depresión, que hace que la vida nos parezca un sinsentido. El hígado da vida. Su estado de salud refleja por tanto nuestra forma de abrazar la vida, o lo autodestructivos que podemos llegar a ser. Un hígado sano favorece el entusiasmo, la creatividad, la fuerza interior, así como la resistencia física y mental.

Véase también: Vesícula Biliar, Adicción, Depresión.

Hepatitis
Existen distintas clases de hepatitis, algunas más graves que otras. La he-

patitis A se origina por las condiciones sanitarias o la comida en mal estado. La hepatitis B es una enfermedad vírica mucho más grave y puede producir una infección de por vida, cirrosis y colapso hepático. La hepatitis C es una dolencia hepática que se puede contraer mediante las transfusiones de sangre infectada y es la enfermedad del hígado más extendida por el mundo, con entre 270 y 300 millones de personas infectadas, y muchas más que ignoran que lo están. A menudo la definen como la epidemia "silenciosa" dado que permanece latente en las personas durante años hasta que se les diagnostica. La hepatitis C empezó a extenderse en los años sesenta a causa de las transfusiones sanguíneas y la utilización de jeringuillas para el consumo drogas, pero no fue reconocida como una enfermedad específica hasta la década de los noventa.

Diálogo cuerpo-mente: hepatitis

Desde una perspectiva cuerpo-mente, la hepatitis indica la pérdida de la capacidad de discriminar entre lo correcto y lo erróneo. La distinción entre el bien y el mal queda difuminada cuando las toxinas o venenos no son reconocidos como dañinos. Esto se puede aplicar tanto a las enfermedades inmunitarias como al uso de narcóticos. Con la hepatitis se genera un sentimiento de estar abrumados o que la vida se va drenando de nuestro cuerpo.

- ¿Qué te está drenando o afectando tu sentido de la vida y tu razón de ser?
- Si las drogas fueran la causa, ¿qué emociones han sido negadas o reprimidas mediante el uso de esas drogas?

La vesícula biliar
La bilis que produce el hígado es absorbida por la vesícula biliar. La bilis es un líquido verde y amargo que deshace las grasas para facilitar la digestión.

Diálogo cuerpo-mente: la vesícula biliar

La carencia de bilis implica que la digestión tardará más en hacerse y que puedes sentir mareos, lo que denotaría a su vez una incapacidad de desmenuzar o asimilar la información entrante, así como incapacidad de afrontar las cosas. La palabra *bilis* también se utiliza en sentido figurativo, como sinónimo de amargura, resentimiento o ira contenidos en el interior.

- ¿Qué te produce tanta amargura y mal humor?
- ¿Qué te resulta tan difícil de digerir o asimilar?

Piedras en la vesícula

Las piedras en la vesícula se deben a que la bilis se coagula, formando pequeños fragmentos sólidos. Su expulsión del cuerpo puede ser extremadamente dolorosa y dado que esas piedrecitas están hechas de líquido coagulado, se corresponden con emociones congeladas o inexpresadas. Las piedras tardan algún tiempo en formarse, razón por la cual representan el resentimiento que se ha ido acumulando durante mucho tiempo. Las piedras en la vesícula indican la necesidad de suavizar y atenuar la amargura, de aprender que decir 'no' a los demás es algo perfectamente aceptable y que hay que responder afirmativamente a las necesidades de uno mismo. No es preciso acumular resentimiento para obtener lo que se necesita.

El páncreas

El páncreas produce unas enzimas imprescindibles para desmenuzar las proteínas y los hidratos de carbono. Las enzimas posibilitan que esa transformación se produzca. Sin esas enzimas seríamos incapaces de digerir correctamente los nutrientes entrantes, de tal manera que pasarían sin ser digeridos, provocando indigestión, náuseas, hinchazón e incluso diarreas.

Diálogo cuerpo-mente: el páncreas

Los problemas con el páncreas pueden representar una incapacidad para "digerir" o asimilar la información entrante.

- ¿Te sientes incapaz de asumir las situaciones a las que te enfrentas?
- ¿Te resultan inaceptables o abrumadoras?
- ¿Qué necesitarías cambiar para ser capaz de asumir tus sentimientos?
- ¿Te estás resistiendo a recibir alimento?

El páncreas produce además la insulina y el glucógeno, necesarios para mantener el nivel adecuado de azúcar en la sangre. La insulina se libera para posibilitar la absorción de la glucosa y su transformación en energía, mientras que el glucógeno mantiene el equilibrio cuando no tenemos suficiente glucosa. Esto se corresponde al equilibrio que aporta la dulzura del amor en tu vida. Sin un equilibrio adecuado estarías dando bandazos entre lo dulce y lo salado, entre sentir afecto y felicidad a sentirte triste y deprimido, entre sentirte optimista y con mucha energía a sentirte falto de energía, de sentido, de rumbo.

Los niveles de azúcar en la sangre se ven afectados por los excesos de adrenalina, sobre todo cuando te enfrentas a situaciones de estrés. Los problemas pancreáticos, por consiguiente, están asociados con el mantenimiento del equilibrio justo en tu vida, el equilibrio entre el dar y el recibir, entre el disfrute y el trabajo.

Diabetes

La diabetes aparece cuando no hay suficiente insulina para asimilar la glucosa entrante o falla la producción de insulina en el páncreas. En cualquiera de estos casos, el azúcar se acumula en la sangre y se libera por la orina en vez de transformarse en energía. Esto puede traducirse en una bajada de energía que puede ser fatal si no es atendida. Es la sexta causa de moralidad y la segunda causa de ceguera. La carencia de insulina deberá ser suplida por un cambio de dieta o inyecciones de insulina, según el tipo de diabetes que se padezca.

Igual que no pueden asimilar o utilizar el azúcar de los alimentos, a los diabéticos les cuesta –o no pueden– asumir o aceptar el amor. La diabetes está asociada al sentimiento de un carencia –o sobreabundancia– de dulzura en sus vidas. Esto puede deberse a una pérdida o a la soledad. Los niños pueden desarrollar diabetes durante momentos de conflictos entre sus padres, como pueden ser un divorcio o un fallecimiento, cuando experimentan el sentimiento de que tienen la culpa de esa pérdida o que un progenitor no los ama, o también porque alguno de ellos les prodiga un exceso de afecto asfixiante. La diabetes aparece en adultos cuando existe un sentimiento de carencia emocional. Esto también sucede en los casos de obesidad, que a menudo está relacionada con una pérdida amorosa o el miedo a las relaciones íntimas, poniendo de manifiesto el vínculo existente entre el exceso de alimentación para compensar carencias afectivas y la incapacidad de recibir amor. El estrés puede tener efectos aislantes: cuando sientes que no le importas a nadie o te sientes incapaz de absorber cualquier forma de amor existente y acabas perdiendo tu sentido del equilibrio emocional.

Es difícil ser independiente cuando existe una dependencia constante respecto a la insulina. Esto crea una dependencia del hogar –los jóvenes diabéticos suelen abandonar el hogar familiar más tarde que los demás– y supone una dificultad a la hora de mantener una relación personal duradera. También hay un resentimiento: el deseo de ser amado pero sin tener que amar, ser cuidado sin tener que dar nada. Cuando la dulzura interior pasa de largo dentro de ti y acaba en la orina, produce tristeza y un sentido de pérdida. La gente que padece diabetes se siente con frecuencia emocionalmente aislada, incapaz de entregarse. Aprender a quererte a ti mismo y a encontrar el equilibrio justo entre el dar y el recibir es algo esencial.

Hipoglucemia

La hipoglucemia puede presentarse cuando los niveles de azúcar en la sangre bajan drásticamente, tanto si es debido a un exceso de ejercicio, a una falta de alimentación o a un exceso de insulina. También pudiera ser que has dado demasiado a los demás y que no te queda nada para ti. Necesitarás tiempo para reponerte, para volver a ser quien eres, para recibir cuidados nutritivos. Esta disfunción suele indicar un deseo de afecto y una necesidad constante de ser reconfortados.

14. El guardián del equilibrio
El sistema urinario

El sistema urinario se compone de los riñones, la vejiga y las glándulas suprarrenales. Este sistema cumple con la función vital de mantener el cuerpo libre de impurezas y eliminar las sustancias que el cuerpo ha utilizado y ya no necesita. Los fluidos corporales se corresponden con tus emociones y, por consiguiente, el sistema urinario es el guardián de tu equilibrio emocional, eliminando los sentimientos negativos o que ya no necesitas. ¡Si no lo hiciera acabaríamos ahogándonos en nuestra propia negatividad! Cualquier problema relacionado con el sistema urinario tendrá que ver con la liberación de estos sentimientos. Las infecciones urinarias, por ejemplo, aparecen a menudo durante momentos traumáticos en las relaciones, cuando abundan los sentimientos negativos y conflictivos, que se van acumulando pero resultan difíciles de expresar, o cuando tu independencia o individualidad se ve amenazada, como cuando eres objeto de presiones para que des tu conformidad.

Los riñones

Tenemos dos riñones y dos glándulas suprarrenales situadas justo encima de cada uno de ellos. El papel que desempeñan los riñones consiste en mantener el equilibrio del agua y los minerales con el contenido ácido-alcalino de la sangre, así como en filtrar sustancias indeseables discriminando a las buenas y útiles de las tóxicas o dañinas.

Aquí se produce un equilibrio esencial entre polos opuestos simbolizados por los dos riñones relacionados entre sí. Los problemas suelen estar asociados a las relaciones, ya sean desequilibrios en tu relación con los demás –sobre todo con tu pareja– o bien desequilibrios en las energías masculina y femenina que habitan en tu interior.

Los riñones están implicados en la producción de glóbulos rojos en la sangre, que denotan su relación con el amor generado por todo tu ser. Pero también tienen que ver con el hecho de liberar y de soltar, sobre todo sentimientos negativos, que se evidencian especialmente en las rupturas sentimentales. Tal separación provoca un desequilibrio pero también exceso de sentimientos negativos, de confusión y de inseguridad.

Cuando se presentan dificultades en los riñones conviene encontrar la manera de liberar los sentimientos, aunque para ello tengas que aporrear almohadas. Al soltar la negatividad, el flujo de amor podrá reanudarse.

En medicina tradicional china, los riñones son conocidos como el "trono del miedo", sobre todo porque las glándulas suprarrenales liberan adrenalina en la sangre como respuesta a la excitación, a la ira, al pánico y al estrés. Los riñones reaccionan al miedo, al sufrimiento no expresado y a la pérdida. El miedo motiva para la acción o inmoviliza en la inacción. Esto se observa en la importante conexión existente entre los riñones y las articulaciones. De forma parecida a como las articulaciones nos permiten expresarnos, los riñones liberan lo que ya no necesitamos. El ácido úrico suele ser excretado normalmente por los riñones, pero de no ser así, se acumula en las articulaciones, como es el caso de los enfermos de gota, que padecen dolorosas inflamaciones e inmovilizaciones. La gota se concentra especialmente en los dedos de los pies, lo que denota profundos temores ante lo que está por venir.

Diálogo cuerpo-mente: los riñones

Si los riñones te están causando problemas, plantéate las siguientes preguntas:

- ¿No crees que deberías alcanzar un mayor equilibrio en tu vida?
- ¿Te sientes capaz de liberarte de dificultades pasadas?
- ¿Notas dificultades en tu relación de pareja o relación primordial?
- Si ese fuera el caso, ¿estás dejando ir tus sentimientos o los reprimes?
- ¿Estás reprimiendo o reteniendo sentimientos negativos como el miedo, la rabia, el resentimiento o la amargura?
- ¿Es el miedo un elemento predominante en tu vida?
- ¿Sientes preocupación o ansiedad por algo o por alguien?
- ¿Eres presa del pánico con facilidad?

Piedras en los riñones

Las sustancias concentradas, como el ácido úrico o los minerales, que normalmente fluyen en la orina, empiezan a disociarse y se acumulan lentamente, como una bola de nieve, hasta que acaban formándose pequeños guijarros que duelen mucho al pasar. Las materias condensadas representan modelos de pensamiento y emociones condensados, sobre todo las asociadas al miedo y al sufrimiento: son como lágrimas retenidas que se han solidificado. Deberían haberse derramado y ser liberadas, pero en vez de eso, se han retenido, lo cual les permitió desarrollarse. Se trata de un bloqueo de energías, relacionado con los problemas mencionados anteriormente –relaciones conflictivas, tristeza, pérdidas, emociones negativas y miedo.

La vejiga

La vejiga es un contenedor del tamaño de un racimo de uva, un área destinada a acumular fluidos antes de liberarlos. Uno de sus principales atributos es su capacidad de adaptarse –expandirse o encogerse según la cantidad de orina contenida–. Esto indicaría tu capacidad de adaptarte a tus circunstancias, en vez de dejarte atrapar por viejos modelos psicoemocionales.

Diálogo cuerpo-mente: la vejiga

Adaptarse implica ser espontáneo y liberarse de los problemas pasados.

- ¿Te estás encallando en viejos esquemas emocionales?
- ¿Estás atado al pasado y no puedes mirar al futuro?

Micción frecuente

Cuando eres incapaz de expandirte, puedes padecer problemas como la micción frecuente, por la presión a la que se somete la vejiga. En las mujeres puede deberse a los cambios hormonales de la menopausia. Tanto en hombres como en mujeres puede estar causada por el café o el alcohol, el estrés o el miedo, o por un exceso de emociones, que provocarían un desbordamiento emocional.

281

También indicaría no querer tratar sentimientos profundos. Se liberan rápidamente para que no produzcan efectos indeseables.

Diálogo cuerpo-mente: micción frecuente

La micción frecuente implica incapacidad para adaptarse a las distintas circunstancias o abrirse a nuevas experiencias. También puede ser un modo de evadir la interacción; siempre hay una excusa para no participar.

- ¿Sientes urgencia o prisa por hacer las cosas?
- ¿Te sientes oprimido por las circunstancias?
- ¿Has estado aceptando más de lo que podrías asumir?
- ¿Intentas hacer las cosas tan rápidamente que nunca salen bien?
- ¿Hay tal cantidad de estrés o de miedo en tu organismo que necesitas eliminarlos?

Incontinencia

Dado que la incontinencia es el resultado de una función muscular que se ha colapsado o debilitado, denota una tendencia a ser mentalmente débil, a una incapacidad de concentrar la energía, una actitud de impotencia o colapso interior. Al ser incapaces de adaptarnos psicológica y emocionalmente a las distintas circunstancias –abrirse o contraerse según las necesidades– hay una actitud de rendirse, sobre todo ante el sufrimiento, la pérdida o el miedo.

La incontinencia indica una incapacidad para controlar tus sentimientos, por lo que se produce un goteo sin fin. O puede que haya un sentimiento de impotencia, como si fueras la víctima desamparada y no pudieras hacer nada por ti mismo. Esto puede suceder cuando te sientes abandonado, solo o sientes que has perdido tu poder personal, como cuando una persona mayor se traslada a una residencia.

Infecciones urinarias, cistitis

Distintas circunstancias pueden sumarse para propiciar la aparición de infecciones urinarias: ropa interior de nailon, desodorantes vaginales, relaciones sexuales o presión en la vejiga, factores que restringen el flujo, como sucede en el embarazo o con la obesidad. Una infección hace que la micción resulte dolorosa y difícil a causa de los tejidos inflamados, ardientes o escocidos. De la conexión cuerpo-mente se deduce que las emociones son demasiado intensas, del mismo modo que puede existir un cúmulo de emociones negativas ¡que te irritan profundamente!

La mayoría de los casos de cistitis se producen durante momentos de cambios emocionales, como en el transcurso de una separación o ruptura de una relación. En estos momentos se dan numerosos conflictos a la vez: sufrimiento profundo, rabia intensa e ira; sentimientos de abandono y de pérdida; miedo a la soledad; miedo de pasar de la dependencia a la independencia. Una infección urinaria hace que el paso de la orina resulte difícil y doloroso, tan doloroso y difícil como lograr evacuar estos sentimientos.

Diálogo cuerpo-mente: infecciones urinarias, cistitis

Raramente resulta fácil o conveniente expresar rabia, sufrimiento o miedo; y si no tienes nadie con quien hablar, las emociones se irán reprimiendo.

- ¿Qué sentimientos estás reprimiendo en tu interior que te irritan tanto y son tan intensos?
- ¿Qué te quema por dentro?
- ¿Eres capaz de encontrar alguna manera de liberar tus sentimientos bloqueados, como hablar de ello con algún buen amigo o con un profesional especializado?

La cistitis puede presentarse durante la luna de miel, igual que las relaciones íntimas pueden desencadenar sentimientos profundos y miedos. El amor hace que todo emerja, también aquello que no es amor, como puede ser el miedo a las relaciones íntimas. Resulta mucho más fácil echarle la culpa a tu pareja o enfadarse con ella, cuando en realidad deberías enfrentarte a tus miedos interiores.

- ¿Está emergiendo algún miedo o sufrimiento profundos?
- ¿Te da miedo o te agobian tales intimidades?
- ¿Qué te haría falta para que pudieras dejar ir esos sentimientos?

Una manera de ayudar a curar la cistitis consiste en beber abundante agua pura –para enjuagarla con emociones puras– o practicar un ejercicio de liberación de emociones, como gritar o aporrear almohadas.

Enuresis

Orinarse en la cama denota una necesidad subconsciente de expresar sentimientos de confusión y malestar. Como sucede frecuentemente con los niños, suele deberse a la presión emocional procedente de la familia, de los amigos o de la escuela. Tal vez se haya padecido el divorcio de los padres, abusos físicos o psico-emocionales, presión constante, acoso escolar, fracaso escolar o cualquier otro trauma. Se detecta una incapacidad de expresar estos sentimientos, razón por la cual irán acumulándose en el interior.

Orinarse en la cama es una llamada de auxilio. Es una respuesta similar a la de las lágrimas –un desbordamiento de los sentimientos interiores– pero mucho más incontrolable y subconsciente. Al suceder durante la noche, es como un secreto oculto, un dolor recóndito. Puede existir un profundo sufrimiento de culpa o vergüenza, o una inaceptable necesidad de llorar, tal vez debidos al miedo a las reacciones paternas. También hay un gran deseo de amor, de amparo, de protección y de seguridad emocional. Del mismo modo puede suceder que el niño no sea consciente de la profundidad de sus sentimientos, o sencillamente que ningún lugar le parezca seguro para soltarlos. Es muy importante ayudar a hablar al niño de sus sentimientos, quizás con un maestro o un especialista.

Las glándulas suprarrenales

Al igual que los riñones, tenemos dos glándulas suprarrenales que desempeñan una función equilibrante. Las glándulas suprarrenales son también el lugar donde la adrenalina y otras hormonas se liberan a consecuencia de una reacción ante la excitación, la pasión, el miedo o cuando la sobrecarga de estrés desencadena una respuesta de lucha o huida. Esto puede suceder cuando se presenta un peligro real, pero también puede darse cuando se produce una acumulación de tensión. Sientes que no lo podrás resistir pues la presión es demasiado elevada. Temes un aumento de tus responsabilidades. Y entonces pierdes tu sentido del equilibrio interior, las glándulas suprarrenales liberan más adrenalina y todo tu cuerpo queda en estado de alerta roja.

La respuesta de estrés le dice a tu cuerpo que se prepare para la situación de lucha o que salga huyendo, sin que ninguna de ambas respuestas sea la adecuada –como cuando nos hemos quedado atrapados en un embotellamiento o tenemos que vérnoslas con un cliente intratable. Si las glándulas suprarrenales permanecen activadas– por causa de una situación estresante que se prolonga o por sentimientos de miedo– se producirá un deterioro del órgano implicado, con el correspondiente incremento del agotamiento, del dolor muscular y de los problemas inmunitarios y digestivos.

El que tengamos dos glándulas suprarrenales implica una necesidad de equilibrio. Sin este equilibrio se podrían experimentar miedos excesivos o ansiedades irracionales. Puedes presionar demasiado y sufrir trastornos asociados a ese esfuerzo. La palabra clave aquí es "equilibrio", el equilibrio entre lo interno y lo externo, y el equilibrio emocional en tu interior.

15. Él y ella
El sexo y los órganos reproductores

Los órganos reproductores y los problemas asociados a ellos tienen siempre conexiones psico-emocionales con cuestiones de sexualidad, con traumas infantiles, con sentimientos de menosprecio o rechazo, con ansiedades o confusión respecto a las preferencias sexuales y a los roles de género, con sentimientos de culpa y vergüenza originados por experiencias sexuales anteriores o con miedos asociados a la concepción y a la paternidad o maternidad.

A medida que vamos madurando hacia la edad adulta empezamos a explorar y experimentar problemas íntimos, de sexualidad y de relación. Los sentimientos más profundos referentes al cuerpo y a la sexualidad están bajo la influencia de la naturaleza durante las primeras relaciones y ojalá que estas relaciones hayan sido seguras y reconfortantes. Pero las cosas nunca son tan sencillas. Los problemas pueden aparecer por asuntos relacionados con la aceptación o el rechazo, con la comunicación o con la falta de ella, con experiencias de abuso o desconfianza, de falta de aceptación o falta de confianza en uno mismo. La represión de la sexualidad, el sufrimiento o el abuso pueden traducirse en faltas de autoestima y en un aumento de la agresividad, en un deseo de dominación o manipulación, en problemas de soledad, fracasos matrimoniales o depresión.

Todas las culturas del mundo mantienen estereotipos respecto a lo que un hombre debiera pensar o sentir, estereotipos contrapuestos a los de la mujer. En Occidente, este estereotipo dice que los hombres no deben llorar ni mostrar debilidad emocional y que las mujeres no deben ser agresivas o poderosas, que los hombres no realizan las labores del hogar y las mujeres no reparan vehículos, etc. Esto trasmite la imagen de que los hombres son machos y valientes y las mujeres tiernas y llorosas, aspectos éstos que influenciarán sus comportamientos sexuales. Los hombres tienen que ser dominantes; las mujeres, dominadas.

Dado que nadie es totalmente masculino o femenino (todos tenemos rasgos de ambos géneros), tales estereotipos han privado a los hombres de la capacidad de ser sensibles y atentos, y a las mujeres de su capacidad de autoafirmarse y desarrollar su poder personal. En la tradición tibetana, el conocimiento se contempla como una característica femenina y la compasión como una característica masculina, cuando en Occidente las mujeres tienen dificultades a la hora de imponer sus opiniones y apreciaciones, mientras los hombres muy pocas veces intentan comportarse con afabilidad y ternura. Hasta que no se restablezca el equilibrio en nuestro interior, tendremos que sufrir las consecuencias que estos estereotipos impuestos tienen sobre nuestra salud.

ÉL

Por tradición, pensamos en el macho como dominante, no sólo en las relaciones sexuales, sino también en asuntos mundanos y políticos. La religión es extremadamente patriarcal, como lo demostró el escándalo suscitado a raíz de la ordenación de mujeres sacerdotes por la Iglesia anglicana, al tiempo que el número de mujeres dedicadas a la política sigue siendo muy pequeño. Las mujeres apenas empiezan a acceder a los escalafones más altos del mundo de los negocios y la empresa, pero los consejos de administración siguen siendo bastiones masculinos y prácticamente no hay mujeres en el mundo de las altas finanzas y la economía. Se ejercen infinitas presiones sobre los hombres destinadas a hacer prevalecer esta imagen de dominación o liderazgo. Tienen que ser inteligentes y capaces, valientes ante la adversidad, no pueden desfallecer nunca, ni mostrar fragilidad o expresar sus afectos.

Ante este panorama, no resulta sorprendente que los hombres tengan dificultades a la hora de expresar conflictos referentes a su masculinidad. ¿Cómo va a airear dudas o miedos en un ambiente en el que se supone que él debiera estar al mando? Le enseñaron de pequeño que "los niños no lloran" y por consiguiente sus conflictos personales no tienen medio de expresión, ni forma alguna de ser reconocidos como tales y acaban siendo reprimidos.

Muchos hombres se sienten incapaces de estar a la altura de la imagen masculina típica y, al considerarse fracasados a los ojos de la sociedad, experimentan sentimientos de incapacidad, impotencia, estrés e insolvencia a la hora cumplir con sus responsabilidades sociales. Por eso no tardarán en manifestar dificultades en sus órganos sexuales o en el funcionamiento de los mismos, con sentimientos de insuficiencia o confusión relacionados con su sexualidad o con su rendimiento sexual. Incapaces de asumir la parte más femenina de su naturaleza, que implica la función de cuidar y dar afecto, algunos hombres pueden condenar o considerar muestras de debilidad estas manifestaciones en otros hombres, lo que les conduce a la homofobia y a los prejuicios. En vez de tratar estos sentimientos de forma constructiva, estos hombres se refugian en los excesos de alcohol, en las actividades deportivas, la televisión o el trabajo, profundizando en el estereotipo, la confusión, la falta de comunicación y la separación de los sentimientos de la realidad.

Sin embargo, a lo largo de la historia también se ha forjado la imagen del caballero, del hombre viril y sin miedo pero tierno en su corazón y que representa el equilibrio entre las energías masculina y femenina. Éste atesora tanta energía como ternura, tanta sabiduría como empatía. En él las cualidades masculina y femenina no dependen de la competición, la agresión o el ejercicio del poder, sino de la protección y los cuidados para todos los seres vivos. El caballero no siente miedo ante nada, pero no porque finja no tenerle miedo a nada, sino porque sabe aceptar sus miedos, y de la asunción de sus debilidades obtiene su fuerza. El caballero es alguien que conoce las profundidades de su propio corazón y siente el sufrimiento de todos los seres vivos, de modo que nada es rechazado, negado o maltratado.

La imagen del caballero puede ayudar a un hombre a explorar lo que significa realmente ser hombre. De la misma manera que el movimiento feminista proporcionó a las mujeres la ocasión de plantearse lo que significa ser mujer, los hombres necesitan hacer otro tanto. Dado que los tiempos cambian, los roles ya no están perfectamente definidos. En muchas familias, el hombre ya no es el único que proporciona los medios para el sustento, entonces ¿por qué no se extiende la obtención compartida de un sueldo al cuidado de los niños o a las tareas de la casa? ¿Quién cocina? ¿Quién se queda en casa cuidando de los niños si enferman?

En un documental reciente sobre el «75 aniversario del movimiento feminista», entrevistaban a una mujer que trabajaba en la misma oficina que su marido y que declaraba: «Hacemos el mismo trabajo. Sólo que yo, además, cocino, limpio y me ocupo de los niños. ¿Dónde está la igualdad?».

Dado que hay una gran presión social para negar u ocultar estos sentimientos, no siempre les resulta fácil a algunos hombres sincerarse, porque si un hombre compartiera sus sufrimientos interiores o sus ansiedades le calificarían de poco hombre. Sin embargo, el caballero nos enseña que cuando un hombre reconoce sus sentimientos se vuelve más poderoso –en vez de debilitarse– y que cuanto más amor dé, más valiente será. Esta imagen del caballero puede infundirte valor para asumir tus inseguridades y tus miedos y descubrir tu amor y tu ternura. Porque el reto consiste en abrir tu corazón, ser amigo de tus sentimientos, en no tener miedo a la compasión. El actor Richard Gere declaraba recientemente en una revista femenina: "Hacer películas es fácil; el verdadero reto es abrir tu corazón."

Impotencia

El tamaño del pene suele equipararse a la capacidad y al poder del hombre; un macho poderoso y contundente tiene que enarbolar una generosa y saludable erección. La incapacidad de conseguir o mantener una erección puede eventualmente destruir la confianza de un hombre en sí mismo, minando su autoestima, su propia aceptación, su poder personal y su capacidad para mantener relaciones. Y dado el gran número de medicamentos para mejorar la erección disponibles en el mercado, es éste un problema mucho más extendido de lo que muchos hombres quisieran admitir.

Pese a que pudiera haber causas físicas para la impotencia, la mayor parte de las veces obedece a causas psico-emocionales. La comunicación con la pareja es de vital importancia. Esto es especialmente clave cuando la pareja exige mucho en el plano emocional, lo cual va minando la masculinidad del hombre, o cuando preocupa la posibilidad de un embarazo. Tal vez sientas miedo respecto a tu pareja –quizás originado por amenazas emocionales–, un miedo a meterte dentro y ser consumido por ella, o a perderte en su poder.

Puede ser que asumas el papel de sumiso, perdiendo contacto con tus cualidades masculinas innatas, o tengas sentimientos encontrados respecto a tus preferencias sexuales. La impotencia también está asociada a los abusos sexuales en la infancia. Los recuerdos quedan almacenados en los tejidos blandos, razón por la cual los recuerdos de abusos en el pasado se ubican en el pene. La impotencia puede producirse cuando hubiera una acumulación de culpabilización o vergüenza, sobre todo cuando estos abusos no fueron expresados a nadie.

El estrés profesional también puede originar impotencia y por concentrar demasiada actividad mental a expensas de la expresión física. O también cuando te exigen más allá de tus capacidades y esto debilita tu confianza en ti mismo o, por ejemplo cuando un jefe súper crítico o agresivo te está castrando en el trabajo. También puede deberse a la falta de ocupación, como les sucede a los parados y a los jubilados, lo que les induce a pensar que ya no valen para nada.

Tras todas estas posibles causas encontraremos miedo oculto –miedo a perder el control, a quedarnos sin poder, miedo a compartir los propios sentimientos e intimidades, miedo a tener que ser autosuficientes, a tener que triunfar y ser productivos. Estos miedos propician la negación o represión de los sentimientos, el convertirse en un perfeccionista, el rechazo de la espontaneidad y el encerrar bajo llave cualquier forma de expresión sexual.

La potencia es una expresión de masculinidad y, por lo tanto, al perderla se siente una pérdida de hombría. Esto puede conducir a una ruptura matrimonial, a depresiones profundas e incluso al suicidio. Encontrar la causa profunda es esencial para la recuperación de la autoestima y la autoaceptación. También será esencial comprender que la verdadera masculinidad no depende del rendimiento sexual sino de una relación más profunda y llena de significados uno mismo y con el mundo. Muchos hombres eligen la soltería y se relacionan felizmente con el mundo de manera asexual.

Los testículos

Los testículos son el punto de partida del esperma y, como sucede con los ovarios en las mujeres, son la fuente de la creatividad masculina. Asuntos relacionados con la infertilidad –con los "gatillazos"– y por consiguiente con la sensación de no servir para nada y que tu vida es un sinsentido, pueden estar localizados aquí. El cáncer de testículos va en aumento entre los hombres de entre veinte y cuarenta años, una franja de edad en la que prevalecen los conflictos y los miedos respecto a la sexualidad y a la reproducción. Aquí también se localizan problemas relacionados con el miedo a las responsabilidades, a la paternidad, a la sexualidad reprimida, a la confusión respecto al propio género, a la falta de autoestima y de valoración del propio yo, así como los abusos sufridos en el pasado. El cáncer de testículos refleja un rechazo o un profundo conflicto interior con estas cuestiones.

La próstata

La próstata es una pequeña glándula situada muy cerca de la parte superior de la uretra. Su labor consiste en producir uno de los componentes del semen, pero su buen funcionamiento depende del estado del tracto urinario. Cualquier **inflamación** de la glándula prostática influirá directamente sobre la vejiga y generará una mayor frecuencia urinaria. Una inflamación de esta glándula es más común entre los hombres jóvenes. Esta dolencia es similar a la cistitis, es provocada por infecciones en el tracto urinario y produce una micción frecuente y dolorosa. Sucede a menudo durante momentos de crisis en la relación de pareja o por causa del estrés.

La **dilatación** de esta glándula es bastante frecuente en los hombres mayores. Produce una presión en la uretra, que se traduce en una micción frecuente con un chorro débil. También puede producirse un bloqueo de la micción. El **cáncer de próstata** también es bastante común en los hombres mayores, aunque su progresión suele ser lenta.

Estos problemas de próstata son para los hombres lo que para las mujeres es el cáncer de pecho, dado que existe una poderosa relación de la próstata con el flujo del semen y, por consiguiente, con el sentido masculino del poder personal, la sexualidad y la fertilidad. Tener en cuenta todos estas dolencias resulta tanto más conveniente a medida que el cuerpo envejece. Tras la jubilación es bastante frecuente que los hombres que se sientan inútiles e impotentes, agobiados y estresados por los problemas financieros, aburridos y hastiados por relaciones rutinarias. Si te resulta difícil conectar con tus emociones y utilizaste el sexo como medio de comunicación, podrías verte más aislado emocionalmente en estos momentos.

Una próstata dilatada o un cáncer de próstata ponen de manifiesto problemas de expresión y de autovaloración. El incremento del deseo de orinar, aunque no haya nada para eliminar, denota dificultades con la expresión de los anhelos y los conflictos internos.

ELLA

El rol de las mujeres ha cambiado mucho a lo largo del siglo XX: de no tener derecho al voto a ser jefes de estado; de ser amas de casa a compaginar la carrera profesional con la familia. Con el advenimiento del control de natalidad, las mujeres pueden tener sexo siempre que lo deseen sin miedo a quedar embarazadas y disfrutar asimismo de un mayor control sobre su futuro. Todos estos factores han transformado la relación de las mujeres con los hombres.

Aunque muchas mujeres prefieren ser independientes y disfrutan trabajando, esto supuso un profundo cambio en los roles y valores femeninos. ¿Cómo puede una mujer ser competitiva durante su jornada laboral y cariñosa cuando llega a su casa? ¿Cómo puede compaginar los dolores menstruales con un compromiso profesional de vital importancia? ¿O cómo puede atravesar la menopausia e impartir clase a unos estudiantes? ¿Cómo atenderá a sus pacientes una profesional de la medicina cuando tiene un hijo enfermo en casa?

Encontrar la forma de equilibrar estas fuerzas contrapuestas equivale a asumir el reto de equilibrar lo masculino con lo femenino; significa ser asertiva sin ser agresiva, sentirse igual a los hombres pero sin perder tus cualidades de madre, manejarse en asuntos mundanos pero manteniendo tu intuición. Los tiempos en los que las mujeres eran sumisas, emocionalmente frágiles e indefensas forman parte del pasado. Cada vez más, están reclamando tener voz propia y, por fin, su sabiduría se está haciendo oír.

No obstante, y pese a los avances en el ámbito de la emancipación femenina, todo esto ha tenido unos costes. Simultáneamente, se ha producido un incremento en las dificultades reproductivas en la mujer, como es el caso del cáncer de pecho, las tensiones premenstruales y la menopausia prematura. Cuanto mayores sean las demandas y las presiones ejercidas sobre una mujer, tanto mayores serán las probabilidades de que las necesidades de su cuerpo queden ignoradas. Los conflictos están asociados a la maternidad, a culpabilizaciones por no querer tener hijos, a tener que asumir la maternidad tras haber estado todo el día trabajando, o a no ser capaces de concebir o sentirse fracasadas. Pero también se generan problemas sexuales relacionados con el deseo de dominar o ser más contundentes, con sentirse ninguneadas por el hombre o tratadas como inferior, o con sensaciones de culpabilidad y vergüenza por abusos sufridos en el pasado.

La imagen del caballero también es aplicable a las mujeres. Esta imagen nos recuerda que la plenitud de una mujer no depende de tener un cuerpo envidiable, de criar a los hijos, de ser una madre perfecta, de ser una compañera sexual apasionada o de alcanzar el éxito en su profesión.

La naturaleza femenina es una naturaleza de introspección e intuición; la de "mujer sabia" combinada con un profundo amor y compasión, fruto de tener el corazón abierto.

La capacidad de concebir y dar a luz a un hijo simboliza la inmensa capacidad de cambiar y crear que las mujeres atesoran en su ser, pero no es imprescindible para sentirse una mujer completa. La naturaleza femenina es una naturaleza de entrega, no sólo de entrega al hombre durante el sexo, sino también de entrega del ego a dimensiones superiores de consciencia espiritual.

El pecho

El pecho es la parte del cuerpo femenino que produce más angustias, más que todas las demás áreas juntas. Como símbolos de feminidad, de sexualidad y de deseo, los pechos se ven permanentemente toqueteados, expuestos, fotografiados, comentados y son causa de conflictos varios. Nos deleitamos con la visión de unos pechos desnudos en la playa pero fruncimos el ceño cuando vemos un pecho materno alimentando a un bebé en un lugar público. Cubrimos la naturaleza sexual del pecho femenino pero también queremos cubrir su función alimenticia. Son dos funciones distintas para una misma parte del cuerpo, lo cual produce numerosos conflictos emocionales.

A las mujeres raramente les agrada sus propios pechos, pues siempre los consideran demasiado grandes o demasiado pequeños, demasiado altos o demasiado caídos. El condicionamiento social les exige tener determinada forma y tamaño para ser atractivos, aunque pocas mujeres cumplan estos requisitos. De ahí que se practiquen tantos aumentos y tantas reducciones de pecho, a menudo en detrimento de la salud de la mujer. Los pechos generan incomodidad, inseguridad, timidez y vergüenza, pero también orgullo y autoconfianza. Su influencia en las señas de identidad de una mujer, en sus sentimientos respecto a sí misma y en su sentido del atractivo es enorme. Algunas mujeres incluso se sienten incapaces de tocarse los senos por miedo o por repugnancia, o porque los consideran una parte inaceptable de sí mismas.

Los senos también son la fuente de alimento, de atenciones y de cuidados; de la expresión del corazón: un lugar sagrado y seguro. Proporcionan alimento al nuevo ser, no sólo le dan nutrientes vitales, también ofrecen confort y seguridad. ¿Cuántas veces no habremos visto a un niño chupándose el dedo años después de haber sido destetado? Esta misma sensación de seguridad se da en las relaciones sexuales, al ofrecer a la pareja un lugar en el que sentirse cómodo y alimentado. Por medio de sus senos, la mujer comparte su amor, entregando una parte de su ser para disfrute del otro. Pero la labor alimenticia no siempre resulta fácil, también puede causar culpabilizaciones y sentimientos de insuficiencia y vergüenza.

También puede darse una tendencia a la sobreprotección, tratando a un persona adulta como si fuera un bebé, apretándolo contra los senos. O también puede ocurrir que una mujer deje de cuidarse a sí misma, por dar siempre prioridad a los demás, negándose cualquier necesidad personal de atenciones y cuidados. O también sentirse infravalorada por sus relaciones, ni respetada ni atendida por su pareja o sus hijos, lo que la llevaría a sentirse rechazada y a menospreciarse. Todos estos problemas pudieran dar pie a la aparición de problemas en el pecho.

Cáncer de pecho
Dado que el cáncer de pecho afecta actualmente a una de cada cuatro mujeres, es de vital importancia que comprendamos mejor su génesis y desarrollo. No cabe duda de que el cambio de las condiciones medioambientales es un factor de primer orden, en la medida en que hormonas y productos químicos se mezclan en el agua que bebemos y en la alimentación, pero también son determinantes los factores psico-emocionales. Estudios científicos han demostrado que las mujeres que participaban en terapias de grupo donde tenían ocasión de compartir sus miedos y angustias interiores eran menos proclives a las recaídas de cáncer de pecho que aquellas que no las siguieron. Distintos estudios demostraron asimismo que las mujeres con cáncer de pecho habían desarrollado una tendencia a reprimir su ira, a menudo disimulándola con exceso de bondad y autosacrificio al tiempo que se sentían carentes de ayuda, inhibían su sexualidad y dejaban sus conflictos sin resolver.

El cáncer de pecho es conocido en los países de habla inglesa como "la herida femenina", lo cual es indicativo de la relevancia que tienen los sentimientos como mujer. Los conflictos emocionales pueden estar relacionados con la dificultad de compaginar la faceta como trabajadora, amante y madre; con incertidumbres y confusiones respecto a tu feminidad y a tus preferencias sexuales; con un rechazo de tus senos porque no son como te gustaría que fueran; por el rechazo o maltrato de algún amante; por el rechazo o abandono por parte de un hijo que amamantaste o por la vergüenza de no ser capaz de amamantar; por el sentimiento de ser una fracasada como mujer o como madre; de carecer de alimento o apoyo para ti misma; o con una rabia profunda por no sentirte apreciada en lo que vales, por ser desatendida.

Diálogo cuerpo-mente: el pecho

Dado que el pecho es parte inseparable de la valoración y el atractivo, es muy importante explorar los problemas relacionados con él, abierta y sinceramente.

* ¿Disfrutas de tu pecho o te produce repulsión?
* ¿Te avergüenzas de él?
* ¿Ha sufrido rechazos o padecido abusos en tu feminidad?
* ¿Te han alimentado y cuidado?
* ¿Fueron tus senos un tema de conversación o de burla cuando estabas creciendo?
* ¿Puede cogértelo y mimarlo, o procuras incluso evitar tocártelo?
* ¿Te hace sentir sexualmente expuesta o insegura?

Véase también: Cáncer.

La vagina y el cuello de útero

La vagina es la entrada oculta al ser femenino, donde la mujer puede fácilmente sentirse violada o explotada. La cualidad de abrirse y entregarse es una expresión consustancial a la naturaleza femenina, pero puede ser fácilmente herida por la fuerza o la brutalidad dada su carácter sensible y delicada. Aquí es donde se manifiestan los conflictos relacionados con la sexualidad, como los problemas por abusos sexuales anteriores, los rechazos sexuales, el miedo a perder el control, la culpabilización y la vergüenza por cosas del pasado, conflictos con la orientación sexual o miedos a las relaciones íntimas.

Prolapso vaginal

Una vagina caída, o prolapso vaginal, indicaría un colapso o una pérdida, la sensación de no tener control sobre lo que está sucediendo, un sentimiento de desesperación y de impotencia. Un prolapso suele ocurrir tras el parto o la menopausia, e indicaría un conflicto relacionado con la pérdida de control. Es como si tu cuerpo dejara de ser tuyo y sintieras que has perdido tu feminidad. A menudo se presenta asociado al miedo a perder el atractivo o al rechazo, o al sentimiento de que ya no deseas implicarte sexualmente.

Cándida y hongo vaginal

Las cándidas son organismos parecidos a hongos que infectan las áreas cálidas y húmedas, como la boca y los intestinos. En la vagina se las conoce como hongo vaginal. Normalmente se previenen manteniendo el equilibrio ácido-alcalino de la vagina, pero cuando este equilibrio se rompe, tal vez por causa de los antibióticos, por la píldora anticonceptiva o por causas psico-emocionales, este hongo se desarrolla, produciendo un flujo blanco y pesado de olor desagradable e irritaciones en las membranas. Este flujo vaginal es donde descargas tus sentimientos.

Diálogo cuerpo-mente: hongo vaginal

Una infección denota que algo está afectándote, de forma irritante o produciendo ira, y que estos sentimientos quedaron en tu interior sin haber tenido ocasión de expresarse por completo. Inevitablemente, aparecerán asociados a problemas en la actividad sexual o en las relaciones de pareja. Tal vez obedezcan a miedos a las relaciones íntimas, a la explotación o los abusos sexuales padecidos, a la rabia reprimida e incluso a la repulsión.

- ¿ Tus relaciones íntimas están siendo fuente de conflictos?
- ¿Estás manteniendo relaciones íntimas con la persona adecuada?
- ¿Te sientes explotada sexualmente o sientes que estás siendo objeto de abusos sexuales?
- ¿Hay sentimientos ocultos de culpa o vergüenza, o anhelos sexuales reprimidos?

• ¿Te está afectando algo muy profundamente, hasta el punto de atravesar todas tus defensas?

Si el hongo vaginal se reproduce, deberás resolver problemas que no has resuelto, que quedaron reprimidos cada vez que aparecieron. Te ayudaría mantener una agenda-diario de acontecimientos psico-emocionales y donde también apuntaras tu dieta para ir interrelacionando ambas cosas.

Cáncer de cuello de útero

El cáncer de cuello de útero bien pudiera clasificarse con una enfermedad de transmisión sexual, dado que en el 95 % de los casos se debe a alguno de los tres tipos del virus del papiloma humano (VPH), aunque ésta no sea la única causa. Además del VPH intervienen el tabaquismo, la dieta, los factores hormonales y la presencia de otras infecciones de transmisión sexual, como la clamidia o el herpes, todos ellos constituyen el caldo de cultivo donde se reproducen las células del cáncer de cuello de útero. La incidencia estadística de este cáncer sólo se ve superada por la del cáncer de pecho.

Dado que los virus son la causa principal, la conexión cuerpo-mente correspondería a una violación o penetración por algo o alguien que te está perjudicando profundamente.

Explora problemas que estuvieran relacionados con tu vagina, con tu sexualidad, con abusos que pudiste haber sufrido y negado e ignorado. Tal vez fueran experiencias de abusos en el pasado, problemas de vergüenza o de culpabilización, anhelos reprimidos que nunca fueron satisfechos o confusión respecto a tus preferencias sexuales.

Puede existir un sentimiento de repugnancia hacia el sexo, acompañados de la creencia de que "debes cumplir tu deber" anteponiendo los deseos de tu pareja a los tuyos. Esto puede deberse a haber sido víctima de abusos sexuales que te dejaron sentimientos de suciedad o de profanación. Todos aquellos problemas relacionados con la vagina tienen aquí especial relevancia, especialmente aquellos referentes a tu autorechazo como mujer.

El útero

El útero es el centro oscuro del ser femenino, ese lugar milagroso donde empieza la vida, el lugar nutriente que contiene toda la sabiduría de la vida, el "corazón" de la mujer. Las complicaciones o problemas se corresponden aquí con sentimientos profundos existentes en el interior, que a menudo se reprimen o ignoran, asociados a cómo se siente una al ser mujer o si quiere o no ser madre. Pueden haber sombras de duda o de culpabilización, conflictos en la relación con tu madre, rabia respecto a como fuiste tratada en el pasado, miedo a la concepción, miedo al fracaso, sentimientos de desamparo o de carencia emocional, sentimientos de vergüenza, resentimiento, sufrimiento, soledad, de incapacidad para alimentar, todos ellos relacionados con el útero.

Una **histerectomía** puede ser considerada el rechazo definitivo de la feminidad, generándose sentimientos de desesperanza, de que ya no sirves para nada, de que has perdido tu creatividad o que ya no eres deseable. Será de vital importancia volver a conectar con la esencia de la feminidad, que no depende tanto de los órganos que tengas o hayas tenido como de la luz de tu sabiduría brillando en tu interior. Las **hemorragias** denotan profunda tristeza, un enorme desbordamiento de las emociones, una gran hinchazón y la subsiguiente liberación de sentimientos asociados a problemas emocionales como los enumerados anteriormente, pero también relacionados con las pérdidas del control emocional.

Fibromas

Los fibromas son excrecencias musculares benignas que pueden causar problemas de sangrado y de fertilidad. Cualquier forma de excrecencia denota la solidificación de modelos de pensamiento, que quizás obedezcan a la vergüenza, la culpabilización, el sufrimiento o los traumas. Cuando los fibromas impidan la concepción, convendrá examinar nuestros sentimientos respecto de la maternidad. Puede que existan serias dudas, asuntos abandonados de la propia infancia o un sentimiento profundo de falta de valía.

Los ovarios

Los ovarios representan la fuente de la vida o la creatividad en la mujer. Esto no sólo es aplicable a la concepción de un nuevo ser, sino también a la capacidad de crear vida en su interior. Las dificultades en este área se corresponden con cualquier conflicto que sientas respecto a tener un hijo, las presiones que puedas estar experimentando respecto a tu maternidad cuando de hecho no la deseas, o con la capacidad de crear y alimentar nuevos aspectos de ti misma. Los quistes de ovario pueden generar problemas en la menstruación o impedir el embarazo: están asociados a los problemas relacionados con hacerse mujer y de ser madre. También puede haber dolor oculto, quizás debido a abusos en el pasado. Con el cáncer de ovarios conviene explorar los problemas mencionados en este capítulo, dado que implican una división o la existencia de conflictos ignorados en las partes generadoras de vida más profundas de tu ser.

La menstruación

"Maldición" de las mujeres, el periodo menstrual debería ser una experiencia natural y razonablemente intrascendente pero a menudo la regla resulta dolorosa y difícil. Existen muchas variantes del ciclo de veintiocho días, en su gran mayoría perfectamente normales, pero es éste un aspecto de la feminidad con el que puedes fácilmente sentir que has perdido el control, como si tu cuerpo tuviera su propia mente. Es la tarjeta de validación mensual de tu feminidad y, como recordatorio, no siempre será bienvenida.

El estrés, los viajes, las enfermedades, la alimentación pobre, el aumento o pérdida de peso, los desequilibrios hormonales, todos afectan al ciclo menstrual, cómo le afectan los deseos de quedar embarazada, las culpabilizaciones pasadas o los conflictos respecto a tu feminidad. Esto se refleja en las presiones que puedas experimentar al desempeñar tus roles de madre, de esposa, de amante, de hija, de trabajadora. La menstruación suele interponerse ante todos estos roles, como cuando intentas lidiar con una cita de negocios mientras padeces intensos dolores menstruales. Toda mujer sabe cómo afectan las hormonas liberadas en esos días al bienestar psicológico, a los estados de ánimo y a la conducta. Sin embargo, las resistencias o los resentimientos subconscientes pueden hacer que las cosas vayan a peor.

El síndrome premenstrual (SPM)

¡El síndrome premenstrual (SPM) es la peor versión de los problemas del periodo! El SPM afecta a una elevada proporción de mujeres entre un día a una semana cada mes. Puede provocar debilidad, afectar a tu estado de ánimo, provocar dolores de cabeza, ansiedad alimentaria, retención de líquidos, descenso de los niveles de energía y de la capacidad de raciocinio, depresión, llanto, irritabilidad, estallidos súbitos y desequilibrio emocional, sudoración excesiva en manos y pies, aumento de peso, pechos hinchados o doloridos, estreñimiento y tendencia a ser torpe y a sufrir accidentes, o a ser olvidadiza. Lógicamente, todo esto te está diciendo que debes dedicar más tiempo a ti misma y normalmente eso es imposible, pues las obligaciones no desaparecen cuando tú lo necesitas.

Aquí entran en juego varios problemas medioambientales, como pueden ser las hormonas que ingerimos con la comida y el agua que podrían tener efectos en nuestro equilibrio hormonal. Pero el SPM está aumentando a medida que se va incrementando la presión sobre las mujeres. Cuanto más salen a trabajar fuera de sus casas, tanto más se alejan de su entrega a los ritmos que marca la naturaleza. No es tarea fácil soportar la regla cuando además tienes que realizar tareas agotadoras que requieren una mente despejada; ni tampoco resulta fácil ofrecer tu mejor look cuando te sientes abotargada e hinchada.

Diálogo cuerpo-mente: el síndrome premenstrual

Los mujeres están divididas entre la presión por trabajar y el deseo de estar tranquilas y descansar. Si le añadimos una buena dosis de culpabilización, cierta falta de amor propio y una importante cantidad de estrés, no cabe duda de que las mujeres odian la regla, sobre todo si les agobian los problemas menstruales.

- ¿Te afecta tener la regla?
- ¿O te afecta tener que trabajar?
- ¿Sientes que estás luchando para ponerte a prueba como mujer?
- ¿Prefieres dominar antes que entregarte?
- ¿Te disgusta sobremanera este recordatorio de tu feminidad?
- ¿Te resulta difícil fluir con la naturaleza y prefieres mantener el control?

El embarazo
Obviamente, el embarazo y el parto no son enfermedades y en la mayoría de de los casos se presentan pocas complicaciones. Sin embargo, pueden aparecer trastornos psico-emocionales que podrían afectar a tu salud justo ahora, cuando deberías estar más radiante y más feliz.

La sociedad deposita unas enormes expectativas en una mujer embarazada. Se supone que proporcionará lo necesario para dar a luz a su hijo y estará rebosante de salud, aunque la realidad del embarazo incluya enormes incertidumbres, miedos, resentimientos e inseguridades. No sólo se producen enormes e incontrolables cambios físicos y hormonales, también la idea de tener que asumir las responsabilidades asociadas al cuidado del bebé puede ser aterradora. Para algunas mujeres, esto también marca el adiós a su juventud y su libertad para sumergirse de golpe en la vida adulta.

Es completamente natural que te sientas ansiosa o atemorizada. Algunas dificultades experimentadas durante el embarazo denotan esas preocupaciones interiores. Lo que más necesitarás será un apoyo incondicional y fuerte para que no te sientas sola.

El parto

El parto es indudablemente el momento más poderoso de la vida de una mujer si bien la mayoría de los partos son completamente normales, con escasas complicaciones y una rápida recuperación. Sin embargo, los problemas en el parto pueden presentarse por muy bien preparada que estés. Aquí hay dos seres con una intensa actividad y cada uno tiene su propia agenda. Miedos subconscientes pueden aparecer cuando te das cuenta de que tienes que enfrentarte a la realidad de sacar el bebé fuera de ti –aunque te parezca imposible– y que al hacerlo será una persona diferenciada que reclamará tus cuidados y atenciones. En la teoría suena muy bien, pero en la práctica puede ser dantesco, tanto que este miedo pudiera llegar a detener todo el proceso, agarrotando tus músculos. ¿Cómo sabrás lo que debes hacer? ¿Serás capaz de asumir tus responsabilidades como madre?

Ser capaz de relajarte, de soltar y de respirar dentro de los miedos te ayudará a liberar las tensiones y a ser capaz de expresar todos los sentimientos que vayan apareciendo. Más importante será aceptar las cosas como vengan y no sentirte culpable o avergonzarte si las cosas no salen como habías planeado. Tu condición de madre no será puesta en entredicho.

La **depresión postparto** obedece al brutal cambio hormonal que no se reequilibra tras el parto, pero también puede estar relacionada con los problemas antes mencionados, sobre todo con el salto inmenso que hay que dar para ocuparse de esta nueva personita. La responsabilidad puede resultar abrumadora, aterradora y agotadora, y traducirse en ansiedad, culpabilización y vergüenza. Si tu pareja no es comprensiva, esto podría exacerbarse. El acto de parir también podría remover viejos recuerdos de tu propio nacimiento o de tu infancia, y si estos recuerdos te resultan incómodos, el sufrimiento y la depresión podrían sustituir a la alegría de ser madre.

Los **problemas de lactancia** pueden aparecer por causa de conflictos interiores relacionados con tu transformación de amante a madre; o por el miedo a mantener relaciones íntimas en tales condiciones. Puede que haya sentimientos de resentimiento, acompañados de culpabilización, sensación de insuficiencia y de desamparo. Esta nueva responsabilidad de tener que cuidar una vida nueva puede ser agobiante o generar la tendencia a ser super maternal. También puedes sentirte desatendida o infravalorada, dado que las atenciones se concentran en el bebé.

La menopausia

La menopausia es otro de esos momentos extraños en los que tu cuerpo, al margen de tu control, decide por su cuenta. Creías que los sofocos sólo le sucedían a otras mujeres y de pronto te ves a ti misma en un "momento tropical" o sometida a un "reto termostático". Súbitamente tus periodos menstruales van cambiando, ganas peso, experimentas sudores cálidos y te ruborizas, vives sintiéndolo todo de manera emocional, rencorosa, irracional. Tal vez también te sientas triste por este periodo de tu vida que se acaba. Este "cambio de vida" no sólo afecta a tu cuerpo; también afecta a tu forma de relacionarte y a tus sentimientos respecto a ti misma. Es un tiempo en el que llegas a conocerte más profundamente, te desprendes de todas tus etiquetas y alcanzas tu propia idea de quién eres realmente.

También puede ser un tiempo de depresión, de pérdida o de inseguridad. Hay miedo a sentirse poco atractiva, a perder el sex-appeal y el apetito sexual, así como una desorientación en tu rumbo. Para muchas mujeres, engendrar y criar a un hijo da a sus vidas significado y dirección. La menopausia aparece a menudo cuando un hijo abandona el hogar familiar, lo cual puede dar pie a sentir que tu papel o razón de ser ha terminado. Cualquier tensión o tristeza que pudieras sentir se añadirá a las dificultades físicas que experimentes, dado que el estrés afecta a los niveles hormonales y a su equilibrio. Esto también es aplicable a los cambios de temperatura –los sofocos se incrementan con el estrés y pueden aliviarse mediante relajación profunda–.

Muchas mujeres dedican sus treinta y tantos y sus cuarenta y tantos a cuidar de otros y dejan aparcadas sus propias necesidades. Ahora es el momento de hacerte amiga de ti misma, descubrir lo que quieres hacer, encontrar tu propia pasión, satisfacer tus propias necesidades. Pero no se trata de algo que debas conseguir a expensas de tu pareja o de tu familia; al contrario, procura compartir con ellos estos cambios y busca su apoyo. ¡Es tu momento de florecer! Tal vez tengas ganas de aprender a bailar o de practicar escalada, convertirte en poeta, escribir un libro o trabajar para los más necesitados. Sea como sea, concédete la libertad de explorar y descubrir nuevas maneras de ser tú misma.

Frigidez

El acto sexual es muy diferente para los hombres y para las mujeres. Mientras que el hombre pueden sentir temor a "entrar dentro de" y "ser consumido por", las mujeres pueden sentir un miedo atroz a ser penetradas o invadidas por otro ser. Durante el acto sexual la mujer se abre y se entrega, un acto que puede propiciar que se sienta desprotegida o carente de poder: antes de la penetración puede establecer alguna medida de seguridad, pero tras la penetración todas sus defensas quedan anuladas. Al entregarse puede tener una sensación de pérdida de algo que, una vez perdido, es irrecuperable. La incapacidad a la hora de compartir la sexualidad refleja inhibiciones profundas o miedo a las relaciones íntimas, tal vez originadas en la infancia o debidas a abusos o traumas sexuales del pasado.

Esto es particularmente aplicable al **orgasmo**. Inherente al orgasmo es su cualidad de incontrolable, de caída libre espontánea. Para algunas mujeres esto resulta aterrador, sobre todo para quienes se aferran al orden, a la perfección o aquellas para quienes mantener el control es sinónimo de seguridad. Cualquier forma de expresión emocional se verá dificultada por el hecho de tener los sentimientos encerrados bajo llave en el interior, permitiendo que sólo se transmita el aspecto más superficial al mundo.

Diálogo cuerpo-mente: frigidez

La frigidez implica una tremenda necesidad de mantener el control, al contraerse los músculos en tensión. Puede obedecer a conflictos respecto a las preferencias sexuales o puede aparecer porque la mujer se siente avergonzada de sus fantasías eróticas y bloquea todos los sentimientos de su cuerpo. Puede ser que se sienta fea y nada atractiva y desee ocultar su cuerpo a los demás. También puede deberse a que la negativa a aceptar las relaciones sexuales sea el único poder que tiene sobre su vida; o tal vez piense que el sexo es algo sucio que transforma a la mujer en una ramera. Tales sentimientos a menudo se desarrollan durante la infancia debido a las actitudes de los padres respecto a su propia sexualidad. El sexo ha de ser sensual y placentero, pero puede resultar insoportable cuando el placer se contempla como una forma de tolerancia de la inmoralidad.

- ¿Estaba tu madre aterrorizada ante el sexo?
- ¿Sufrió abusos por parte de tu padre?
- ¿Los sufriste tú?
- ¿Cuáles fueron los mensajes que recibiste en la infancia respecto al sexo?
- ¿Te decían que era algo malo?
- ¿Algo o alguien penetró en tus defensas?

ÉL Y ELLA

En un mundo ideal creceríamos disfrutando saludablemente de nuestro cuerpo, sin malos hábitos o abusos sexuales, apreciando y siendo apreciados por el sexo opuesto, conscientes de que el sexo y el amor son mucho mejores cuando van de la mano y las relaciones íntimas con otra persona deben ser tan respetadas y valoradas como disfrutadas, de acorde con las preferencias sexuales de cada cual. Si así fuera, estaríamos rodeados de relaciones felices, que demostrarían que el matrimonio y las parejas estables pueden funcionar y funcionan.

¡Pero no vivimos en un mundo ideal! Puede que hayas crecido sintiéndote incómodo con tu cuerpo e inseguro respecto a tu atractivo sexual. Puede que hayas sufrido abusos. Puede que te sientas incomprendido por el sexo opuesto. Puede ser que hayas mantenido relaciones con distintas parejas. Las relaciones íntimas a menudo producen miedos y nos hacen sentir vulnerables. Y conoces pocas relaciones estables felices y saludables que te puedan servir como guía para tus propias relaciones. Los problemas experimentados tal vez incluyan problemas de abusos, de rechazo, de menosprecio a ti mismo, de falta de confianza, de agresión, de dominación y de confusión sexual. Dicho con otras palabras, pocos problemas en nuestra vida tienen tanta influencia sobre tu salud emocional como tu sexualidad.

De lo que no cabe la menor duda es que el sexo como actividad humana es tema recurrente de las conversaciones, de los deseos, de las confusiones, de las malas prácticas, de las fantasías, de los chistes. A pocos asuntos les dedicamos tanto tiempo en nuestros pensamientos. Esto obedece en parte a que ser deseados sexualmente es la prueba fehaciente de que somos atractivos y merecemos ser amados, de que no somos tan inseguros, poco atractivos o incompetentes como creemos ser.

Pero a su vez, los sentimientos de insuficiencia sexual van en aumento. La presión del entorno induce a pensar que tienes que tener al menos cuatro veces sexo por semana, y que si no es así es porque hay algo que falla en ti. Ahora bien, todos somos distintos y tenemos necesidades distintas; no existen normas universales respecto al apetito sexual. El deseo viene y se va, puede ser más poderoso o más frágil dependiendo de numerosos factores en tu vida.

Las gónadas –las glándulas endocrinas asociadas a los órganos reproductivos– están conectadas energéticamente con la glándula pineal situada en el mesencéfalo, que está asociado a la consciencia espiritual. El equilibrio entre la sexualidad y la espiritualidad puede por consiguiente influir sobre tu nivel de deseo: puedes sentir menos deseo sexual cuando te dedicas a la meditación o a la oración; al contrario, sentirás más si te vuelcas en actividades físicas como el deporte o la danza. Asumir tus propios deseos y preferencias es mucho más importante que someterte a las presiones de tus semejantes.

El orgasmo supone liberarte de todos los controles, las fronteras y limitaciones. Como resultado, se produce un tremendo desbordamiento tras el orgasmo, una liberación de emociones largo tiempo retenidas, así como de los miedos. Pero semejante éxtasis no siempre sobreviene sin dificultades. Para soltar el control –permitir que nuestro propio cuerpo se exprese– hace falta valor. Tener relaciones íntimas con otra persona es un camino enmarañado de inhibiciones, empañado con el recuerdo de experiencias pasadas de abusos, dolor y miedos. Cuanto mayor sea la intimidad con la pareja, más problemas aparecerán. Si éstos se hicieran agobiantes, cada uno podría volver a refugiarse en su individualidad, incapaz de permanecer en la intimidad compartida.

Tener relaciones íntimas significa permitir que el otro acceda a tu mundo interior, bien sea compartiendo amor y amistad, o bien compartiendo pasión y sexualidad. Las relaciones íntimas se contemplan de forma distinta a lo que son en realidad. En el momento del éxtasis compartido no existe intimidad como tal, dado que los egos individuales desaparecen; el "yo" se disuelve. Una manera de obtener un grado de seguridad en esta estrecha intimidad es conservar una profunda amistad o conexión de corazón con una persona, pero manteniendo relaciones sexuales con otra. De esta manera una parte de ti queda siempre a salvo, privada y protegida. Es un reto mucho más difícil es que ambas relaciones se den en una misma persona. Cuando esto sucede ya no tienes donde ocultarte. Las relaciones íntimas tanto sexuales como de corazón con una sola persona requieren un nivel profundo de entrega y de confianza.

La unión y el compañerismo del sexo combinados con el amor y un entorno seguro y cómodo puede aportarnos una plenitud y una sanación tremendas. La energía sexual es una fuerza tan poderosa que conforma la base de algunas prácticas esotéricas espirituales capaz de producir estados de consciencia mental superiores, permitiendo unir a dos personas con un lazo más fuerte que el de sangre y disolver las inhibiciones que nos impiden liberar nuestros espíritus. Cuando valoras el poder de la energía sexual, puedes avanzar más allá de tus propias limitaciones y preocupaciones egocéntricas. No obstante, si la empleas mal, tanto si es mediante abusos, dominación o perversión, se volverá contra ti. Puede suceder que empieces a sufrir tanto emocional como mentalmente, por causa de la vergüenza o la culpabilización, pero también físicamente por causa de enfermedades de transmisión sexual. Es importante que tengamos esto en cuenta, dado que una actitud sana o malsana ante el sexo puede influir mucho en todos los aspectos de nuestras vidas.

Diálogo cuerpo-mente: sexualidad

Sé honesto y contesta sinceramente a estas preguntas:

- ¿Estoy a gusto con mi sexualidad? Si la respuesta es que no, ¿cuáles son tus dificultades?
- ¿Respeto y me siento a gusto con mis preferencias sexuales?
- ¿Permito que alguien se me acerque e intimemos? Si la respuesta es que no, ¿puedes localizar la fuente de estos miedos?
- ¿Disfruto de mi sexualidad? Si la respuesta es que no, ¿qué deberías cambiar en ti para disfrutarla más?
- ¿Doy voz a mis necesidades?

Enfermedades de transmisión sexual

Las enfermedades de transmisión sexual son dolencias o trastornos transmitidos, anhelos interiores o sufrimientos intentando abrirse paso a través del placer sexual.

Tales dolencias pueden denotar culpabilización y autorechazo, sentimientos de que, de algún modo, te has ensuciado, o quizás de que estás abusando de otra persona a sabiendas. El sentimiento de autorechazo puede ser tan grande que seguirás abusando o permitiendo ser víctima de abusos, casi como una forma de autocastigo.

Las **clamidias** son la enfermedad de transmisión sexual más común, aunque a menudo ni siquiera sea diagnosticada. Si no son tratadas, las clamidias pueden provocar riesgo de infertilidad, adherencias pélvicas y dolor crónico. Es una infección bacteriana bastante común en las mujeres de entre 18 y 35 años. Produce pocos síntomas inmediatos, como un incremento de las secreciones vaginales, ligeros sangrados tras las relaciones sexuales, picor durante la micción y/o dolores en el bajo vientre o en la pelvis.

Las enfermedades de transmisión sexual cada vez son más difíciles de curar. De la sífilis a la gonorrea pasando por el SIDA, parecen un aviso para que prestes atención al uso que le das a tu energía sexual, diciéndote que debes tratarla con más respeto, tanto hacia tu propia persona como hacia los demás. Las enfermedades crean un espacio en el que no puedes tener relaciones íntimas o sexuales, lo cual te brinda una ocasión de estar contigo mismo y plantearte cuáles son tus prioridades.

Diálogo cuerpo-mente: enfermedades de transmisión sexual

Estas enfermedades son un grito de alerta de que hay algo que no va bien relacionado con tu energía sexual y con los sentimientos respecto a lo que estás haciendo, que quizás estés ignorando problemas profundos de resentimiento, de maltrato, de miedo o de autorechazo.

- ¿Estás manteniendo relaciones íntimas con la persona equivocada o con alguien por quien no sientes verdadero amor?
- ¿O estás manteniendo una actividad sexual que, en tu fuero interno, no disfrutas realmente, como cuando la mantienes con varios amantes?

Infertilidad

Ser capaces de tener hijos se suele dar por supuesto: normalmente interesa más saber el cuándo que saber si realmente quieres tenerlos. Por ello, descubrir que no puedes tenerlos resulta devastador. Particularmente, suscita sentimientos de no tener el control, de ser una víctima cuya vida no tiene sentido, conduciéndonos a la depresión o a una gran desesperación, a celos, envidias y rupturas matrimoniales. Y la infertilidad va en aumento, pues una de cada cinco parejas en edad de procrear se enfrenta a problemas de concepción.

Las razones para la infertilidad pueden ser múltiples: causas medioambientales, causas hormonales (como demasiados estrógenos en el cuerpo), causas genéticas, el estrés –que puede afectar a la producción de esperma y a la ovulación–, el consumo de drogas –que puede reducir la movilidad del esperma–, los abusos en la infancia –que generan capas profunda de vergüenza–, o miedos subconscientes a tener que pasar por la ira o el maltrato de nuestros padres.

Es éste un momento en el que resulta de vital importancia mirar las cosas con perspectiva y empezar a apreciar más la vida que tienes, en vez de centrarte en lo que no tienes. Haz un listado de todo lo positivo que hay en tu vida y verás que es más de lo que imaginas. Puedes compartir estas cosas. Hay muchos niños necesitados, muchas casas de acogida esperando una adopción. Muy a menudo los padres adoptivos se sienten como si el niño siempre hubiera estado con ellos, lo cual resulta emocionante y gratificante.

Mucha gente elige no tener hijos y hay muchas personas que no los tienen pero no permiten que esto las agobie. En tales casos suele haber una relación sólida ellos mismos, porque se han adaptado a las circunstancias y han encontrado un propósito vital muy enriquecedor y gratificante. A menudo se dedican a profesiones creativas o a cuidar de los demás, empleando su capacidades enriquecedoras en beneficio de todos. Existen muchas maneras para compartir tu amor con otros seres, y muchos seres necesitan el amor que tú les puedes dar.

16. Definiendo las fronteras
La piel

Tu piel es un asombroso hallazgo tecnológico de la naturaleza. Es impermeable pero capaz de producir agua (sudor), es lavable, de temperatura autorregulada, se autorepara y es sensible al tacto. Es vital para tu bienestar, dado que forma una capa protectora alrededor de todo tu cuerpo. Refleja todas tus emociones y es indicativa de tu estado de salud, de tu dieta y de tu estilo de vida. En ella se refleja lo que comes, cómo has dormido y el alcohol que consumiste. Mediante tu piel te enfrentas al mundo y el mundo te reconoce.

Cada sentimiento tiene un efecto –el sentimiento pasa por los transmisores nerviosos– de ahí que te ruborices en situaciones embarazosas y enrojezcas de ira, que se te acelere el pulso con la excitación o te sobresaltes con un susto. Hay personas con la "piel muy dura" porque parecen menos sensibles a los sentimientos y a las críticas, mientras otras son mucho más "blandas", lo cual significa que son demasiado sensibles. Cada cual tiene la suya: no puedes cambiarla por otra, ¡por mucho que algunas veces sientas ganas de hacerlo!

Los problemas en la piel también son problemas relacionados con el tacto y la sensibilidad. Tocar es la forma más simple de comunicación y es esencial para la vida –sin esto los bebés quedarían afectados mental y físicamente–. Sin el contacto humano, las personas adultas se sienten solas y mentalmente vacías por lo que pueden desarrollar enfermedades mentales, como si estuvieran encerradas dentro de una concha. Somos criaturas táctiles, razón por la cual quedar privados del tacto es la forma peor de aislamiento y de ahí la importancia que damos al abrazo y a la caricia. Mediante tu piel comunicas tus sentimientos a otra persona. Podemos dar y recibir mensajes reconfortantes, amor y atenciones; confirmar que estamos seguros. Los hembras de muchos animales lamen sus cachorros cuando llegan a la vida y los bebés se calman cuando los cogemos en brazos. Sin embargo, el tacto asociado a un trauma o maltrato puede generar un conflicto de largo alcance, haciendo que resulte difícil que te vuelvan a tocar; miedos del pasado pueden hacer que te retraigas o te niegues a la intimidad del tacto. La piel es el primer órgano sexual, dado que su sensibilidad es muy estimulante, pero esta sensibilidad e intimidad pueden hacerte sentir rabia, vergüenza o resentimiento si fuiste objeto de abusos.

Diálogo cuerpo-mente: la piel

La piel es tu frontera en el plano psico-emocional, el lugar donde os encontráis tú y el mundo exterior. Por consiguiente, los problemas de piel aparecen a menudo cuando algo o alguien ha traspasado esa frontera y "se te ha metido bajo la piel", o cuando la comunicación te pone "la piel de gallina".

- ¿Te sientes invadido, atravesado, o bien has sido tú quien has traspasado tus límites e ido demasiado lejos?
- ¿O quizás te estés limitando demasiado, reteniéndote por dentro mientras te cubres con una tapa protectora?
- ¿Qué o quién se te está "metiendo en la piel"?
- ¿Estás intentando liberarte de restricciones que te han sido impuestas?
- ¿Acaso el miedo a las relaciones íntimas te hace resistirte a tocar y a sentir?

Dermatitis

Dermatitis es un término genérico que identifica a cualquier tipo de irritación de la piel, tanto si ha sido causada por la dieta, por sustancias químicas, por alergias o por el estrés asociado a problemas psico-emocionales. Todos los trastornos de la piel son bidireccionales: te afectarán tanto las cosas exteriores como las cosas que llevas dentro de ti.

Los problemas de piel son una forma de mantener las distancias con el mundo; por consiguiente, una irritación implica que algo te está fastidiando, haciendo que tus fronteras reaccionen. Véase el Diálogo cuerpo-mente de la página anterior.

Una **piel muy reseca** implica una retirada de las emociones, un retirada que te evita tener que enfrentarte a los sentimientos o a la comunicación. Una **piel grasa** indica un exceso de emociones –a menudo apasionadas o airadas– que no encuentran la manera de ser liberadas.

311

Acné

Las erupciones cutáneas representan erupciones emocionales internas. Expresa todos esos sentimientos que entran en erupción, –caóticos, sexuales, hormonales y confusos asociados a la condición de adolescente–, y todos los problemas relacionados con la confianza, la autoestima, la autovaloración y la aceptación de uno mismo, tanto en adultos como en adolescentes. Los jóvenes son más propensos al acné. Aparecerá cada vez que intentes descubrir tu individualidad y busques la aprobación de tus semejantes. Ya no eres un niño ni tampoco un adulto; es una época de muchos cambios y muchos quebraderos, en la que todo lo que haces te parece estúpido o inapropiado, en la que experimentas grandes pulsiones sexuales que aún no estás preparado para explorar. La vida puede parecer injusta, como si siempre se estuviera metiendo contigo, cuando en realidad son tus propios demonios interiores los que te atormentan. Y cualquier cosa que se produce en el interior acaba reflejándose al exterior.

Al acné suele estar agravado por la comida basura, que constituye la dieta de muchos adolescentes, dado que este tipo de alimentos producen un sobreesfuerzo del hígado, que consecuentemente afecta a la piel. El hígado es el "trono de la ira", el que manifiesta el enfado y la frustración que llevas dentro. Una dieta sana ayudará a tener una piel sana, pero también a llevarte mejor contigo mismo de tal manera que se detenga esta guerra interior.

Diálogo cuerpo-mente: acné

El acné es una forma de autoprotección. Marca un tiempo muerto en las relaciones sociales, razón por la cual tal vez desees explorar aquello de lo que te estás escondiendo.

- ¿Qué miedos ocultos, falta de confianza o dudas respecto a ti mismo están entrando en erupción?
- ¿Te sientes socialmente incompetente o inseguro?

Acné rosácea

El acné rosácea suele presentarse en mujeres de mediana edad y produce un enrojecimiento de las mejillas y la nariz por causa de unos vasos sanguíneos dilatados acompañado de espinillas. Habitualmente va asociado a una dieta incorrecta, al tabaco, al alcohol y a la cirrosis de hígado. También indica rabia o resentimiento suprimidos, así como problemas relacionados con la energía del hígado. Dado que el acné rosácea afecta al rostro, tiene que ver con el sentir que uno pasa desapercibido o no es aceptado, lo que propicia la aparición de amargura y frustración.

Prurito

Cuando algo nos irrita, hace que nos tengamos picor cutáneo, de lo que se deduce que algo o alguien está afectando nuestra superficie, rozándonos de forma incorrecta o bien se está metiendo en nuestro interior o parasitándonos. O también puede ser que algo en tu interior esté intentando abrirse camino hacia su liberación, rompiendo viejos modelos restrictivos y familiares.

Diálogo cuerpo-mente: prurito

El prurito es una manera de llamar la atención. Pero... ¿qué bicho te está picando?

- ¿Tienes ganas de eliminar a alguien de tu vida?
- ¿O estás sacando a algo o alguien de tu vida?
- ¿Qué es lo que te irrita tanto?
- ¿Te estás quedando literalmente en carne viva para librarte de ello?
- ¿O es una táctica de distracción para obviar tus verdaderos deseos de pegarle a alguien?

Sarpullidos

El sarpullido es una forma de irritación localizada donde tú y el mundo entráis en contacto y por eso guarda relación con problemas de comunicación, con esos momentos en los que te sientes desprotegido o super sensible. Puede deberse a una reacción a las sustancias químicas o a la alimentación o a una sobrerreacción ante algo o alguien, o quizás signifique que sientes incomodidad y vergüenza por algo que hiciste.

Diálogo cuerpo-mente: sarpullidos

- ¿Hay algo o alguien intentando salir desesperadamente a la superficie?
- ¿O eres tú quien está reaccionando?
- ¿Te has implicado en algo muy rápidamente y ahora te arrepientes?
- ¿O acaso padeces alergia o eres muy sensible a algo o a alguien?

Eccema

El eccema indica una extrema sensibilidad hacia las circunstancias y emociones que te rodean. Seguramente estará relacionado con las alergias, y muy especialmente con intolerancia a los productos lácteos y a los dulces en los niños. Además, esta reacción se exacerba por el estrés. La palabra eccema significa *hirviendo sobre*, lo que indica el ardor, el enrojecimiento y la irritación que produce. Esto también crea una situación en la que no pueden tocarte, como si se levantaran tus fronteras protectoras y hubieras quedado dentro, inalcanzable pero también incapaz de salir.

Diálogo cuerpo-mente: eccema

Si padeces eccema, quizás tus límites se están viendo amenazados o impuestos por alguien y tú te retraes. También puede ser una manera de recibir atención extra, como sucede cuando hay una rivalidad entre hermanos.

- ¿Existen áreas de comunicación y contacto que te causan irritación?

Que la piel se esté pelando pone de manifiesto que tus fronteras son débiles, finas y se están desintegrando. Esto puede deberse a que otras personas te están sojuzgando y dominando, lo cual refleja que te dejas influenciar fácilmente por otras personas y tienes poco sentido de tu propia identidad; o porque hay dentro de ti un nuevo yo esperando emerger, una vez que te hayas liberado de los viejos modelos de conducta y formas de pensar.

- ¿Eres como una serpiente a punto de mudar la piel?
- ¿Qué parte de ti está intentando emerger?

Abscesos

Los abscesos indican la acumulación y erupción final de la ira y de las emociones al rojo vivo, pero también corresponden a pensamientos incendiarios centrados en tu pareja o en un familiar cercano, o hacia tu propia persona.

Estos sentimientos habrán estado fermentando durante algún tiempo antes de que aparezca el absceso. Los abscesos en el rostro suelen indicar que sientes ira hacia algo que no quieres afrontar o tratar. Si se presentan en la espalda, es muy probable que se deban a un problema que estás rehuyendo o evitando.

Diálogo cuerpo-mente: abscesos

- ¿Alguien te está irritando hasta sacarte de tus casillas y hacerte estallar ?
- ¿Qué te está irritando tanto que te enciendes y no puedes controlarte?
- ¿Qué te produce estas ganas de estallar?

Melanoma

Existen causas medioambientales evidentes para el melanoma, como los agujeros en la capa de ozono y el incremento de las sustancias cancerígenas. Pero un carcinoma también indica que tus defensas están bajas, porque algo o alguien está penetrando tus fronteras. Al igual que sucede con otros problemas de la piel, nos plantearemos aquí dos consideraciones: o bien algo te está afectando desde el exterior y produciéndote graves trastornos o bien el trastorno lo llevas dentro y está intentando darse a conocer. Puede que esté relacionado con problemas de tacto, de relaciones íntimas, de sexualidad, de autoaceptación o de autorechazo, conflictos que empeoran por culpa del estrés y de los disgustos emocionales. El resultado es que sientes desprotección y vulnerabilidad, como si tuvieras la piel en carne viva.

Contusiones

Normalmente no solemos ir chocando contra las cosas y, si así fuera, esto indicaría que seguimos la dirección incorrecta o que estamos haciendo las cosas mal. Simbólicamente, estás chocando contra un muro. Las contusiones ponen de manifiesto que deberías reforzar tus fronteras y tu sentido del poder personal.

- ¿Estás yendo demasiado lejos y perdiéndote los detalles que tienes delante de ti?
- ¿Desearías ser otra persona en vez de ser quien eres ahora?
- ¿Te das de bruces una y otra vez con tus mismos problemas interiores?
- Una contusión es dolorosa, la piel se vuelve amoratada y se inflama; ¿estás dolido por dentro o lleno de ira?

Cortes

Un corte es como una herida mental, un dolor psicológico causado por algo que está fuera de tu ser –un corte está provocado por un objeto externo, no por una erupción interna–, que se está extendiendo y llegando demasiado lejos. Los cortes afectan a tus poderes de protección y debilitan tus fronteras.

Los pequeños cortes son simples recordatorios a los que hay que reconocer y prestar atención, para saber cómo te afecta emocional y psicológicamente tu entorno. Son unas pequeñas rupturas en tus defensas, momentos en los que algo doloroso o causante de sufrimiento ha penetrado en tu interior; o también indican que has llegado demasiado lejos y rebasado tus límites.

Los grandes cortes manifiestan niveles más profundos de sufrimiento interior, como si algo o alguien te abriera en canal o descuartizara. El sentimiento de dolor es una herida en carne viva en tu interior.

Diálogo cuerpo-mente: cortes

- ¿Algo o alguien se ha abierto camino entre tus defensas?
- ¿Te sientes emocionalmente expuesto, vulnerable, en carne viva o sensible?
- ¿Qué te está afectando tan profundamente que te hace sentir tan vulnerable?

Quemaduras

Las **quemaduras leves** indican una necesidad de bajar el ritmo y de prestar atención a los detalles. Son pequeños recordatorios de que estás intentando hacer demasiado o yendo demasiado lejos sin tomar las debidas precauciones.

Las **quemaduras graves** son un serio aviso de que tu vida es preciada y no deberías dejar que se consuma. También indican que hay emociones muy intensas –ira, frustración o sufrimiento– ardiendo en tu interior. Puede ser que estés jugando con fuego o te enfrentes a grandes retos emocionales sin darte cuenta de lo peligroso que esto puede ser. Semejantes quemaduras ponen de manifiesto la pérdida de tu envoltura protectora.

Diálogo cuerpo-mente: quemaduras

- ¿Te sientes particularmente vulnerable o sin defensas?
- ¿Alguien te tiene muy "quemado"?
- ¿Algo te está consumiendo por dentro?

Callos y duricias

Las áreas de piel endurecida o gruesa ponen de manifiesto que los modelos de pensamiento –como los miedos y los prejuicios– se han solidificado, inmovilizado o encallecido. Alguien encallecido es alguien emocionalmente frío o insensible. Una acumulación de la piel anula tu capacidad de recibir y sentir informaciones entrantes. Es como una muralla protectora que impide cualquier confianza o comunicación abierta con los demás. Denota que te has vuelto insensible o que te cierras a los demás o a tu propia ternura.

Verrugas

Provocadas por un virus, las verrugas pueden aparecer en cualquier parte del cuerpo. Tienen dos conexiones cuerpo-mente principales. Una es el sentimiento de haber sido invadidos y haber generado una sobrerreacción ante esta invasión. Las verrugas, por ejemplo, se pueden desarrollar en los pies e impedirte pisar con confianza.

Otro problema añadido de esta disfunción es que sientas tal negatividad hacia esa parte de tu cuerpo, que se produzca un autodesagrado o autorechazo y esta parte quede apartada, como algo feo. Muy a menudo, esa parte del cuerpo afectada representa poderosos sentimientos de culpabilización o de vergüenza que quisieras cubrir u ocultar. Las verrugas aparecen a menudo en las manos, especialmente en momentos de estrés emocional.

También puede haber problemas de autodesagrado o una falta de autoestima, la creencia de que no eres atractivo, o una vergüenza profunda respecto a lo que estás haciendo emocionalmente. Son como una manifestación hacia el exterior de pensamientos tristes o desgraciados.

Diálogo cuerpo-mente: verrugas

Cuando un virus se instala es como si algo penetrara por las distintas capas de protección y esto generase sentimientos de repulsión o de asco. También puede que te sientas sin poder y vulnerable, como si fueras víctima de esa otra energía.

- ¿Es ésta una situación en la que te están parasitando pero no haces nada por evitarlo?
- ¿O bien necesitas ser más firme y contundente a la hora de exponer tus necesidades?
- ¿Hay algo que te esté consumiendo?
- ¿Algo ha traspasado tus fronteras y se siente en tu interior como en casa?

Pie de atleta

El pie de atleta se caracteriza por el picor, las grietas y las irritaciones entre los dedos de los pies. Suele estar causado por una infección micótica común, que se desarrolla con facilidad en ambientes húmedos, como son los vestuarios y las piscinas.

Diálogo cuerpo-mente: pie de atleta

Desde una perspectiva cuerpo-mente, los dedos de los pies representan los detalles, y muy particularmente la dirección que sigues y lo que está por venir.

- ¿Necesitas tratar algunos detalles que te irritan o te agobian?
- ¿Algo te está afectando, produciéndote irritación o metiéndose bajo tu piel?

• ¿Qué hace que el intersticio entre tus dedos se agriete?
• ¿Estás siguiendo la dirección que querías seguir?

Sudor

Las glándulas sudoríparas forman parte del sistema de regulación de la temperatura corporal, por eso cuando el calor aumenta tu cuerpo elimina agua. El sudor excesivo se produce cuando tus sentimientos son demasiado ardientes y tienes que desprenderte de ellos. Estás echando humo por dentro a causa de las situaciones embarazosas, la vergüenza, la rabia o la pasión. Los sudores fríos suelen estar asociados con el miedo, sobre todo con un miedo profundo a la comunicación o a la confrontación y con sentimientos de inseguridad y desprotección. El sudor también obedece a un nerviosismo y timidez excepcionales, que pondrían de manifiesto la necesidad de relajarse más y estar más a gusto consigo mismo.

El pelo

Los humanos estuvieron en su día recubiertos de pelo, razón por la cual el pelo está vinculado a esta parte animal y primitiva de nuestra naturaleza. Resulta muy interesante comprobar como, a medida que nos vamos civilizando, depilamos, cortamos, estilizamos y afeitamos nuestro pelo y nuestros cuerpos, como si intentáramos distanciarnos de nuestra naturaleza animal más instintiva.

El vello se forma con células de nuestra piel que se endurecen a medida que son impulsadas hacia arriba. Cada folículo contiene un pequeño músculo, que hace que el pelo quede erguido cuando te asustas. Su crecimiento se ve afectado por el estrés, dado que esto puede limitar el flujo de la sangre por los músculos y por la piel. El pelo también se ve afectado por un *shock* grave, como lo demuestran los mechones blancos causados por los traumas.

Caspa

La piel muerta, que cae en copos, simboliza una acumulación de viejas ideas y modelos de pensamiento, formas de ser redundantes; se trata de una capa de tejido muerto de la que tienes que librar. Tal vez creas que no eres lo suficientemente inteligente, o pienses que como persona eres "casposa". El estrés es causante principal de la caspa, como lo es de todos los problemas relacionados con el cuero cabelludo, con los que aparecen a raíz de grandes cambios, como un traslado de residencia. También puede deberse a que demasiada energía se acumula en la cabeza y que necesitas entrar en tu cuerpo, por ejemplo, haciendo más ejercicio, algo que además mejora la circulación, lo cual redunda en beneficio de una piel saludable.

Las uñas

Las uñas, como el pelo, son recordatorios de nuestra naturaleza animal, vestigios de garras que podían rasgar la carne y emplearse en el combate. Las uñas largas simbolizan a la diva de la pasión y la sexualidad, pero también representan la agresión y la autoprotección. Las uñas se asocian con los detalles de tu vida. Situadas al final de los dedos, son las que asumen la carga de tu movimiento hacia fuera. Se resienten cuando miras demasiado lejos pero no aprecias los detalles o los pequeños asuntos que pasan cerca de tu casa.

El **morderse las uñas** suele ser una reacción frenética cuando estamos nerviosos, tensos o inseguros. Denota un profundo autodesagrado, como si estuvieras mordiéndote a ti, royendo a tu propio ser como si intentaras eliminar algo. A menudo está conectado con el miedo a expresar la propia sexualidad o a autoafirmarse, como si fuera un modo de limitar cualquier tendencia a la dominación sexual o a la agresividad. También suele haber un miedo profundo a lo que sucedería si esa energía se liberara.

En un niño, morderse las uñas podría indicar que las dinámicas familiares están limitando la plena expresión del niño, su pasión o su comunicación creativa.

Diálogo cuerpo-mente: morderse las uñas

Si morderse las uñas se ha convertido en un problema, deberás explorar lo que está afectándote tan profundamente que quisieras eliminarlo.

- ¿Hay alguna parte de ti que estés intentando sublimar o reprimir?
- ¿Qué es lo que te está reconcomiendo?

17. Enfocando y sintonizando
Los ojos y los oídos

Los ojos y los oídos te permiten percibir el mundo mediante la vista y el sonido. Estas impresiones sensoriales pueden verse tan afectadas por los traumas que tu capacidad de ver y de oír puede quedar distorsionada. Esto es especialmente obvio en los niños. Presenciar asesinatos, guerras o graves accidentes, escuchar a sus padres pelearse o verse rechazados verbalmente o maltratados puede tener efectos devastadores, que inducen al niño a querer dejar de ver o escuchar, a retirar sus sentidos y a crearse, por el contrario, un mundo de fantasía interior. Las dificultades relacionadas con el ver y con el oír suelen estar vinculadas a emociones reprimidas, miedos o a rechazo del mundo exterior en favor de un mundo privado e interior.

Los ojos
Por los ojos ves lo que te rodea, percibes los sentimientos de otras personas, sabes lo que está sucediendo. También son el lugar desde donde te ven y te perciben, donde se leen tus sentimientos como en un libro abierto, pues los ojos son las ventanas de tu alma. Es un sistema bidireccional de comunicación, con suministro de información constante desde y hacia el cerebro.

No puedes ocultar tus sentimientos a los ojos de los demás, de la misma manera que es muy difícil mentir mirando a alguien a los ojos. Los ojos pueden estar vacíos y sin vida, como cuando no hay nadie en casa, o brillantes y vivos. Pueden estar semi cerrados, con el ser interior escondiéndose de las miradas, o abiertos de par en par cuando no tienen nada que ocultar. Pueden llenarse de ira o de miedo, parecer fríos y calculadores o mirar con dulzura y ternura.

La vista es algo más que el don de mirar. También es percibir, sentir, experimentar, comprender y conocer. Tu percepción invariablemente se tiñe del color de tus sentimientos. Ves el mundo en base a tu formación, tu educación o tus creencias religiosas. Raramente percibirán dos personas una misma situación de la misma manera. Un ejemplo: una amiga me contó que ella y su marido habían tenido sus más y sus menos. Estaban en el jardín trabajando en silencio, plantando unas semillas, los dos callados, sin atreverse a decirle nada el uno al otro. Un vecino pasó por su lado y les dijo con entusiasmo: «¡Qué gusto da ver a una pareja feliz disfrutando de su mutua compañía en silencio!»

La vista también tiene que ver con mirarnos a nosotros mismos y con la percepción de nuestros verdaderos sentimientos. Sarah tuvo una infección del nervio óptico que la dejó temporalmente invidente del ojo izquierdo. Fue entonces cuando se dio cuenta de que estaba empezando a ignorar (o a "no ver") que su matrimonio se había acabado. El lado izquierdo representa las cuestiones más personales o emocionales, el ojo que quedó ciego en este lado demostraba que se estaba negando a ver sus verdaderos sentimientos, de rabia e irritación (de infección) tanto hacia ella misma como hacia su matrimonio.

Visión nítida

Las imágenes creadas por los impulsos nerviosos se envían al cerebro desde la retina, razón por la cual, ver con claridad no depende tanto de los ojos como del funcionamiento del sistema nervioso. Si no te sientes a gusto con lo que ves, tu visión puede quedar distorsionada para hacerla más aceptable. Puedes aceptar o negar lo que estás viendo, ver sólo lo que tienes delante de los ojos y no lo que hay más adelante. O también puede ser que sólo veas muy a lo lejos pero no veas los detalles más cercanos. A los niños con problemas de visión pueden haberles recetado unas gafas inadecuadas para corregir esos problemas. Un reconocimiento de los problemas emocionales percibidos por los niños y la ayuda profesional correspondiente puede ser de gran ayuda para reequilibrar la visión, dado que los problemas visuales suelen estar más conectados a lo perceptivo que a lo visual.

Diálogo cuerpo-mente: la vista

Las gafas son un buen escudo para esconderse detrás de ellas. No sólo te permiten ocultar tus sentimientos, también son un filtro para bloquear la intensidad de la vida. Dar el salto a las lentes de contacto puede ser un reto emocional tremendo porque pierdes la barrera de seguridad que había entre tú y los demás.

- ¿Utilizas tus gafas como un escudo?
- ¿Sientes indefensión y vulnerabilidad cuando te las quitas?
- ¿Qué estás viendo o percibiendo que te disgusta tanto?
- ¿Qué estás ignorando o negándote a mirar?
- ¿Estás haciendo la vista gorda con tus problemas?

Visión de cerca: miopía

La miopía suele estar provocada por una contración de los músculos oculares. Psico-emocionalmente, esta dolencia implica un deseo de contraerse y retirarse, quizás por haber sido testigos de un trauma o disgusto emocional. Los músculos del ojo se tensan y quedan rígidos, la vista queda reducida a lo que tienes delante de ti, mientras que lo muy alejado se vuelve borroso y queda difuminado. Esta contracción puede deberse a una actitud egocéntrica o subjetiva. También puede manifestar que el futuro parece abrumador y temible, y que resulta más seguro quedarse enfocando el presente. La visión de cerca a menudo está asociada a una personalidad tímida o introvertida, silenciosa o taciturna o también obsesionada por el detalle y hasta puede darse en alguien con una vida interior rica e imaginativa. Es importante explorar dónde puede haber existido un trauma o trastorno emocional, o si hubiera algún deseo emocional que ocultar.

Visión de lejos: hipermetropía

La visión de lejos puede ser indicativa de que la realidad que te rodea no es fácil de afrontar. Te es más fácil enfocar en la distancia, las imágenes lejanas –las que implican imaginación y creatividad– antes que en los detalles y asuntos que dan forma a tu mundo inmediato. La visión de lejos está relacionada con personalidades más extrovertidas, ocupadas y comprometidas. No obstante, esta actitud puede constituir una manera de eludir los asuntos del presente y sus consecuencias emocionales. Tal vez porque lo que está sucediendo en el nivel inmediato resulta desagradable o inaceptable. Hay miedo a las relaciones íntimas o a la cercanía, y por eso se pone tanto énfasis en los mundos de fantasía, lejanos e inaccesibles.

Será de gran utilidad explorar qué problemas psico-emocionales son tan difíciles de manejar y cuáles quisieras evitar. También puede existir resistencias para establecer relaciones íntimas y cercanas. Será conveniente observar que no haya resistencias relacionadas con la aceptación de tu realidad inmediata. En las personas mayores, la visión de lejos puede estar conectada con una relación de muchos años que se ha vuelto distante o vacía, con los miedos respecto a la economía o la preocupación ante la idea de volverse viejos e inútiles.

Ceguera

Puede haber muchas causas para la pérdida de la visión y es de vital importancia investigarlas todas. La ceguera puede deberse a causas genéticas, ser un síntoma de otras enfermedades, como la diabetes, o estar provocada por la contaminación. Desde una perspectiva cuerpo-mente, la ceguera está relacionada con el deseo subconsciente de retirarse o de apartarse de todo lo molesto, con un deseo de no seguir siendo testigos de la propia realidad. Puede suceder de pronto, a resultas de un incidente traumático, o acaecer lentamente durante un largo periodo de tiempo por causa de continuos malos tratos o conflictos.

Diálogo cuerpo-mente: ceguera

Al cerrar la visión estás anhelando cerrar todo lo referente a lo que percibes y sientes en tu interior. Será conveniente explorar tus sentimientos, ver de qué te alejas tan completamente y conectar con el sufrimiento, la tristeza, la rabia o el miedo que hay en tu interior.

- ¿Estás ignorándote a ti mismo o ignorando a los demás?
- Si tu visión se hace cada vez más tenue, ¿será porque hay algunos problemas que no quieres ver?
- ¿Qué deberías sacar a la luz en vez de tener encerrado en la oscuridad: recuerdos del pasado, vergüenza acumulada o profundos temores?
- ¿Hay algo en tu interior que quisieras no ver?

• ¿Te estás creando un mundo de fantasía, que prefieres al mundo real que te rodea?

Cataratas

A menudo causadas por la pobreza y la malnutrición, pero también endémicas entre las personas mayores, las cataratas se desarrollan cuando el cristalino se nubla y la vista se vuelve borrosa. Esto difumina tu visión de la realidad. Pierdes los detalles, tal vez a causa del desencanto asociado a tener que ver un mundo lleno de pobreza, donde tienes que luchar por las necesidades básicas, o bien porque el futuro te parece aterrador. Esto es muy habitual en las personas mayores y pone de manifiesto sus miedos ante lo que tienen por delante: a la impotencia, la enfermedad y la soledad. También puede ocurrir cuando te proyectas una imagen mental de lo que sucederá en el futuro y vives con el miedo a que esto ocurra. Retirarse detrás de la visión borrosa crea la ilusión de que nada está cambiando en la realidad.

Glaucoma

Los ojos necesitan fluidos para mantenerse limpios y lubricados. Con el glaucoma estos canales de drenaje quedan bloqueados, acumulándose una presión que hace que la visión quede progresivamente restringida, hasta que sólo queda un túnel de visión por el cual únicamente puedes ver lo que tienes justo delante de ti.

Esta dolencia indica, ante todo, una acumulación de lágrimas no derramadas y de emociones, un sentimiento reprimido o bloqueado hasta que crece y empieza a afectar a tu visión.

En segundo lugar, un túnel de visión implica que el mundo se está estrechando hasta lo que tienes delante de ti, mientras que el resto queda difuminado. Tal vez porque haya un miedo a los cambios, o un miedo a lo que parece que será el futuro. Las personas mayores son especialmente propensas al glaucoma cuando ocurren cambios que les parece que están fuera de su control. También puede haber un gran sentimiento de pérdida en tales momentos, tanto por la pérdida de sus capacidades como por la pérdida de un ser querido, lo cual les abre un futuro que les resulta desolador.

Diálogo cuerpo-mente: glaucoma

Visión borrosa significa que ya no te preocupas de los detalles relacionados con lo que te deparará el futuro y que puedes ignorar los sentimientos de miedo o de vacío.

- ¿Tienes guardado aquí algún sufrimiento o pérdida?
- ¿Sientes la necesidad de llorar o expresar tu dolor?

Conjuntivitis

La conjuntivitis pone de manifiesto que algo se te está metiendo dentro, infectando y afectando tus sentimientos y tu conducta. En este caso te afecta a los ojos, razón por la cual está relacionado con tu visión y tu percepción. Produce ojos llorosos, inflamación e irritación, que denotan una acumulación de conflictos emocionales, rabia o irritación. Cerrar los ojos te alivia la irritación pero no eliminará las causas de la infección. Limpiar los ojos ayuda, porque es como un bálsamo de purificación que calma tu frustración.

Diálogo cuerpo-mente: conjuntivitis

Es muy importante descubrir aquello que percibes o presencias y que te afecta tan negativamente.

- Dado que hay mucho líquido implicado, ¿tienes algo por el que llorar o todavía no has expresado algo que te produjo sufrimiento?
- ¿Qué es lo que ves y que te hace sentir tanta irritación?

Lágrimas

Las lágrimas son el ejemplo cuerpo-mente más obvio: te emocionas y fluye el agua. Son maravillosamente curativas y un alivio especial de la energía reprimida. Si no derramas lágrimas de emoción sino que las mantienes guardadas en tu interior, serás más proclive a tener infecciones –o afecciones– en los ojos. La liberación de las lágrimas limpia y protege los ojos, garantía de que tu visión no sea borrosa; análogamente, liberar las emociones te garantiza que tu percepción sea clara.

A todo el mundo no le resulta fácil llorar. Cuando a los niños les dicen que no lloren, se les está enseñando a reprimir sus sentimientos. A los chicos, en particular, se les dice que llorar es un signo de debilidad y por eso se hacen mayores sintiéndose incapaces de expresar sus sentimientos, por miedo a parecer unas nenazas. En vez de llorar les moquea la nariz, tienen alergias o sinusitis: las emociones siempre encuentran una vía de escape.

Ver llorar a alguien en seguida nos toca la fibra sensible del corazón y tanto niños como adultos empleamos las lágrimas como desahogo emocional. Los niños lloran sin necesidad cuando consideran que así llaman la atención; los adultos lloran cuando sienten que los demás se van a entristecer con ellos. Es esencial saber discriminar las lágrimas genuinas de las superficiales, o cuando las lágrimas se utilizan únicamente para expresar una necesidad profunda de atención.

El oído

Capaz de detectar diminutas vibraciones en el aire, el oído traslada estos impulsos eléctricos hasta el cerebro. Oyes palabras, música, sonidos de placer, sonidos de dolor, sonidos llenos de alegría, sonidos que te hacen llorar y tensionarte. Con los oídos no sólo oyes sonidos, también escuchas, algo que equivale a admitir, interpretar, comprender.

Las dificultades en los oídos estarán directamente conectadas a dificultades referidas al tener que asumir lo que oyes. No puedes cerrar tus oídos ante sonidos desagradables como hacen tus ojos con las cosas que no te gustan: tu único recurso será volverte duro de oído o quedarte sordo. En los oídos se localiza además el sentido del equilibrio, mediante el cual somos capaces de mantener la estabilidad y el equilibrio.

"Prestarle a alguien una oreja" significa escuchar y prestar atención a lo que tiene que decirte; esto es, atenderle sin prejuicios o críticas. Ser capaz de escuchar resultará aquí bastante difícil, dado que tu propia dolencia e incomodidad pueden interponerse e impedirte oír lo que alguien te esté diciendo o tus pensamientos pudieran distraerse yéndose hacia otra persona. Puedes oír las palabras, pero escuchar es algo bien distinto: significa interpretar las intenciones, la historia que subyace bajo las palabras. Escuchar es oír con consciencia y con presencia. Recibir a alguien sin prejuicios significa dejar a un lado tus propios asuntos y acercarte para abrirte por completo, receptivamente.

Oír también se refiere a escuchar tu voz interior, tus propias necesidades y sentimientos. En la medida que seas capaz de desatender a alguien, podrás también "hacer oídos sordos" a tu propio ser y a lo que está sucediendo en tu plano interior. Escuchar a la voz interior es tan importante como escuchar a las voces del exterior.

Diálogo cuerpo-mente: el oído

Puede ser que nunca hayas sido escuchado u oído de verdad. ¿Cuántas veces estuvieron tus padres demasiado distraídos u ocupados como para atender tus historias o tus conflictos? ¿Los "no pasa nada, cariño" o los "ahora no, que estoy ocupado" te resultan familiares? Hay un anhelo natural a ser escuchados, aceptados, reconocidos. La carencia de ese reconocimiento puede conducirte a estados en los que te cierras por dentro, incapaz de compartirlos, ajeno a la comunicación. Cuando alguien oye y recibe lo que le estás diciendo, te produce un enorme alivio, como si soltaras un lastre ¡de ahí la proliferación de psicoterapeutas!

- ¿Qué estoy escuchando que me produce este malestar?
- ¿Qué estoy negándome a escuchar?
- ¿Me estoy quedando sordo por mi propia conveniencia?
- ¿Estoy en desequilibrio respecto a mi mundo?

Sordera

La sordera puede deberse a causas genéticas o medioambientales, pero la pérdida progresiva de la capacidad de oír –de la dureza de oído a la sordera más completa– implica una retirada de la comunicación. Un anciano más bien cascarrabias me decía: «No es de extrañar que me haya quedado sordo; en cualquier caso, soy de los que creen que nadie dice nunca nada interesante y que merezca ser escuchado». Las personas mayores a menudo tienen un oído muy selectivo, de tal modo que sólo pueden escuchar cosas agradables, nada que les disguste. Tenía una paciente bastante mayor que podía escuchar perfectamente lo que le decía desde la otra punta de la habitación cuando le ofrecía chocolate, pero tenía que gritarle para que me hablara de su hija, con quien no se llevaba nada bien.

La pérdida de oído puede obedecer a un trauma, pero también a haber oído bastante y sencillamente no querer volver a oír nunca más. Suele suceder cuando un pariente cercano o la pareja es muy dominante o habla fuerte; cuando asistes a escenas de gritos o maltratos mutuos por parte de tus padres; cuando tu carácter es proclive a la inseguridad, a la timidez, a los miedos; o también cuando te repiten que no vales para nada, que eres un caso perdido, un ser lamentable. La pérdida de la audición (y otras dolencias del oído) también pueden deberse a haber sido una persona demasiado criticada. En el caso anterior, la hija disfrutaba tanto criticando a su madre que ésta, sencillamente, se desconectó.

Las dificultades de oído son una manera de desconectarte y no sólo de los demás, sino también de tus propios sentimientos. Cuando no puedes oír, no tienes que enfrentarte a la respuesta de lo que hubieses oído, como sentimientos de ira, dolor, rechazo, miedo o inseguridad. Manifiesta una falta de participación, una retirada y posiblemente una incapacidad para asumir responsabilidades. Te crea una barrera detrás de la cual puedes ocultarte sin que puedan molestarte: donde te dejan en paz. Puedes acabar viviendo en un mundo de fantasía donde todo está bien y todos están contentos. (Véase el Diálogo cuerpo-mente de la página anterior.)

En los niños, la pérdida de oído suele presentarse asociada a factores emocionales y psicológicos, por lo que será conveniente asegurarse de que el menor tiene medios para expresar sus sentimientos y sus miedos ocultos, quizás con alguien que no pertenezca al círculo familiar más cercano. El niño puede desarrollar un mundo de fantasía, un lugar secreto y privado donde los personajes sean totalmente distintos a como son en la vida real.

Dolor de oídos

Un dolor de oído implica que lo que estás oyendo te hiere o te duele. Los niños parecen más proclives a padecerlos que los adultos, pero los niños también disponen de menos medios para expresar sus sentimientos. Escuchar cómo discuten tus padres o oír cómo se producen malos tratos o recibir gritos en la escuela o ser víctima de acoso escolar puede producir dolores en los oídos, haciendo que se quieran cerrar para detener el ruido que entra por ellos. Es muy importante propiciar alguna manera de que el niño pueda compartir esos sentimientos que tiene reprimidos. Un dolor en los oídos es como un dolor en la mente y en el corazón: algo que oímos nos está causando angustia y confusión.

Infección de oído
Una infección de oído indica que lo que estás oyendo está infectándote o afectándote profundamente; se está metiendo dentro de ti y creando ardor e irritación, lo cual sugiere ira y rabia.

Es importante encontrar para los niños maneras de que puedan expresarse; tal vez mediante un profesor o profesional.

Diálogo cuerpo-mente: infección de oído

Algo está afectando tu capacidad de recibir.

- ¿Eres capaz de descubrir lo que te está agobiando?
- ¿Es alguien a quien escuchas o es alguien que no te escucha?
- ¿O algo en tu interior al que no prestas atención?

Acúfenos
Los acúfenos o tinnitus son una dolencia en la que las fronteras entre el oído y el cerebro quedan distorsionadas y se percibe un sonido penetrante, a veces bastante fuerte. A menudo se exacerba con el estrés o en momentos en los que prestas menos atención de la debida a tu propio ser y a tus necesidades, razón por la cual toda tu energía se centra en el exterior. Este pitido te obliga a mirar hacia dentro, te obliga a escuchar tu propia voz, prestar atención a tus sentimientos, a lo que sucede en tu interior. No tiene cura conocida, pero la relajación profunda ayuda a aliviar la intensidad de sus síntomas.

Pérdida del equilibrio
En la parte interna del oído hay un área, llamada *laberinto*, que consiste en tres canales circulares, cada uno de ellos en ángulo recto respecto a los demás. El movimiento de un fluido entre esos tres canales indica al cerebro la posición de la cabeza y del cuerpo y el ángulo entre ambos, manteniendo de este modo el sentido del equilibrio. Esto nos mantiene erguidos,

centrados y nos indica la dirección a seguir. Es el equilibrio entre el cielo y la tierra, entre el yo y el otro, entre el interior y el exterior.

Diálogo cuerpo-mente: pérdida del equilibrio

Perder tu equilibrio físico es sinónimo de perder el sentido de tu seguridad y de tu dignidad interiores. Cuando esto te suceda tienes que comprobar el grado de equilibrio que hay en tu vida, si tienes áreas que están desequilibradas o mermadas. Una situación estresante o un trauma emocional pueden generar una pérdida de equilibrio y confusión interiores: no sabrás qué dirección seguir. Perder tu capacidad de discernir te hará sentir como si el mundo se hubiera colapsado sobre sí mismo.

- ¿Te sientes falto de equilibrio?
- ¿Te sientes torpe?
- ¿Sientes como si todo estuviera fuera de lugar?

18. Todo en la mente
Trastornos mentales

El tratamiento médico de los desórdenes mentales está enmarañado de confusión entre lo que son enfermedades reales y "todo aquello que está en la mente". Los médicos contemplan como real una enfermedad cuando reúne características que permiten monitorizarla, etiquetarla o tratarla mediante medicación. Las enfermedades que no tienen síntomas físicos evidentes no son tan fáciles de diagnosticar o ni siquiera son aceptadas como tales. Es muy probable que una persona con depresión que va al médico le escuche decir que no hay mal que no curen unas buenas vacaciones. Pocos médicos saben cómo tratar los problemas emocionales o mentales. Muchos suelen creer que tales problemas son signos de debilidad y que nos tenemos que armar de valor para echarle arrestos a la vida.

Desde una perspectiva cuerpo-mente, cada enfermedad tiene una conexión psico-emocional, sólo que algunas son más evidentes que otras. No existe una separación clara entre lo que está sucediendo en la mente y lo que está sucediendo en el cuerpo. Tienen la misma importancia los problemas físicos que aparecen en el cuerpo que las batallas mentales que se libran en su interior.

Los trastornos mentales y emocionales son reales y no necesariamente se puedan curar con intervención médica. Los antidepresivos no son una cura. La mayoría de las terapias disponibles se orientan a normalizar en base a lo que la sociedad considera normal, aunque están apareciendo sistemas más holísticos e integrales que tratan a la persona como un todo, reconociendo en cada uno de nosotros un único individuo, con sus necesidades específicas.

Depresión

Uno de cada veinte adultos padece depresión clínica y según el doctor Christopher Murray, epidemiólogo jefe de la Organización Mundial de la Salud, las grandes depresiones se convertirán en la segunda enfermedad más debilitadora allá por el 2020. Un 15 % de los pacientes más graves acaba quitándose la vida; las dos terceras partes contemplan la posibilidad del suicidio. La depresión es la mayor causa de sufrimiento anónima del mundo. Es una dolencia del alma y los medicamentos no pueden sanarla.

Existen muchas causas medioambientales y biológicas para la depresión y es muy importante tenerlas todas en cuenta. Cualquier desequilibrio en las hormonas puede generar cambios del estado anímico, como sucede con el síndrome premenstrual. Los efectos colaterales de los medicamentos pueden alterar el equilibrio psicológico con facilidad, al igual que la exposición a determinadas sustancias químicas. La palabra *depresión* procede del latín deprimo, que significa "apretar hacia abajo" o "apretar debajo". La causa profunda invariablemente procede del estrés, u obedece a sentimientos profundos reprimidos y a traumas sin resolver, por lo que quedan "deprimidos" o hundidos en el fondo con la esperanza de poder eliminarlos.

La depresión implica una pérdida de energía que hace que el cuerpo parezca pesado, quede aletargado y perdamos interés. Esto suele implicar que bajo del aletargamiento subyacen sentimientos inaceptables que quedaron reprimidos. Estos sentimientos pueden manifestar sensaciones de infravaloración personal, o de sentirse no deseable, en completa soledad, u objeto de incomprensión. También puede que haya sentimientos de vergüenza o culpabilizaciones del pasado, tal vez originados por eventuales malos tratos padecidos, por unos padres dominantes o muy exigentes, por la pérdida de un ser querido, o por una relación de pareja rota y con dolor latente, ira o rabia. Estos sentimientos pueden ser tan poderosos que resulta imposible asumirlos conscientemente y soltar cualquiera de ellos significaría una sacudida excesiva. Por consiguiente, los almacenamos en capas de desapasionamiento, desapego y depresión. Muchas personas mayores se deprimen ante la simple idea de lo que les depara el porvenir, la soledad de la vejez y la muerte: sin sentido la vida no tiene razón de ser. La depresión es una forma de entregarse sin morir realmente, es un grito de ayuda silencioso.

La depresión también traduce un anhelo oculto de pedir atención y amor. Pero nosotros seremos quienes deberemos dar los pasos hacia adelante. El ejercicio es un elemento vital, dado que cuanto más movemos nuestros músculos y articulaciones, tanto mayor será nuestra facilidad para expresar plenamente los sentimientos. No obstante, la depresión no sólo deprime a la mente, también el cuerpo se deprime, limitando sus movimientos para, ulteriormente, limitar aún más la expresión. En muchos casos de depresión hay una amplia variedad de síntomas físicos, como el agotamiento, el insomnio, los dolores de cabeza, la falta de apetito o la gula, o el estreñimiento.

Los medicamentos antidepresivos pueden ayudar a reequilibrar la bioquímica del cerebro, pero si eliges seguir por este camino, procura tener presente la conveniencia de observar las causas subyacentes, en su caso con la ayuda de un psicoterapeuta.

Nerviosismo y ansiedad

El nerviosismo denota falta de autoestima, de autoconsciencia y de conexión, razón por cual sufres un desarraigo dentro de tu propio ser. Esto genera un miedo nervioso hacia los demás, como si se tratara de un aviso de que el mundo no es un lugar seguro, además de aprehensiones que tal vez no tengan base real. El nerviosismo extremo está a menudo asociado con el estrés intenso, pero también con la ansiedad asociada al fracaso o a la pérdida. Nerviosismo o ansiedad prolongados crean un ciclo de tensión en el cuerpo, lo que te predispone a padecer tensiones musculares, rigidez, trastornos alimentarios, palpitaciones, respiración acelerada, sudoración excesiva y dolores de cabeza. Aprender a respirar más profundamente y a relajarte será un paso esencial.

Ataques de pánico

Los ataques de pánico se producen cuando tu fuerza y tu capacidad de resistencia se ven mermadas. El miedo desborda el sentido del equilibrio o la capacidad de raciocinio, y ya no puedes ver que el miedo es irracional. Sencillamente domina toda tu mente. Algunas personas sufren ataques de pánico hasta el extremo de que no poder salir de su casa por miedo. Esto obedece a sentimientos de infravaloración, de desamparo y de vulnerabilidad, así como a un incremento del estrés y a la incapacidad de hacerlo todo. Lentamente, pierdes contacto con la capacidad de entendimiento y de tener perspectiva, como si dejaras de estar dentro de tu cuerpo, lo que se convierte en terreno abonado para que el miedo se instale. Es posible superar el pánico, mediante técnicas de respiración, dado que la respiración vuelve asentarte en tu cuerpo.

Trastorno bipolar

En los últimos tiempos hemos profundizado mucho en el conocimiento de las enfermedades mentales. El trastorno bipolar, también conocido como enfermedad maniaco-depresiva, afecta a aproximadamente dos millones y medio de personas cada año. Es una dolencia del cerebro que produce tales cambios en los estados de ánimo, en la energía y en la capacidad de funcionar de una persona que ésta fluctuará de la manía obsesiva, la euforia y la hiperactividad a la depresión, la tristeza y la inactividad, con periodos de normalidad entre ambos extremos. Las oscilaciones se pueden producir en cuestión de horas, días, semanas e incluso meses. Diferentes a los cambios normales de ánimo por los que todos pasamos, los síntomas de un trastorno bipolar pueden ser muy graves.

Un episodio bipolar suele incluir un subidón de energía, un incremento de la actividad, de la euforia, un optimismo exagerado, excesiva autoconfianza, irritabilidad extrema, locuacidad frenética, saltos de una idea a otra, escaso sueño sin fatiga aparente, ilusiones de grandeza y ego sobredimensionado, onerosos gastos compulsivos, ansiedad con la comida, abuso de drogas y, muy particularmente, negación de que algo malo les esté ocurriendo.

Pero un episodio bipolar también incluye tristeza, ansiedad, sentimientos de vacío, desesperanza, pesimismo, culpa, infravaloración o sensación de desamparo, pérdida de interés en las actividades físicas, fatiga profunda, necesidad de dormir y descansar, dificultades para concentrarse, para recordar, para tomar decisiones, pérdida de apetito que suele traducirse en pérdida de peso, dolores o dolencias musculares, síntomas que no están asociados a ninguna causa física y, posiblemente, pensamientos de muerte o suicidio.

Los desórdenes bipolares suelten tener origen genético, por consiguiente, se nace con esta predisposición y bastará con que "algo" suceda para que se desequilibre la balanza. Este "algo" puede ser un estrés grave que te empuja hasta rebasar tus límites y supera tu capacidad de aguante. También puede ser una reacción a determinadas sustancias químicas medioambientales o deberse a la falta de litio. En muchos casos de bipolaridad estudiados se descubrieron carencias de litio, que es un elemento natural, en la tierra o el agua consumida. Por eso el litio es uno de los remedios básicos para reequilibrar los estados de ánimo cambiantes. También puede deberse al uso de drogas, especialmente de la marihuana. De la misma manera que respaldo el uso terapéutico de la marihuana, dado que puede ser muy útil en determinadas situaciones, sostengo que su consumo para otros fines también puede ser perjudicial. Hay quien cree que produce desequilibrios químicos en el cerebro y puede propiciar una crisis bipolar. Lo he podido comprobar en distintas ocasiones. El caso es que hay quien sigue fumando por creer que la droga les ayuda a relajarse.

La parte más difícil de esta enfermedad es la incapacidad de ver que algo falla. Tales negaciones te evitan tener que buscar ayuda. Pero cuanto antes te des cuenta de que algo está fallando en tu conducta y en tus reacciones, mayores serán tus probabilidades de curarte.

Crisis nerviosa

Cada uno de nosotros tiene una sombra, una parte de su psique que está negada, oculta, reprimida, ignorada o arrinconada. Alberga recuerdos del pasado –sentimientos tan profundos que ni siquiera los percibes– y anhelos insatisfechos. Habitualmente haces tu vida sin meterte aquí de forma voluntaria, ni tampoco muy a menudo. Esta sombra puede manifestarse en tus sueños o en súbitos estallidos temperamentales, así como en tu incapacidad para mantener una relación civilizada con tus semejantes. Pero el estrés, los traumas emocionales, la pérdida, el dolor o esos excesos de carga diarios más allá de tu capacidad de aguante simplemente se van acumulando hasta que los límites de estas sombras se difuminan y se borran.

La comunicación con tu propio ser empieza a quebrarse, arrastrando consigo tu contacto con el mundo cotidiano. Se produce una ruptura psico-emocional, que conduce a una conducta irracional o profunda depresión, tristeza y fragilidad; puedes volverte irresponsable, retraído o hiperactivo. Los hechos cotidianos se magnifican desproporcionadamente. Tu conducta se vuelve confusa e incluso salvaje. Tus palabras no siempre tienen sentido. Tus emociones escapan en todas direcciones o sientes que no hay tierra bajo tus pies para sostenerte y contenerte. La irracionalidad se apodera de la racionalidad. Pierdes los asideros de tu cordura.

Un aspecto interesante de la crisis nerviosa es que resulta muy próxima a la crisis espiritual, cuando todos tus condicionamientos se desmoronan y no queda en pie nada familiar. Pero puedes convertir una crisis en una oportunidad de avance confiando en ti y manteniéndote cerca de las personas que te puedan ayudar. No intentes cruzar esta "noche oscura del alma" por tus propios medios: busca ayuda y apoyo.

Demencia senil y Alzheimer

La degeneración del cerebro conduce a la senilidad, a la confusión, a la incoherencia y, a veces, a conductas abusivas o comportamientos agresivos, pero también pérdidas de memoria e imágenes distorsionadas. La **demencia senil** supone una degeneración mental generalizada, pérdida de memoria e irritabilidad, además de comportamientos infantiles, afectando predominantemente a personas mayores. La enfermedad de **Alzheimer** es la principal causa de demencia senil entre personas mayores de 65 años y afecta a unos cuatro millones de adultos en EE.UU., aunque está creciendo su incidencia entre la gente más joven. Es una forma de demencia en la que las células cerebrales quedan destruidas y las fibras nerviosas, enredadas. Afecta a la mitad de las personas con senilidad pero sus síntomas son más graves, dado que incluyen incoherencias, conductas agresivas, egocentrismo y un lento pero progresivo deterioro.

Convendría tener muy en cuenta las causas medioambientales con el aumento de contaminantes (como el aluminio) o productos químicos en nuestra alimentación y en el agua para el consumo, pero desde una perspectivo psico-emocional tanto la demencia senil como el Alzheimer indican una pérdida del arraigo y del sentido de pertenencia. La pérdida de memoria equivale a perder tu historia, tus raíces o tu pasado, el lugar de tu ser.

Dado que esta enfermedad afecta sobre todo a la gente mayor, tendremos que examinar cómo nos comportamos con nuestros mayores. En Occidente tratamos a los ancianos como un estorbo. La edad no se respeta como es debido, la jubilación no se contempla como un momento para compartir la sabiduría adquirida. Las personas mayores se descartan muy a menudo por haber cumplido su función desde hace tiempo. Tanto si viven en sus hogares como si están en una residencia de ancianos, la gente mayor ha pasado invariablemente de una posición de poder a una situación de desamparo e impotencia, frecuentemente incluso de extrema soledad. Incapaces de atender sus necesidades y sin saber cómo hacer frente al presente, unas personas que antes fueron válidas y fuertes se van debilitando y se automenosprecian, aterradas ante lo que les depara el futuro.

¿Tanto nos sorprende que empiecen a perder la cordura y se vuelvan irracionales y pierdan la memoria?

La senilidad incluye comportamientos infantiles y la necesidad de que alguien cuide de ti como de un niño. Esto puede indicar temor de quedarse solo y envejecer, el anhelo de echar hacia atrás el reloj y volver a aquel tiempo en el que nos cuidaban, en vez de tener que enfrentarse al presente. Es el deseo de volver al pasado, a como eran las cosas antes. El Alzheimer puede incluir una pérdida total de conocimiento. Esto significa un estado alterado de la consciencia, una percepción de la realidad diferente, quizás preparándose para la transición.

Adicción

Pese a que vivimos en los tiempos más opulentos y con más comodidades de la historia, raramente nos sentimos realizados y satisfechos. Existe un ansia permanente por encontrar nuevas emociones, mayores placeres, nuevas maneras de divertirnos, más medios para escapar de nuestra realidad o de nuestra infelicidad. De ahí nace la adicción. Las causas pueden incluir presiones externas, como las dificultades financieras, los traumas emocionales y/o los maltratos físicos. Nos podemos hacer adictos a casi cualquier cosa: al alcohol, a las drogas, a los cigarrillos, a comer o a no comer, al café, al azúcar, a las compras, el juego, el dinero, al ejercicio, al sufrimiento… la lista sería inacabable. El objeto de nuestra adicción es irrelevante, siendo mucho más importante lo que subyace bajo la adicción, lo que queda recubierto o negado por medio de esta conducta.

Sea cual fuere tu adicción, ésta sirve para distraerte de lo que realmente sucede. El alcohol te hace sentir que todo está estupendamente. Los cigarrillos te permiten tragarte tus sentimientos. Las drogas te llevan a un mundo diferente donde no tienes que tratar con las realidades de éste y te dan un falso sentido de grandeza. El alimento sustituye al amor que ansías y atenúa las grietas de tu vida. Todos ellos producen un entumecimiento interior, alteran las conductas o rellenan vacíos existenciales. La sustancia produce un sentido de seguridad y de placer que es mucho más fácil de soportar que el dolor. Al no sentir el desasosiego interior, puedes mantener una ilusión de felicidad.

Pero la adicción no necesariamente comporta un estado de entumecimiento o beatitud. La ansiedad permanece, por mucho que sigas consumiendo. Esto da pie a que aparezcan la culpabilización y la vergüenza, que conducen a la depresión o a la proyección de la amargura hacia los demás. Existe un miedo profundo, raramente asumido, respecto hacia dónde vas y cómo acabarás; un autorechazo que comprometerá tu capacidad de recuperarte. ¿Cómo puedes empezar a quererte a ti mismo cuando contemplas toda esta desesperación actuando por su cuenta a diario?

Empezar a estar sobrio o limpio supone confrontarse a las causas profundas que se ocultan tras la adicción. Tendrás que afrontar, aceptar y llevar a tu corazón todas aquellas partes de ti que negaste. Si eres capaz de asumir la ansiedad y las causas subyacentes, tienes alguna oportunidad de liberarte de tu adicción. La sanación radica en saber encarar la realidad de tus sentimientos en vez de huir de ellos, en saber llevar esta realidad hasta un lugar de amor.

Insomnio

En un mundo ideal podrás dormir tranquila y fácilmente, disfrutar de profundos sueños y despertarte en forma y con energía. En el mundo real no siempre duermes y sueñas a gusto y profundamente. Estás inquieto y empiezas a dar vueltas. Puede que tengas pesadillas. Y a menudo te despiertas atontado y exhausto, como si no hubieras descansado nada.

Hay muchas causas para que esto suceda. A nivel físico puede deberse a la falta de ejercicio, por lo que tu cuerpo no está cansado. También puede obedecer a que demasiada televisión y cafeína estimulan tu sistema nervioso. O también a que la cama sea vieja o incómoda y no sostenga adecuadamente tu cuerpo. Suele deberse invariablemente al estrés, a la ansiedad, a las dudas, a los problemas económicos, a las presiones laborales y a la sensación de no poder abarcarlo todo. Entregarse pacíficamente significa exactamente lo contrario de lo que has estado haciendo durante el día, enfrentándote a situaciones laborales competitivas, a niños llorando o a atascos. Ser capaz de volver a un sentido de tu "yo" en un espacio de relax y quietud puede ser muy difícil. El sueño nos proporciona medios de regeneración y recuperación, pero también es un momento en el que rindes tu ego y dejas de tener el control, algo que para muchas personas puede resultar terrorífico, sobre todo por el miedo a lo que pudiera suceder sin saberlo ellas.

Diálogo cuerpo-mente: insomnio

No puedes controlar el sueño ni cuándo caerás en él. Tiene su propio ritmo que se activa cuando sueltas el control. Aquí se dan importantes cuestiones de confianza: necesitas confiar en lo que sucederá durante la noche, que el mundo se las arreglará estupendamente sin ti, que si lo sueltas todo, nada se derrumbará.

- ¿Qué es lo que inquieta este lugar de confianza?
- ¿Qué estás sujetando con tanto afán o temes tanto soltar?

Epílogo

Si ya te has leído el libro de principio a fin, tal vez tengas la impresión de que te resultará muy difícil descubrir lo que tu cuerpo te está diciendo; ¿no sería mejor consultar al médico y tomarte unas pastillas?

Y sería totalmente comprensible que pensaras así. El viaje hacia el conocimiento de ti mismo y de tu cuerpo puede ser una ardua tarea. Te puede parecer que nada está cambiando por mucho trabajo personal que desarrolles e incluso todo puede llegar a parecerte un tanto inútil si los síntomas de la dificultad o enfermedad con la que estás trabajando no mejoran.

Lo sé, dado que he estado recorriendo este viaje durante muchos años. Y lo he escuchado una y mil veces de otras personas.

Pero también sé que este viaje es el más importante que puedas emprender. Llegarás a conocerte de una manera más íntima. Esto te conducirá a lugares anteriormente desconocidos y te permitirá vivir aventuras maravillosas. Te aportará el sentido de la conectividad y te ayudará a profundizar en la observación de tu condición humana. Te llenará de compasión, tanto hacia ti mismo como hacia los demás. Te mostrará que todos y cada uno de nosotros somos parte de los demás.

Te deseo que tengas mucha suerte. Ojalá puedas recorrer este periplo con tanta alegría como valentía. Ojalá puedas liberarte del sufrimiento.

¡Bon voyage!

Bibliografía

Ball, John. *Understanding desease*. Essex, Reino Unido, C.W. Daniel, 1990.

Barasch, Marc Ian. *The Healing Path*. Nueva York, Penguin, 1995.

Borysenko, Jan. *Minding the Body, Mending the Mind*. Nueva York, Bantam Dell, 1998.

Chopra, Deepak y Steven Locke. *The Healer Within*. Dutton/Penguin, 1986.

Connelly, Dianne M. *Traditional Acupuncture: The Law of the Five Elements*. Traditional Acupuncture Institute, Columbia, Maryland, 1994.

Dahlke, Rüdiger y Thorwald Dethlefsen. *The Healing Power of Illness*. Londres, Element Books, 1997.

Field, Reshad. *Here to Heal*. Londres, Element Books, 1991.

Ferguson, Marilyn. *The Aquarian Conspiracy*. Nueva York, Tarcher/Penguin, 1987.

Hanh, Thich Nhat. *The Miracle of Mindfulness*. Boston, Beacon Press, 1999.

Hoberman Levine, Barbara. *Your Body Believes Every Word You Say*. Fairfield, Connecticut, 2000.

Johnson, Douglas, Ronald Siegel y Michael Urdang. *Back Sense*. Nueva York, Bantam Dell, 2002.

Kabat-Zinn, Jon. *Full Catastrophe Living*. Londres, Piatkus, 2004.

Kaptchuk, Ted. *The Web That Has No Weaver*. Nueva York, McGraw-Hill, 2000.

Levine, Stephen. *Healing into Life and Death*. Nueva York, Anchor, 1989.

Lipton, Bruce. *The Biology of Belief*. Mountain of Love/Elite Books, 2005.

Lowen, Alexander. *Bioenergetics*. Nueva York, Penguin, 1994.

Martin, Paul. *The Healing Mind*. Nueva York, St. Martin's Press, 1999.

Montagu, Ashley. *Touching*. Nueva York, HarperCollins, 1986.

Pearsall, Paul. *Super Immunity*. Nueva York, Ballantine, 1988.

Pert, Candace. *Molecules of Emotion*. Nueva York, Touchstone, 1999.

Proto, Louis E. *The Mindbody Prescription*. Boston, Warner Books, 1998.

Tillich, Paul. *Meaning of Health*. Berkeley, California, North Atlantic Books, 1981.

Wilber, Ken. *Grace and Grit*. Boston, Shambhala, 1993.

Williamson, Marianne. *A Return to Love*. Nueva York, HarperCollins, 1994.

Índice

LA CONEXIÓN CUERPO MENTE
Debbie Shapiro

Descubra el origen psicológico de sus dolencias y cómo hacer más sana su vida.

Este libro presenta una nueva y sorprendente investigación sobre la relación existente entre el cuerpo y la mente, que demuestra cómo las actitudes conflictivas, los temores y los sentimientos reprimidos pueden influir directamente en el organismo y su funcionamiento.

Asimismo, explica cómo nuestros estados emocionales pueden favorecer todo tipo de enfermedades: la hipertensión arterial, las disfunciones cardíacas, los trastornos nerviosos..., e incluso el cáncer.

La autora subraya el modo en que las distintas dolencias pueden contribuir, no sólo a transformar nuestra salud física, sino también a facilitar la curación a un nivel más profundo. Y nos muestra como, a través del descubrimiento y la comprensión de los mensajes que encierran los desórdenes físicos, podemos llegar a conocernos mejor a nosotros mismos.

MANUAL DEL BIENESTAR TOTAL
Kam Thye Chow y Emily Moody

Un libro ilustrado sobre una de las terapias naturales más eficaces que se conocen.

El *Manual del bienestar total* es un manual único, ya que reúne todos los conceptos clave del yoga y el Ayurveda para determinar la tipología y la condición de cada persona. Con un estilo claro y conciso, de fácil comprensión, los autores detallan los fundamentos de esta milenaria práctica médica, así como las terapias más comunes. De este modo, usted puede determinar hasta qué punto su estilo de vida ha de considerarse sano o no. Pero no se asuste: en el caso de que descubra algún problema, déjese guiar por los numerosos modelos de ejercicios y prepárese un programa de trabajo para relajarse, eliminar toxinas, recuperar el tono muscular, mejorar la salud y, por qué no, aumentar su sentido del humor. La solución está en sus manos y este libro va a ayudarle a conseguirlo.

EL PODER CURATIVO DEL AGUA
Jea-Luc Caradeau

Conozca cómo curar o aliviar dolores y molestias articulares con ayuda del agua.

En esta obra, el autor nos recuerda las virtudes que tiene el agua como medio terapéutico, de alivio o curación. Expone, asimismo, los principios y las técnicas de la hidroterapia y la talasoterapia, desde los más clásicos hasta los más innovadores:
• Los principios básicos de la hidroterapia.
• Las aplicaciones del vapor.
• La talasoterapia termal.
• Los lavados y sus aplicaciones prácticas.
• El baño de asiento con fricción de Kuhne.
• Las diferentes técnicas del termalismo contemporáneo (aquagym, ducha a chorro, etc.).
• Las curas de Kneipp: compresas, baños, duchas, fricciones, envolturas, etc.
• La hidroterapia marina con el plasma de Quinton.
• La hidroterapia «mecánica» y la balneoterapia: aguas estimulantes, neutras, frías o tibias, calientes, muy calientes y ardientes.

GUÍA PRÁCTICA DE MEDICINA CHINA
Yves Réquena y Marie Borrel

Un programa completo que le permitirá conservar siempre la armonía interior, la forma física y la serenidad frente a la vida.

Este libro nos invita a entrar en el laberinto del pensamiento chino y extraer nuevos recursos para el bienestar y la salud.
Se trata de una obra precisa, práctica y amena. En primer lugar, presenta con gran claridad las nociones, a menudo imprecisas, de la energía, del Yin y el Yang y, sobre todo, de los cinco elementos de la medicina y la psicología chinas. A continuación, nos propone descubrir, gracias a un sencillo test de 40 preguntas y al estudio de la mano, a qué elemento estamos más íntimamente vinculados y ofrece medios naturales y eficaces para armonizarnos con los elementos: acupuntura, masajes, alimentación, fitoterapia, aceites esenciales, elixires florales, ejercicios, respiraciones y visualizaciones de Qi Gong.
La lectura de esta guía le permitirá:
• Valorar la naturaleza como un reflejo del funcionamiento interior del ser humano.
• Conocer todas las aplicaciones médicas del pensamiento chino.
• Aplicar los principios de la filosofía médica china para alcanzar la armonía plena.
• Averiguar a qué elemento natural pertenece usted, a través de un test de 40 preguntas.
• Descubrir las herramientas terapéuticas en función de su elemento natural.
• Saber cómo conjugar las terapias occidentales con el pensamiento oriental.

REJUVENECE TU CEREBRO
Dr. Larry McCleary

Un neurocirujano de reconocido prestigio nos revela los secretos que permiten mejorar las funciones cerebrales a cualquier edad.

El cerebro, al igual que la musculatura, el corazón y los demás órganos, está compuesto por sangre y tejidos, y requiere de unos cuidados mínimos para mantenerlo en un óptimo estado de salud. En esta obra de gran interés divulgativo, el Dr. Larry McCleary no sólo nos explica cómo podemos combatir los efectos del envejecimiento, sino también cómo podemos mejorar el funcionamiento general de nuestro cerebro.

Un plan científico organizado en tres fases con el objetivo de:
• Agilizar la memoria.
• Elevar el espíritu.
• Mejorar la atención.
• Aliviar las migrañas y los síntomas de la menopausia.
• Incrementar la energía mental.

REJUVENECIMIENTO TOTAL
Dr. Nicholas Perricone

Un revolucionario programa médico de 28 días para el rejuvenecimiento total del cuerpo y el rostro.

Con una sólida base científica, este revolucionario programa antienvejecimiento es muy fácil de seguir y permite conseguir un cutis terso, una piel tonificada y, en general, mejoras visibles de la salud y el aspecto físico. La fórmula Perricone, basada en el estudio de la inflamación celular, supone una alternativa a otros tratamientos de rejuvenecimiento más agresivos o invasivos, tales como la cirugía plástica, la exfoliación química, las inyecciones de Botox o las intervenciones con láser. Además, dado que sus propuestas actúan sobre diferentes partes y funciones del cuerpo, los resultados se extienden también a la reducción del riesgo de padecer otros trastornos degenerativos.

Paso a paso, el doctor Perricone nos va guiando en el camino de mejorar nuestra salud, nuestro aspecto y nuestro bienestar, por medio de:
• Una dieta de «arranque» de tres días que nos proporcionará unos resultados inmediatos y visibles.
• El «Programa Perricone de 28 días», que incluye alimentación, ejercicio y cuidado de la piel.
• Unas recetas deliciosas, nutritivas y fáciles de preparar.